Ellen und Helmut Heesen

Mensch, Hund müßte man sein!

Wesen und Verhaltensweisen
von Mensch und Hund

Rasch und Röhring Verlag

Die Deutsche Bibliothek – CIP-Einheitsaufnahme

Heesen, Ellen:
Mensch, Hund müßte man sein! : Wesen und Verhaltensweisen von
Mensch und Hund / Ellen und Helmut Heesen. – Hamburg:
Raschund Röhring, 1996
ISBN 3-89136-572-1

Copyright © 1996 by Rasch und Röhring Verlag, Hamburg
Großer Burstah 42, 20457 Hamburg, Fax 040/37 13 89
Satzherstellung: KCS GmbH, Buchholz/Hamburg
Druck- und Bindearbeiten: Paderborner Druck Centrum, Paderborn
Printed in Germany

Inhalt

Dank

Herzlich bedanken wir uns bei den Lüdenscheider Journalisten Jürgen Kramer und Friedo Gutberlet, dem Lüdenscheider Rektor Gerhard Geisel, dem Forstwirt Manfred Schlösser aus Wiblingwerde-Nachroth, unserem Verleger Hans-Helmut Röhring und besonders bei unserer Lektorin Gabriele Schönig für fachkompetente Beratung, Durchsicht und Korrektur des Manuskripts. Dem Journalisten, Korrespondenten und Schriftsteller Rolf Winter danken wir ebenfalls für wertvolle Hilfe. Und nicht zuletzt geht ein Dankeschön an Edda Ernst und Marianne Schüßler für die Erstellung des Manuskripts.

Vorwort

*Die Hundeforschung hilft nicht nur, das Ursprüngliche des Hundes
zu erfassen, sondern gleichzeitig und ungewollt wird der Mensch
mit der Nase auf sich selbst und seine eigenen Artgenossen gestoßen,
ob ihm das paßt oder nicht.
Hunde schreiben zwar keine Bücher. Sie sind auch nicht in der Lage,
das Unnormale, das Kranke, das Unnatürliche durch gedankliche
Konstruktionen zu überspielen.
Sie haben es nicht nötig, durch sinn- und zwecklose Gedankenkon-
struktionen ihrer Mitwelt zu imponieren. Für sie zählt nur die Realität, an der sich das überkommene Erbgut auf seine Tauglichkeit prüft.*
nach Eberhard Trumler, »Hunde ernst genommen«

Ein Ziel dieses Hundebuches ist die Weitergabe von Sachinforma-
tionen auf dem neuesten Stand der Hundeforschung und nach eigenen berufsspezifischen Beobachtungen. Außerdem möchten wir
den Leser anregen, durch Beobachtung seiner Haustiere ein größeres Wissen und Gespür für die sinnvollen Gesetzmäßigkeiten der
Natur, der Vererbungslehre, der vergleichenden Verhaltensforschung und für die Verständnismöglichkeiten zwischen Mensch
und Hund zu entwickeln. Wir wollen zu mehr Verstehen und Vertrauen zwischen Menschen und Haustieren beitragen und darüber
hinaus einen Anstoß zum behutsameren Umgang mit unserer
Umwelt insgesamt geben.
Wir hoffen, daß uns dies mit unserem »erzählenden Sachbuch«, in
dem wir Sie unmittelbar am Erleben unserer Haushündin Julchen
teilnehmen lassen, gelingt.
Das Erzählen ist die älteste und einfachste Form der Weitergabe von
Wissen, Erfahrungen und Gefühlen, bei der Erzählender und Lau-
schender nicht nur eine geistige, sondern auch eine gefühlsmäßige
Einheit bilden können. Ganz in diesem Sinne soll »Mensch, Hund
müßte man sein!« alle Ebenen menschlichen Erlebens ansprechen
und sowohl Geist als auch Gefühl beflügeln.
Wir sind keine Hundeforscher. Beruflich haben wir uns aber als
internistischer Chefarzt und ehemals im Schuldienst tätige Pädago-
gin und heutige Sprachtherapeutin mit durch Krankheiten, Sprach-

und Sprechstörungen hervorgerufenen körperlichen und seelischen Problemen auseinanderzusetzen. Wir müssen täglich Erklärungen für unterschiedliche Reaktionsweisen wie Ängste und Hoffnungen, Vertrauen und Mißtrauen, auch Aggressionen unserer Patienten und deren Angehörigen suchen, um diese verstehen und darauf individuell reagieren zu können.

Und in der Familie haben wir es natürlich mit den unterschiedlichsten Problemen und Verhaltensweisen unserer heranwachsenden vier Kinder zu tun – und zweier unverfälschter, instinktsicherer Haushunde.

Wir haben versucht, medizinische, psychologische, psychoanalytische und pädagogische Aspekte mit Beobachtungen der Laut- und Körpersprache, der Verhaltensforschung und Vererbungslehre von Mensch und Hund zu verknüpfen, denn bei dem Vergleich der Verhaltensweisen von Mensch und Hund wurde uns bald deutlich, daß diesen oft ähnliche Muster zugrunde liegen.

Im Gegensatz zu Menschen reagieren und handeln Hunde direkt und durchschaubarer, während menschliche Reaktions- und Handlungsweisen oft durch mehr oder minder realistische Zielvorstellungen, ideelle Vorgaben und Prestigestreben so verbrämt sind, daß ein gegenseitiges Verstehen und damit ein glückliches Zusammenleben oft erschwert werden. Hunde machen aus ihrer Seele »keine Mördergrube«. Ihre unverhohlenen Verhaltensweisen sind leichter deut- und faßbar.

Unsere Hunde sind für uns nicht einfach wissenschaftliche Beobachtungsobjekte. Sie leben als liebenswürdige, »schlitzohrige« und humorvolle Hausgenossen in unserer Familie. Wir freuen uns an ihnen, sie ärgern und belasten uns und unsere Umgebung, bereiten sogar Sorgen bis hin zu schlaflosen Nächten, wie dies beim Zusammenleben von Familienmitgliedern eben so ist.

Hinzu kommt noch, daß die Autorin von klein auf mit Hunden verschiedener Rassen, überwiegend scharf dressierten Schäferhunden, gelebt hat. So ist eine emotionale Bindung, vielleicht sogar Prägung auf Hunde entstanden, die die Autorin selbst manchmal in Erstaunen versetzt. Es sind Gefühle und Zuneigung, Anhänglichkeit und

Liebe zu den Hunden gewachsen, die weder geplant noch gesteuert wurden. Als kleines Mädchen hatte sie bereits ihre kleinen und großen Kümmernisse dadurch zu bewältigen gelernt, daß sie sich zu ihrem Hund in die Hundehütte hockte, um sich so von dem zu distanzieren, was sie bedrückte. Die Erinnerung daran ruft ein vertrautes Gefühl der Geborgenheit zurück: Der Regen prasselt auf das Hüttendach, und drinnen duftet es nach Hund und frischem Stroh. So zärtlich, wie der Mensch streicheln kann, so liebevoll leckt der Hund die streichelnde Hand eines traurigen und ratlosen Kindes – und dessen »Welt« gerät wieder ins Lot.

Diese Erlebnisse der Zuneigung und des Verstehens sind seit der Kindheit lebendig und unvergessen und durch unsere jetzigen Hunde als etwas besonders Schönes und Wertvolles bestätigt worden. Wen wundert's, daß aus einer so starken emotionalen Bindung heraus der Wunsch entstanden ist, durch dieses Buch allen vierbeinigen Freunden und Wegbegleitern zum Dank für ihre Treue zu helfen, von den Menschen besser verstanden zu werden. Mit sachlichen Informationen, aber auch indem wir unseren Lesern die innere Bindung an unsere Hunde nahebringen, möchten wir dies versuchen.

Deshalb werden wir unsere Mischlingshündin Julchen selbst erzählen lassen, wie sie das Zusammenleben mit uns Menschen findet, wie sie ihre zwei Würfe erlebte, was sie bei ihren menschlichen und tierischen Rudelgenossen beobachtete und wie sie darauf hundegemäß reagiert. Und dieser Perspektivenwechsel ist durchaus nicht nur ein stilistischer Einfall. Der Autor dieses Buches erinnert sich an den Bericht seines ehemaligen Zoologieprofessors und Prüfers im Physikum, Otto Koehler, einer der Urväter der Verhaltensforschung. Dieser hatte in einer Vorlesung davon berichtet, wie er mit damals noch primitiven Mitteln, ohne Kameraüberwachung, beobachten wollte, ob es Affen in einem Zimmer schaffen würden, Stühle, Tische, Schemel und Leitern so zusammenzufügen, daß sie die an der Decke angebrachten Bananen an sich bringen konnten. Zur Beobachtung schaute er durch das Schlüsselloch des Versuchszimmers. Und was sah er? – In ein ihn aufmerksam beobachtendes Affenauge.

So lassen wir auch Julchens Hundeaugen auf uns ruhen. Vielleicht bewegen wir uns mit der Art der Erzählung am Rande der Seriosität und laufen Gefahr, tierisches Erleben manchmal zu vermenschlichen. Sollten wir dem einen oder anderen Leser gelegentlich »zu weit« gehen, bitten wir um Nachsicht. Unser Anliegen war es, uns aus der überlegen erscheinenden und intellektuell gesteuerten menschlichen Position den Tieren gegenüber etwas herauszubegeben und, zumindest im Ansatz, die erkenntnismäßige und emotionale Position eines Hundes als Gefährten des Menschen einzunehmen. Unsere Vierbeiner haben uns vieles deutlich gemacht. Sie lehrten uns, sie als Partner mit arteigenen Lebensbedürfnissen und Wünschen anzuerkennen und glücklich werden zu lassen. Wir leben jedenfalls so eng mit den Hunden als »Familie« zusammen, wie die Hunde mit uns im »Rudel« offensichtlich glücklich und zufrieden sind.

Lüdenscheid, im Januar 1996   Ellen und Helmut Heesen

Kapitel 1
Wie ich zu meinem »menschlichen Rudel« kam

Ein Welpe fügt sich in sein menschliches Rudel ein und behauptet dort seinen Platz

Das war schon ein komisches Gefühl: Eines Abends, als ich mich gerade zufrieden und müde von der Wühlarbeit in meinem ersten selbstgegrabenen Loch unter den Rosensträuchern im Garten zusammengerollt hatte, kam die große Frau, die meiner Mutter und meinen Geschwistern immer das Futter hingestellt hatte, nahm mich auf den Arm und trug mich in einen engen, stinkenden Raum, der sich zu allem Überfluß auch noch in Bewegung setzte. Alles roch so fremd, und mir wurde ganz übel. Und dann der Lärm! Ängstlich fragte ich mich: Warum kommt denn meine Mutter nicht mit? Denn damals befand ich mich erst ihm zarten Welpenalter von acht Wochen.

Plötzlich blieben wir stehen, und die Frau trug mich an die frische Luft. Fein, dachte ich, gleich kannst du wieder durch den Garten jagen. Aber nein, plötzlich tauchten viele Menschengesichter auf, die ich noch nie gesehen hatte, und ganz fremde Menschengerüche umgaben mich.

Mir war inzwischen schon aufgefallen, daß es Menschen und Hunde gibt, die an verschiedenen Gerüchen zu unterscheiden sind. Als mich dann ein großer Mensch auf den Arm nahm, bekam ich einen solchen Schrecken, daß ich gleich Wasser lassen mußte – und schon lachten alle laut los.

Ein kleiner Mensch rief:»Oh, nein, Helmut, sie hat dein Hemd ganz naßgepinkelt.«Mir war unheimlich zumute, denn jeder wollte mich

17

auf den Arm nehmen. Immer wieder hörte ich sie sagen:»Ach, ist die nicht süß, laß sie doch bei uns bleiben, Helmut, bitte!«
Ich hörte, wie der große Mann mit dem nassen Hemd im ernsten Ton sagte:»Aber Kinder, wir wollten uns doch einen Irischen Setter anschaffen, einen schönen reinrassigen Hund.«
»Wir möchten aber nur diesen schwarzen Möppel, bitte, bitte. Dieser hat doch viel mehr Rassen und Farben in sich als ein Setter!«
»Eigentlich muß ich euch recht geben«, meinte der naßgepinkelte Mann,»das schwarze Bündel hier sieht aus wie eine Mischung aus Mop und Hund. In der Tat scheint er ein interessantes Mixtum, und schielen tut er auch nicht.«
Ich zitterte inzwischen vor Angst, denn ich wußte überhaupt nicht, was sie mit mir vorhatten. Schon begannen sie mich zu streicheln und zu trösten, und mir wurde erst wieder wohler, als sie mich gemeinsam in ein Haus trugen und auf den Boden setzten.»So, hier bist du jetzt zu Hause, das ist dein Revier«, sagten sie, und der Mann mit dem nassen Hemd sagte freundlich:»Jetzt haben wir sogar fünf Kinder«, und kraulte mich dabei zärtlich.
In dem neuen Haus gab es viel Neues für mich zu riechen, und ich krabbelte unter alle möglichen Gegenstände. Immer wenn ich wieder hervorkam, waren sie begeistert, und schließlich saßen alle bei mir auf dem Teppich, streichelten mich behutsam und spielten mit mir.
Allmählich begannen mir meine neuen Spielkameraden zu gefallen. Sie rochen zwar nicht wie meine Mutter und meine Geschwister, aber ich konnte sie auch zwicken, lecken und an ihnen zerren. Sie machten alles begeistert mit.
Dieses Rudel gefällt mir, dachte ich gerade, als eine von ihnen mir einen Teller mit kleinen Brocken hinstellte, die herrlich schmeckten. Mein Hunger war inzwischen riesengroß, und vor lauter Dankbarkeit schloß ich sie als»Futterfrau« sofort in mein Herz.
Das war klug, denn sie kam auch in den nächsten Tagen und seitdem immer wieder mit den besten Leckerbissen zu mir. Also folgte ich ihr auch auf Schritt und Tritt. Schließlich bin ich doch kein dummer Hund!

Bald merkte ich, daß jeder in meinem neuen Rudel auf seine Weise lieb war: Die zwei kleinen Mädchen, die sie Ina und Anke riefen, rannten und tobten viel mit mir auf einer riesengroßen Wiese herum, die so war, daß ich hoch in die Luft springen mußte, um über das Gras hinwegsehen zu können. Danach war ich immer total geschafft.

Ja, und dann war da noch der große Mann, dem ich das Hemd naßgepinkelt hatte. Er war aber leider nicht oft da, und wenn er wieder in unser Revier zurückkam, roch er immer so scharf wie der Mann, der mich eines Tages mit einer spitzen Nadel stach. »Der ist Arzt«, erklärten mir die Kinder, »vor dem brauchst du keine Angst zu haben.« Die hatten gut reden!

Meine Futterfrau, die sie Mama nannten, war zum Glück fast immer bei mir, und nach einigen Tagen nahm sie mich auf den Arm und trug mich zu ihrem rollenden Kasten.

Sie setzte mich neben sich, machte viel Lärm, und wir rollten los. Da erzählte sie mir: »Komm, wir holen die Kinder ab, mit Mamas Auto …« Aha, »Auto« hieß das. Anfänglich machte mich das Unternehmen mißtrauisch, aber als dann beide Kinder zugestiegen waren, machte mir das Fahren und das Hinausgucken großen Spaß, und im Lauf der Zeit wurde das Autofahren mein zweitschönstes Hobby.

Seitdem ist mein Stammplatz auf dem Beifahrersitz, und wenn es gelegentlich jemand wagt, sich dort hinzusetzen, hocke ich mich schlicht auf dessen Schoß, ob es ihm paßt oder nicht. Jeder Hund muß seine bestimmten Plätze haben, im Auto, im Garten, im Haus, im Rudel.

Auch jeder Mensch hat seine festen Plätze zum Schlafen, am Eßtisch, vor dem Fernseher, in der Sitzgruppe, beim Kegeln, sogar in der Kirche oder am Arbeitsplatz, ohne daß diese vorher bestimmt werden müssen. Als geradezu peinlich wird es empfunden, wenn sich jemand zum Beispiel bei Arbeitsbesprechungen auf den Platz eines anderen oder gar des Chefs setzt, selbst dann, wenn der sich im Urlaub befindet. Die Respektierung dieser festen Plätze bedeutet bei Hunden

19

ebenso wie bei Menschen die Respektierung seiner Person in der Gruppe.

Mein erstes Hobby blieb natürlich das Spazierengehen und das Herumjagen auf Wiesen, Feldern und im Wald, das Stöbern und Jagen. Ja, so fing mein Leben in meinem Menschenrudel an. An meine Mutter und meine Geschwister brauchte ich bald nicht mehr wehmütig zu denken, denn es gab an jedem Tag so viel Neues und Schönes für mich.

Vorher hatte ich vorwiegend im Keller gelebt. Meine neuen Herrchen und die Kinder ließen mich im ganzen Haus und im Garten herumstöbern, so wie sie es selbst taten.

Mit mir waren wir im neuen Rudel zwar nur fünf, aber das reichte für den Anfang. Da waren noch zwei komische Tiere, die meistens in einem Käfig saßen und piepsten. Die Menschen nannten sie Vögel. Sie nervten mich ungemein. Aber ich nahm sie nicht ernst, denn sie konnten ja nicht einmal durch die Zimmer und den Garten rasen. Was sollte ich damit anfangen? Meine Quietschtiere, die mir Frauchen und Herrchen geschenkt hatten, waren für mich viel interessanter. Und dazu kamen – die habe ich bei der Aufzählung vergessen – drei langsam kriechende harte Gegenstände, die für mich ebenfalls langweilig waren. Sie wurden von den Menschen Schildkröten genannt.

In den nächsten Tagen und Wochen kamen dann viele Freunde, Verwandte und Bekannte meiner zweibeinigen Rudelgenossen, um mich zu begrüßen und mit mir zu spielen. Einige waren sehr nett und rochen für mich auf Anhieb sympathisch, einige mochte ich weniger, und einer unserer Nachbarn roch für mich sogar unerträglich. Das beruhte wohl auf Gegenseitigkeit, und, so klein ich auch noch war, ich knurrte ihn immer böse mit gekräuselter Nase an. Er trat ja auch nach mir und fand mich kleinen Hund unmöglich, einfach weil ich auf der Welt war und es wagte, seine Wiese zu betreten. In einem ernsten Gespräch, das Herrchen mit ihm führte, weil er Frauchen mal wieder meinetwegen angepöbelt hatte, erzählte er auch noch, daß er »mit Hunden großgeworden war und sie versteht«.

Verstanden hat er aber nichts von Hunden.

Frauchen, die Lehrerin war, sagte nur: »Mein Gott, ausgerechnet der ist Lehrer. Dabei sind sich Hunde und Kinder doch so ähnlich.« Menschen dürfen wohl nicht so unmittelbar zeigen, wen sie gut riechen können und wen nicht. Da denkt doch sicher so mancher Mensch: Wie ein Hund müßte man einfach bellen und knurren dürfen! Leittiere in unserem Rudel waren die zwei großen Menschen. Frauchen war immer für mich da, ging mit mir aus und gab mir herrliches Fressen. Sie wurde echt böse, wenn Nachbarn oder Jogger aggressiv zu mir waren und mich kleinen Hund nicht verstanden. Ehrlich gesagt, ich lasse mich auch wegen Frauchens Gutmütigkeit etwas in meinen Gefühlen gehen. Darum liebe ich Frauchen auch ganz besonders und bin untröstlich, wenn sie mal weg ist.

Herrchen ist genauso lieb zu mir. Aber er ist oft nicht zu Hause, so kann ich mich den Tag über nicht an ihn halten. Er ist allerdings nicht so nachsichtig wie Frauchen. Darum gehorche ich ihm auch, wenn überhaupt, schneller als Frauchen. Ich will ja keinen Ärger mit ihm, ihn nicht enttäuschen. Er ist einfach konsequenter, und ich habe es von klein auf verstanden, mich auf die verschiedenen Charaktere einzurichten.

Von den Kindern ließ ich mir nicht viel sagen, denn sie standen in der Rangordnung nicht höher als ich. Wenn sie mir zu nahe kamen oder mir etwa einen Knochen abnehmen wollten, ging ich energisch zur Verteidigung über, und da gab es dann und wann kleine Wunden an Nasen und Händen. Dadurch wurden die Kinder vorsichtiger und respektierten meine Privatsphäre und mein Ruhebedürfnis, wie ich das ihre ja auch respektierte.

Einmal passierte für mich etwas ganz Schlimmes: Frauchen hatte mir eine weiche, wollige Mütze geschenkt, die sie selbst getragen hatte und die so schön nach ihr roch. Ich war besonders glücklich über dieses Geschenk, weil ich diese Mütze als einen Teil von Frauchen empfand, der mir ganz allein gehörte. Deshalb verteidigte ich diese wollige Mütze mit bösem Knurren und blanken Zähnen. Herrchen und Frauchen lachten dann und meinten: »Julchen ist wohl etwas neurotisch.«

Viele Menschen halten solche Verhaltensweisen von Hunden sogar für bösartig. In Wirklichkeit brauchen Hunde ebenso wie Menschen etwas, was ihnen ganz allein gehört. Julchens Verhalten war also weder neurotisch noch bösartig. Im Höchstfall handelte es sich um den Ausdruck eines »Fetischismus«, der bei Menschen und Hunden gleichermaßen zu finden ist.

Der Fetisch ist Teil eines geliebten Menschen, den man ganz allein für sich besitzen kann, sei es in Form eines Autogramms des verehrten Idols, einiger Haare oder eines Bildes des Geliebten in einem Amulett oder einer Reliquie in Form der Gebeine eines Heiligen, die man diebessicher im Schrein aufbewahrt.

Ich bewies, daß gesunde Zähne immer noch der beste Schutz gegen Diebe sind. Die herrlich wollig-weiche Mütze von Frauchen war mein ein und alles. Kein anderer durfte sie anfassen. Nur Ina ignorierte mein warnendes Knurren. Sie war eben ein zu »forsches« Kind. Sie zerrte an der Mütze, und schneller, als sie reagieren konnte, hatte ich ihre Hand geschnappt. Da war das Geschrei groß. Jemand brüllte das Wort »Ambulanz«. Dann waren alle weg, und ich blieb mit schlechtem Gewissen zurück. Was hatte ich da nur angestellt?

Nach einer für mich unendlich langen Zeit kamen sie wieder, gehüllt in Medizinduft, als kämen sie vom Tierarzt. Das bedeutete nichts Gutes, und ich warf mich schuldbewußt auf den Rücken, jaulte leise, schlug mit meinem Schwanz auf und bat sie und die ganze Welt reumütig um Vergebung. Sie waren aber nicht beim Tierarzt gewesen, sondern nur bei einem Chirurgen. Dann streichelte mich Ina, die einen dicken Verband um die Hand trug, schuldbewußt und gab zu, daß sie einen Fehler gemacht hatte.

Kapitel 2
Was man nicht alles lernt

Wie eine Gemeinschaft von Menschen und Hunden durch
Erkennen von Gemeinsamkeiten sowie die Tolerierung von
Eigenarten und Lebensbedürfnissen wächst

So ist das eben bei Hunden: Ordnung muß im Rudel herrschen.
Grundsätzlich wird bei uns der Erfahrenere geachtet, denn unsere
Instinkte reichen nicht immer aus.
Bei Hunden ist der ältere, der am meisten kann und weiß, der
Rudelführer. Wir merken das und gehorchen ihm. Wenn wir kei-
nen vierbeinigen Rudelführer haben, erwählen wir uns statt dessen
einen zweibeinigen. Wenn wir Glück haben, bekommen wir einen
mit gesundem Hundeverstand. Dann ist er für uns eine echte
»Autorität«.
Gefahr lauert ja überall. Man stelle sich nur vor, was unerfahrene
Welpen alles fressen würden, wenn sie das warnende Knurren ihrer
Eltern nicht beachteten. Sie könnten daran erkranken oder gar sterben. Darum müssen sie erst einmal lernen, am Geruch zu unterscheiden, was sie fressen könnten und was nicht. Das knurren ihnen
die Hundeeltern ganz energisch bei.
Sie lernen auch von klein auf, die Markierung des Reviers durch ihre
Eltern zu riechen und zu beachten und dieses Terrain als ihr Eigentum zu verteidigen, um hier in Ruhe mit ihrem Rudel zu leben. In
ihrem Revier sind sie mutig, sicher und stark. Sie lernen aber auch,
das Revier anderer zu respektieren. Nur so können Hundefamilien
nebeneinander leben.
Nun aber wieder zu meinem Lernpensum.
Jeden Morgen, wenn Frauchen und ich munter ins Auto sprangen,

kamen Ina und Anke mit dicken, schweren Taschen hinterhergerannt und quetschten sich schimpfend auf den Rücksitz. »Julchen hat's gut, die braucht nicht in die blöde Schule!« maulten sie fast täglich. »Lernen müssen wir«, erklärten sie mir wichtigtuerisch.

Als wenn ich das nicht auch müßte! Zuerst konnte ich ja nicht einmal die hohe steile Treppe nach oben schaffen. Stufe für Stufe habe ich das üben müssen, bis ich eines Tages oben stand. Hätte ich nur nicht nach unten geschaut! O Graus, wie sollte ich da jemals wieder hinunterkommen? Gut, daß mich immer jemand holte, wenn ich um Hilfe jaulte.

Einmal kam aber niemand. So blieb mir nichts anderes übrig, als mich Stufe um Stufe fallen zu lassen. Ich schaffte es tatsächlich bis unten. Da war ich ebenso stolz auf mich wie die Kinder, wenn sie in der Schule ein Lob bekommen hatten. Und wie stolz war ich erst, als ich ein paar Tage später ein kleines Kaninchen ganz allein aus seinem Loch gezogen hatte. Mit hocherhobenem Schwanz brachte ich es den Kindern. Aber die schimpften entsetzt: »Nein, das darfst du doch nicht!«

Warum eigentlich nicht? Außer mir kann das keiner vom ganzen Rudel, bis heute. Vielleicht waren die nur neidisch.

Auch im Mäusegraben war ich bald allen voraus. Das wurde wenigstens von Herrchen gewürdigt, denn er sagte anerkennend: »Julchen gestaltet den Garten um.« Ich glaube, insgeheim bewunderte er mich. Das wunderte mich überhaupt nicht, wenn ich sah, wie er sich manchmal mit Hacke, Spaten und Rechen abmühte und dabei oft fürchterlich vor sich hin fluchte, wenn er auf Steine oder Felsen stieß. Dann brachte er immer vom Komposthaufen in der Ecke des Gartens mit einem Schubkarren Kompost auf die steinige sauerländische Erde. Er sagte dann stolz: »Das ist guter, von mir gepflegter Kompost.« Das mußte ich ihm zugestehen: Der roch tatsächlich nach allen Herrlichkeiten dieser Welt. Darum wälze ich mich darin auch immer so gerne, solange mich niemand erwischt und »Bah« brüllt.

Überhaupt verstand ich meine Leute von Tag zu Tag besser und sie mich auch. Sie lernten zu begreifen, was ich wollte, je nachdem, wie ich jaulte, bellte, kläffte, heulte, winselte, knurrte, wuffte, nieste oder wimmerte. Wenn ich mich nachts einsam fühlte und weinen mußte, holte mich Ina sogleich heimlich in ihr Bett.

Für mich ist ein Bett der gemütlichste Ort auf der ganzen Welt, besonders das von Frauchen. Als Frauchen eines Morgens nicht aufstand und Herrchen verkündete, Mama sei krank, sprang ich sofort zu ihr aufs Bett, um sie zu trösten. Ich mochte noch nicht einmal fressen oder ausgehen. Mit knurrendem Magen hab' ich ihr beigestanden. Und das war auch gut so, denn am nächsten Tag ging es ihr dank meiner Hilfe schon wieder so gut, daß sie mit mir spazierengehen konnte – trotz der Pillen von Herrchen. So habe ich es bis heute gehalten: Niemand kann mich aus Frauchens Bett locken, wenn sie krank riecht, und wer das wagt, dem zeige ich meine Zähne. Schließlich muß ich sie doch bewachen, wenn sie hilflos ist.

Als ich dann älter und größer wurde, hörte ich immer wieder das Wort »gehorchen«. Bis heute hasse ich dieses Wort, denn ich hörte es immer dann, wenn ich gerade eine aufregende Spur gefunden hatte, die nach Maus, Hase oder Reh duftete. Da hielt mich dann kein Rufen und Pfeifen zurück, bis ich sie unter Jagdgeheul erforscht hatte und glücklich zurückkehrte.

Darüber schien sich dann aber keiner zu freuen. Ich begriff gar nicht, warum mir regelmäßig gesagt wurde: »Julchen, du mußt besser gehorchen!« Das sagten sie auch, wenn uns so ein Mensch begegnete, der durch die Landschaft hastete.

»Vorsicht, ein Jogger!« brüllte dann alles, und sie hielten mich fest. Dennoch ließ ich mich von meiner Meinung nicht abbringen: So ein Jogger, wer immer er auch sei, muß doch ein schlechtes Gewissen haben, sonst würde er doch nicht so wegrennen. Da mußte ich doch hinterher, um nach dem Rechten zu sehen. Und neugierig bin ich nun mal, wie jedes intelligente Wesen – Hund und Mensch. Warum freute sich nur keiner darüber?

Lernen – lernen – lernen! Ich lernte viel. Auch andere Hunde lernte ich kennen. Eines Tages begegnete mir bei den täglichen Spaziergängen im Stadtpark ein Rüde, der ganz toll und sympathisch roch und sich so ungewöhnlich originell bewegte. Die Sympathie war gegenseitig. Wir beschnupperten uns intensiv und spielten ausgelassen miteinander.

Auch als wir uns trennten, war ich ganz happy, daß es so nette Zeitgenossen gab. Ich war so richtig glücklich, als Frauchen dazu immer wieder sagte: »Julchen, das war ja ein toller Mann!« Und ich wedelte fröhlich mit hocherhobenem Schwanz.

Aber als Herrchen dann abends nach Hause kam, wurde ich von Frauchen bitter enttäuscht. Ich weiß seitdem, daß Menschen einen verkümmerten Geruchssinn haben müssen und offensichtlich nur immer auf Äußerlichkeiten achten. Sie erzählte nämlich prustend meinem Herrchen, ich sei heute im Park einem potthäßlichen, auf drei Beinen humpelnden Rüden begegnet, auf den ich ganz begeistert abgefahren sei. Wir hätten uns wild beschnuppert und miteinander getobt. Als wir wieder verschiedene Wege gegangen seien, sei ich vor ihr mit hocherhobenem Schwanz, erhobenem Kopf, mit wackelndem Hintern richtiggehend einhergetänzelt, habe dabei ganz hohe Kläffer ausgestoßen und sie jedesmal glücklich angesprungen, wenn sie gesagt habe: »Ja, Julchen, das war aber ein toller Mann.« Was mich dabei besonders verletzte: Als sie Herrchen das erzählte, äffte sie meinen Hüftschwung und mein Bellen nach. Wirklich: Wie kann man nur so albern, oberflächlich und instinktlos sein? Sie würde es erst merken, wenn ich sie auch mal so nachäffen würde.

Manche Hunde, denen ich begegnete, waren lustig, tobten mit mir herum und durften stundenlang spielen, während die Menschen aus ihrem Rudel zuschauten. Aber dann traf ich auch ganz traurige Hunde, die immer nur an einer Leine festgehalten und von ihren Herrchen oft angeschrien oder gar geprügelt wurden. »Dressur« nennen sie das. Mit der Zeit wurden sie deshalb so verzweifelt und böse, daß sie am liebsten jeden gebissen hätten.

Ein alter Schäferhund machte es mir deutlich. Viele Menschen wollen ihren Hund beherrschen, weil sie sonst keinem etwas zu befehlen haben. Sie wissen wenig über uns Hunde und haben keinen Instinkt für uns, und wenn wir nicht nach ihrer Pfeife tanzen, werden sie böse. Vor lauter Angst tun wir dann, was diese Herrchen wollen. Dabei wissen wir doch selbst viel besser, was gut für uns ist und was nicht. Hätten diese Herrchen mehr Hundeverstand, würden wir aus Liebe zu ihnen alles tun, ihnen auch ohne Leine gerne folgen. Für sie aber gibt es nur Kadavergehorsam. Entsprechend behandeln sie auch die Menschen in ihrem Rudel, ihre Frauen, Kinder und Untergebenen.

Ich werde auch immer ganz kribbelig und böse, wenn man mich festhält oder ich nicht genügend Auslauf bekomme oder nicht auf eigener Pfote die Umwelt erforschen darf.

Wenn junge Menschen in der Großstadt nicht ausgefüllt sind, rasen sie zum Beispiel mit ihren Motorrädern umher und bringen sich und andere in Gefahr, oder sie werden aggressiv gegeneinander und andere Menschen und zerstören mutwillig etwas.

Hunde reagieren sich ähnlich ab, indem sie Möbel, Schuhe oder Teppiche zerbeißen. Deren Herrchen sollten sich mal Gedanken machen, warum sie so ausrasten. Vielleicht können sie sich nicht artgerecht ausleben, oder sie sind enttäuscht, zuviel allein, einsam und frustriert wie auch viele Kinder und Jugendliche.

Wenn ich zu Menschen hinlief, um sie zu beschnuppern und freundlich kläffend und schwanzwedelnd zu begrüßen, mißverstanden manche das und fingen zu schimpfen an. Einer hob einmal den Stock, ein anderer warf sogar Steine nach mir. Oh, da wurde ich böse! Nicht mit mir! Zu allem Unglück wurde Frauchen auch noch angepöbelt. Sie nahm mich dann an die Leine, und unser schöner Spaziergang hatte ein vorzeitiges Ende.

Allerdings kann ich auch ungewollt böse werden, wenn ich genervt bin. Eines Tages feierte Herrchen seinen Geburtstag ganz groß, weil er »genullt« hatte. Was das ist, weiß ich nicht genau, aber es muß für Menschen ein Grund zum Feiern sein, älter zu werden. Jedenfalls kamen schon am Morgen viele Menschen, machten reichlich Lärm, redeten, aßen, tranken. Und wenn welche gegangen waren, kamen die nächsten. Das ging bis in die Nacht hinein. Meine Spaziergänge fielen aus, und als das Haus endlich wieder leer war, da war ich von allem einfach fix und fertig. Zum Glück durfte ich mich auf Frauchens Bett erholen, als sie endlich schlafen ging, während Herrchen noch munter aufräumte. Als er schließlich ins Schlafzimmer kam, verteidigte ich ängstlich meinen Bettplatz. Dabei wollte Herrchen mich gar nicht vertreiben. Als er mich beruhigend streicheln wollte, biß ich kräftig in seine Hand, die er leider auch noch zwischen meinen Zähnen wegzog. Als das Blut tropfte, bekam ich einen riesigen Schrecken. Ich warf mich vor Herrchen auf den Rücken und leckte ihm das Blut ab, um alles wiedergutzumachen. Obwohl Herrchen mir sofort vergab, weil er verstand, daß ich ja nur die Nerven verloren hatte, schlich ich noch am nächsten Tag zerknirscht um ihn herum.

In den ersten Monaten bei meinem menschlichen Rudel gab es immer Neuigkeiten. Mein schlimmstes Erlebnis war, als eines Tages alles im Haus in Kisten und Kasten gestopft und von fremden Männern auf ein großes Auto geschleppt wurde, obwohl ich wie von Sinnen bellte und knurrte. Was wollten die Leute nur mit unseren Sachen? Schließlich fuhren sie dann mit dem Möbelwagen los und wir in unserem Auto hinterher. Zitternd saß ich neben Frauchen auf dem Beifahrersitz. Warum wehrten sie sich nicht, merkten sie denn nicht, daß das nicht in Ordnung war?

Dann hielten wir schließlich vor einem fremden Haus, auch die fremden Männer, die uns aus unserem Revier alles weggeschleppt hatten. Warum hatten Frauchen und Herrchen das nur zugelassen, trotz meines bösen Protestes? Als kleiner Hund kam ich allein nicht gegen sie an. Und ich verstand die Welt nicht mehr. Unter ihrer Aufsicht trugen die »Diebe« unsere Sachen in ein anderes Haus und wurden zu meinem Erstaunen schließlich auch noch mit Essen und Bier versorgt. Dann verschwanden die starken Männer, und wir saßen endlich allein, auf Kisten, Sack und Pack.

Das alles hatte mich so aufgeregt, daß ich vor unserem neuen Haus erst einmal fürchterlich erbrechen mußte. Ich bin nun mal ein sehr sensibler Hund. Alles roch so schrecklich fremd im neuen Revier, und deshalb fühlte ich mich völlig entwurzelt. Es dauerte lange, bis ich mich an das neue Revier gewöhnt hatte und seine Vorzüge genießen konnte. Der große Garten ist herrlich, und daneben liegt auch noch eine große Wiese, die ich durch ein Loch in der Gartenhecke, trotz aller Bemühungen von Herrchen, sie abzudichten, erreichen kann. Gegenüber von unserem neuen Haus liegt ein unbebautes Grundstück, auf dem ich toll buddeln kann. Und in den umliegenden Häusern gibt es viele Hunde.

Die regten sich anfangs alle fürchterlich über mich Eindringling auf, saßen an den Türen und bellten mich an. Aber so konnten die mir nicht kommen. Ich bellte und kläffte zurück, bis wir Hunde uns allmählich persönlich kennenlernten. Wir beschnupperten uns besonders an unseren Duftdrüsen unter dem Schwanz, die unsere »Personalausweise« sind. Inzwischen kennen und verstehen wir uns mehr oder weniger, und mit den meisten bin ich echt gut Freund. Sie wissen jetzt alle, daß ich mein Revier behaupte, dank meines energischen Auftretens.

Erst nachträglich verstand ich, wie klug und vorausschauend Frauchen und Herrchen gewesen waren, als sie gegen meinen heftigen Protest unser Revier wechselten, denn dadurch lernte ich erst den wunderschönen Stadtpark kennen. In diesem Park, wo ich täglich herumstöbern durfte, stieg mir eine der vielen Hundefährten besonders in die Nase, sie umgarnte mich völlig und berauschte mich wegen ihres umwerfend männlichen Duftes. Schnuppernd erkannte ich sofort: Das mußte die Spur eines Hundemannes sein, und zwar die Spur eines Supermannes, wie ich sie bislang noch nicht gerochen hatte. Fest entschlossen, ihn zu finden, jagte ich in den nächsten Tagen durch den Park, immer auf der Suche nach diesem faszinierenden Duft, und ich fand ihn auch – mal stark, mal von Ausdünstungen anderer Hunde und Menschen überdeckt. Ich war ganz außer mir vor Aufregung. Und dann, einige Tage später, kam er mir leibhaftig entgegengesprungen.

Ich begrüßte ihn bellend mit hocherhobenem Schwanz und umtänzelte ihn. Er roch so betörend an Hals, Schnauze und an den hinteren Duftdrüsen. Zu meinem Entzücken erwiderte er meine Begeisterung voll. Wir spürten sofort: Wir gehören zusammen. Herrchen meinte, wir Hunde hätten einen sicheren Instinkt für das Zusam-

menpassen von Chromosomensätzen. Papperlapapp! Das kommt
daher, daß wir, verglichen mit den Menschen, unvorstellbar besser
riechen und glücklicherweise viel schlechter sehen können, so daß
uns der äußere Schein weniger trügen kann.

Aber auch sein Aussehen, soweit ich es sehen konnte, gefiel mir:
rotbraun, schlank, etwas kleiner als ich – wie ein Langhaardackel
auf zu hohen Beinen –, elegant und stattlich. Seine Mutter soll sogar
eine Münsterländer Mischlingshündin gewesen sein. Aber was
kümmerte mich seine Abstammung? Wo die Liebe hinfällt …

Für mich war es »Liebe auf die erste Prise«. Diesen Mann wollte ich
haben! Aber wie?

Immer, wenn er schon vor Tag und Tau sehnsüchtig vor unserem
Haus saß, wurde er fortgeschickt, weil ich heiß war. Ja und? Eines
Tages aber, als ich in unserem Garten herumstöberte, hörte ich im
Nachbargarten sein Winseln. Und sein köstlicher Duft zog mich
unwiderstehlich über den Zaun zu ihm.

War das eine Begrüßung! Wir leckten uns und tobten und schmu-
sten miteinander, und keiner bemerkte uns. Was wir erlebten, geht
keinen etwas an, und das will ich auch für mich behalten. Warum
war Frauchen nur so aufgeregt, als sie uns schließlich nach einer
Stunde zusammen entdeckte? Es war doch so schön gewesen.

Herrchen bemerkte skeptisch am Abend: »Ob das wohl gutgegan-
gen ist?« – Und wie, das konnte man dreiundsechzig Tage später
sehen.

Pollux ist ein freundlicher, friedlicher und intelligenter Nachbarshund, der die Gunst vieler Hundedamen unseres Stadtviertels erobert hatte. Obwohl schon elf Jahre alt, trabte er
ausdauernd und verkehrssicher am Rand der Bürgersteige
durch die umliegenden Straßen, auf der Suche nach netten
Hundedamen. Sein Alter merkte ihm keiner an. Da konnte
sich noch mancher junge Rüde eine Scheibe von seiner Vitalität, Ausdauer und Zärtlichkeit abschneiden.

Liefe Herrchen so durch das Revier, dann wäre Frauchen nicht wie
ich stolz, sondern unheimlich sauer. Da kann ich nur glücklich kläffen: Mensch, Hund müßte man sein!

Kapitel 3
Zwei Monate später – welche Bescherung!

Verhaltensänderungen der Hunde bei Trächtigkeit und in fremden Revieren, ihre besonderen Sinneswahrnehmungen und die nervale und hormonelle Steuerung von Körperfunktionen und Reaktionen

Im Sommer nahmen Frauchen und Herrchen mich auf eine Autotour rund um Jütland mit. Sie ahnten nicht, daß ich mich oft nicht wohl fühlte. Innerlich war ich so unruhig, gereizt, ruhe- und liebebedürftig. Traf ich unterwegs einen Rüden, der mir zu nahe kam, biß ich einfach »wie eine Emanze« zu, obwohl ich sonst Rüden mit gutem Geruch sehr wohl mag. Es lief also bei mir so recht nichts mehr.

Wir verließen unser Revier, in dem mir jedes Geräusch und jeder Geruch vertraut war und in dem ich mich sicher fühlte. Jeden Tag fuhren wir in Frauchens Käfer, dem einzig Vertrauten, was mir noch geblieben war. Abends schliefen wir in Gasthäusern, heimatlos; ein Hund muß schließlich wissen, wo er hingehört, denn ich bin eine Haushündin, keine wildstreunende Katze.

Faszinierend waren die vielen Gerüche und Geräusche schon, aber ich konnte mich nicht mehr orientieren, und das war schwer zu ertragen. Die meisten Hunde bellten und knurrten mich nur an, als ob ich ein Briefträger wäre.

Dazu kam ein Erlebnis, das mir bis heute noch in den Knochen steckt. Bei einem unserer Strandspaziergänge in Dänemark lockte mich plötzlich ein zauberhaft würziger Duft. So etwas Aromatisches hatte ich selten in die Nase bekommen. So hinreißend wollte ich auch duften, rundum am ganzen Körper.

Sobald ich die Stelle gefunden hatte, von der der betörende Duft ausging, wälzte ich mich darin, bis mich die Duftmarke ganz umgab. Zu meinem Entsetzen kamen Frauchen und Herrchen aufgeregt angelaufen und schrien aus Leibeskräften: »Julchen, n e i i i i i i n ...!«

Nur nicht drum kümmern, dachte ich. Aber als Herrchen dann auch noch entgeistert brüllte: »Was hast du denn da gemacht?«, wurde ich stutzig. Dumme Frage, typisch Mensch, ging es mir durch den Kopf, als ich auch schon angeleint und in das Auto gezerrt wurde. Was sollte denn diese Hektik plötzlich? Und los ging die wilde Fahrt. Aber es kam noch viel schlimmer. Unterwegs wurden alle Autofenster heruntergekurbelt, und pausenlos brüllten Frauchen und Herrchen: »Bah, pfui, toter Fisch – mir kommt's hoch!«

Nach windiger Fahrt wurde ich dann in das Haus gezerrt, in dem wir in der Nacht geschlafen hatten, und ab ging es unter eine dieser widerlichen Duschen. Wie ich sie hasse, die Dusche und meine Herrschaft, dachte ich. Aber es gab kein Entkommen. Sie rieben mich mit scheußlich riechendem Seifenschaum ein und vertrieben so meinen herrlichen Körperduft. Frauchen brüllte Herrchen gereizt zu: »Hol mir doch schnell ein Handtuch!« Als Herrchen die Tür der Dusche öffnete, durchzuckte es mich: Jetzt oder nie! Wie von der Tarantel gestochen, sauste ich durch die Tür und zwischen Herrchens Beinen durch. Puh, das war schon mal geschafft.

Ich raste den langen Flur entlang, die Treppe hinunter, um mehrere Ecken herum und auf die Straße, so als sei der Leibhaftige hinter mir her. Da gab es für mich nur noch einen sicheren Ort: mein geliebtes Auto – das war die einzige Rettung.

Unter die Vorderräder geduckt, sah ich die beiden dann herumlaufen wie die Hühnerschar, die ich neulich einmal gescheucht hatte: Frauchen und Herrchen – rufend, lockend, bittend, schimpfend. Sie liefen die Straße rauf und runter und wieder rauf, und ich sah triumphierend zu. Fast taten sie mir leid. Aber der Gedanke an die widerliche Dusche ließ mich in meinem Versteck ausharren. So ging das eine ganze Zeit, bis ich Frauchen ganz dicht neben dem Auto traurig sagen hörte: »Julchen ist weg, sie kommt bestimmt nie mehr wieder.«

Wie sie das so traurig sagte, war ich sehr erschrocken. Außerdem: Sollte ich etwa so naß und voller Seifenschaum für immer unter dem Auto liegenbleiben? Vorsichtig lugte ich hinter einem Vorderrad hervor. Da, in diesem Augenblick, drehte sich Herrchen um und rief:»Guck mal da, wer da unter dem Käfer liegt!« Sie hatten mich ertappt, und mein schlechtes Gewissen regte sich gewaltig. Auf dem Bauch kroch ich zu ihnen, warf mich vor ihnen auf den Rücken und schlug mit meinem Schwanz. Erstaunlicherweise waren die zwei so gerührt, mich wiederzuhaben, daß sie sogar die schreckliche Dusche vergaßen. Sie wickelten mich nur noch liebevoll in Tücher und drückten mich an sich. Danach gingen wir noch ganz lange spazieren, zum Auslüften, wie sie sagten.

Die Welt war wieder in Ordnung. Sie ertrugen es sogar mit Fassung, daß mir der betörende Duft noch tagelang anhaftete.

Noch heute, in hohem Alter, reagiere ich deshalb auf den Ausruf »Bah« mit Panik.

Ich hoffe inständig, daß Frauchen und Herrchen irgendwann mal kapieren, daß es auch für uns Hunde einen Unterschied zwischen Duft und Gestank gibt. Nach meinen bescheidenen Hundeerfahrungen scheinen die Menschen in puncto Riechen völlig unterentwickelt zu sein und einen anderen Begriff von Duftfülle und Duftschönheit zu haben.

Denen möchte ich mal sagen, wie es für mich stinkt, wenn Herrchen seine braunen Stengel raucht oder Frauchen sich mit Duftwasser aus kleinen Fläschchen bespritzt. Das riecht doch so penetrant, daß sie eigentlich auch unter die Dusche müßten.

Für mich sind die Gerüche viel wichtiger als für Frauchen und Herrchen, die aber dafür viel besser sehen können als ich. So einen Geruch, den ich einmal in der Nase habe, kann ich nicht mehr vergessen. Ich kann die verschiedenen Gerüche von Haaren, Menschen, Hunden, Katzen und anderen Tieren unterscheiden. Am Geruch kann ich alles wiedererkennen und einordnen.

Ich rieche auch bei den Menschen, besonders bei meinen Rudelmitgliedern, ob sie fröhlich, zornig, ärgerlich, traurig, nervös oder gereizt sind. Darauf kann ich mich dann sofort einstellen, weil ich weiß, ob meine Herrchen heute schnell ungeduldig und streng mit mir sind oder ob sie mir eher etwas durchgehen lassen. Auf meinen Geruchssinn kann ich mich verlassen. Ich weiß so auch, ob ich sie trösten, bewachen oder gesund machen muß. Dazu höre ich ihre Schritte: wie fest und schnell sie sind und ob ihre Füße über den Boden schlurfen. Das Rascheln ihrer Kleidung und damit die Art ihrer Körperbewegungen verrät mir ihre Stimmungen. An den Schritten erkenne ich auch die Menschen, die an mir oder unserem Revier vorbeigehen. Ich kann ihnen anhören, ob es Männer oder Frauen sind. Bei den Frauen klappern die Absätze viel schneller, und das klingt aufregender. Das findet Herrchen auch.

Wir Hunde merken sofort, ob wir einen menschlichen Griesgram oder einen fröhlichen, hundefreundlichen und einfühlsamen Zeitgenossen vor uns haben. Wir bemerken, ob einer nachsichtig oder konsequent ist, gutmütig oder autoritär. Lob und Tadel bemerken wir bei unseren zweibeinigen Freunden schnell und stellen uns darauf ein.

Am schlimmsten ist es für uns, wenn wir unsere Herrchen enttäuscht oder traurig gemacht haben. Dann ziehen wir alle Register unserer Demuts-, Entschuldigungs- und Schmusegebärden und zeigen uns von unserer besten Seite. Menschliche Bewegungen und Gebärden, die Mimik und ihre Körpersprache sagen uns viel mehr, als die meisten Menschen denken. Wir Haushunde können so etwas durchaus lernen. Aber vielleicht ist es klüger, nicht aus dem Nähkästchen zu plaudern. Unsere menschlichen Freunde wissen dann nämlich nicht so genau, wann wir etwas wirklich nicht verstehen können und wann wir es einfach nicht wollen.

Hundebesitzer wundern sich immer wieder darüber, wie sehr Hunde sich auf die Charaktere und jeweiligen Stimmungen der Menschen einstellen, sie »erspüren« können.

Wir haben versucht, uns vorzustellen, was wir mit Julchens Geruchs- und Hörsinn alles riechen und hören könnten: feine Unterschiede des Klangs der Stimme, der Wortbetonung und der durch Körperbewegungen entstehenden Geräusche, wie das Rascheln der Kleider oder das Auftreten der Füße.

Gleichzeitig können Hunde sehr wahrscheinlich die menschliche Körpersprache, also die Mimik, Gestik und die Körperbewegungen einschließlich des Augen- und Mienenspiels, aufnehmen und instinktiv deuten. Und sie können aufgrund ihres für Menschen unvorstellbar empfindlichen Geruchssinns die unterschiedlichsten menschlichen Ausdünstungen, wie Angstschweiß, Mund- und Körpergeruch, wahrnehmen, die bekanntermaßen von der Stimmung und der jeweiligen Situation eines Menschen beeinflußt werden.

Außerdem nehmen beim Hund genau wie beim Menschen spezifische Teile des Zwischenhirns (das limbische System) bestimmte äußere und innere Reize automatisch auf und lösen unwillkürliche Reaktionen wie Trauer, Angst, Niedergeschlagenheit, aber auch Wut und Aggressionen aus.

Ein wirkliches »Faszinosum« ist, daß die »in freier Natur« überlebensfähigen Lebewesen mit Bauplänen und Programmen ausgestattet sind, die sich auf 1. Arterhaltung und Fortpflanzung, 2. Lebenserhalt und 3. Anpassungsfähigkeit an Änderungen der Umweltbedingungen, auch an Krankheit und an plötzliche Bedrohungen und Notsituationen richten. Diese notwendige Grundausstattung und ihr Funktionieren wird von der Natur unter anderem durch ein raffiniertes, sehr kompliziertes hormonelles System mit feinsten Regel- und Kontrollmechanismen und Kommandozentrale sichergestellt.

Dieses System funktioniert notfalls prompt, um die notwendige Energie für wirksame Flucht- und Abwehrhandlungen bei plötzlicher Bedrohung bereitzustellen, aber auch dauerhaft, um die Überwindung von Krankheit und Lebensgefährdung zu gewährleisten. Dabei ist die hormonelle Kommando- und Steuerungszentrale im Zwischenhirn von Menschen und höheren Säugetieren mit der Steuerungs- und Kommandozentrale des Nervensystems und damit den Körperfunktionen des Gesamtorganismus verbunden.

Das nicht der Willenssteuerung unterliegende vegetative Nervensystem regelt durch Anregen oder Bremsen Körperfunktionen – zum Teil über Ausschüttung von Hormonen – und sichert so Lebens-, Arterhalt- und Adaptationsfähigkeit, also die Anpassungsfähigkeit an bestimmte Lebensbedingungen und Systeme. Bremsen oder Anregen von bestimmten Organfunktionen, Bereitstellen oder Hemmen von Spontanreaktionen erfolgen auch über das sogenannte limbische System, das ebenfalls im Zwischenhirn lokalisiert ist und mit den Steuerungszentralen des Nerven- und Hormonsystems eine Funktionseinheit bildet. Über dieses limbische System gewinnen äußere Reize, wie Wärme und Kälte, Lärm und Ruhe, und innere Reize, wie Streß, Ärger, Wut, Traurigkeit, Depression, angeborene und erworbene Grundbefindlichkeiten, aber auch Lebenserfahrungen und -erkenntnisse Einfluß auf die nervale und hormonelle Steuerung.

In den folgenden Übersichten (s. S. 39 ff.) wollen wir zeigen, wie Hunde nach unseren Vorstellungen und Beobachtungen menschliche Wesensarten, Reaktionen, Stimmungen und Erwartungen erkennen.

Auf dieser Reise in Dänemark bummelten wir auch gelegentlich durch kleine Städte. Fußgängerzonen liebte ich besonders, weil ich dort nicht die entsetzlichen Autoabgase inhalieren und dann niesen mußte. Statt dessen roch ich hier die vielen alten und neuen Spuren von Männer-, Frauen- und Kinderfüßen, die ich alle deutlich unterscheiden konnte. An den Laternenpfählen und an den Häusern brachten mich manche Duftnoten von Rüden ins Träumen. Roch ich dagegen die Spur einer Katze, dann überkam mich automatisch Unruhe und Ärger, und ich fing dann sofort aufgeregt laut und hoch an zu kläffen. Gerüche können mich nämlich automatisch in eine ganz bestimmte böse oder gute Stimmung versetzen.

Besonders gerne hielt ich mich vor Metzgereien und Bäckereien auf. Die unterschiedlichen Fleisch- und Kuchendüfte machten mich ganz happy. Das Schnuppern an Einkaufstaschen stillte meine Neugier, denn dann wußte ich immer sofort, was die Menschen eingekauft hatten. Einmal zog eine liebe Frau mit Hundegeruch sogar eine kleine Wurst aus der Tasche und schenkte sie mir.

Hunde haben so gute Nasen, daß sie nach entsprechendem Training sogar Verschüttete unter fünf bis sechs Meter hohem Schnee oder Rauschgift in geschlossenen Blechdosen riechen können.

So wird durch mein intensives Riecherlebnis jeder Spaziergang, ob durch Wald, Felder oder Städte, ein aufregendes Abenteuer. Ich sehe sozusagen die Welt durch meine Nase, während Menschen aus Hundesicht mehr durch die Augen riechen.

Ich erkenne sie aber auch an ihren typischen Bewegungen. Bleiben Frauchen und Herrchen gegen den Wind ganz ruhig stehen, dann sehe ich nur ihre Umrisse, und erst wenn ich etwa dreißig Meter an sie herangekommen bin, erkenne ich sie sicher und renne dann schwanzwedelnd auf sie zu.

Hundehirne formen Riechbilder. Der Teil des Gehirns, der für das Riechvermögen verantwortlich ist, nämlich das Riechhirn, soll bei Hunden sechzigmal größer sein als bei Menschen. Der Hund soll etwa dreihundert Millionen Riechzellen, der Mensch dagegen nur fünf Millionen besitzen.

Ebenso ist es mit dem Hören. Ich kann sogar die Geräusche von Frauchens und Herrchens Auto unterscheiden. Weil ich so gut hören kann, sollten die Menschen leise mit mir sprechen und nicht so entsetzlich brüllen, denn das macht aggressiv.

Das betrifft ganz besonders Kindergeschrei. Bei streitenden Kindern möchte ich kräftig dazwischenfahren. Wir können so hohe Tonschwingungen hören, die ein Mensch überhaupt nicht wahrnimmt. Gott sei Dank können Hunde aber auch gut weghören, also Töne ausschließen. Sonst würden wir bei all dem Lärm wohl bald taub und verrückt werden. Wir hören nur das, was wichtig ist, auch wenn die Töne leise sind.

So werden die täglichen Spaziergänge noch toller, weil zu den interessanten Gerüchen auch noch die vielen unterschiedlichen Laute hinzukommen.

Aber zurück zu unserer Tour durch Dänemark: Frauchen und Herrchen wurden von Tag zu Tag besorgter um mich. Ich fühlte mich oft zu müde, um lange herumrennen zu können. Herrchen, der ja Arzt ist, merkte dies und untersuchte mich. Anschließend sagte er fachkundig:»Ihr Bauch ist fester, ihre Zitzen deutlich größer als sonst.« Schließlich hörte ich ihn zu Frauchen sagen:»Julchen wird doch wohl nicht trächtig sein?«

Warum diese Fragerei?

Schließlich sollte er das als Arzt doch wissen. Dann fuhren wir eines Tages länger als sonst im Käfer. Anfangs saß ich, wie immer, auf Frauchens Schoß und beobachtete die vorüberhuschende Landschaft. Irgendwann muß ich schließlich eingeschlafen sein. Plötzlich schreckte ich hoch. Irgend etwas hatte mich geweckt.

Ja, es war der Duft, der aus der Lüftung in meine Nase strömte ... das roch nach Wäldern, Bergen, Wiesen – so angenehm und so bekannt.

Dann bogen wir von der Rennbahn, auf der wir lange gesaust waren, ab; ich schnupperte – ja, das kannte ich doch, das Duftgemisch Wald, etwas Gestank dazwischen, die»Fabrikskes« ..., ja, ich war sicher, wir kamen nach Hause in unser Revier in Lüdenscheid.

Fabrikskes nennt man bei uns im Sauerland alles, was irgend etwas erfolgreich produziert, mit oder ohne stinkende Schornsteine, mit drei oder auch über 1500 Mitarbeitern.

Ich war so erleichtert, daß ich durchs Auto sprang, hell jaulte und hoch kläffte, wie ich es immer tue, wenn ich mich sehr freue. Dann rauschten auch schon die Bäume der Parkstraße an mir vorbei. Jetzt mußte es nach links gehen, richtig, da sah ich schon unser Haus.

Als das Auto hielt, zischte ich aus der gerade geöffneten Tür, raste zum Haus und dann durch alle Zimmer und durch unseren Garten. Alles war wie gewohnt, nichts verändert. Jetzt war ich sicher: Das unsolide, ungeregelte Zigeunerleben und die revierlose Zeit waren zu Ende.

Endlich hatte ich wieder meine Ordnung und meine Ruhe. An diesem Abend schlief ich glücklich ein. Morgens fuhr ich auf: Ich hatte verschlafen – und nicht einmal die Zeitungsfrau verbellt.

Woran Hunde menschliche Wesensart, Reaktionen, Stimmungen, Erwartungen zu erkennen scheinen

I. Unwillkürlich ausgelöste Reaktionen der Hunde auf menschliche Verhaltensweisen

Wut, Wegfall der Aggressionshemmungen:
- Schreien, Anbrüllen, Schläge und Tritte gegen Hunde. Hunde sind sehr geräuschempfindlich!
- Bedrohung der Welpen und Rudelmitglieder, evtl. des Fressens und von als Eigentum betrachteten Gegenständen,
- unerlaubtes Eindringen in das Revier.

Abwehr- und Verteidigungshandlungen, Drohgebärden
- Unerwartete hektische Körperbewegungen von Menschen,
- Störungen im Schlaf,
- Überraschtwerden durch Menschen, besonders von hinten oder oben,
- angeleint bei Annäherung Unbekannter.

Trauer, depressives Verhalten
- Alleingelassenwerden, Liebesentzug, Verlustängste,
- zur Eifersucht führende Situationen (z. B. Baby, andere Hunde im Haus, die in der Liebe um Rudelmitglieder konkurrieren. Hier besteht die Gefahr von unkontrollierten Übersprung- und Ersatzhandlungen durch den Hund!).
- Hunde heulen sich »in Traurigkeit hinein«, wenn sie andere Hunde oder das Wolfsheulen auslösende Töne wie Glockenläuten hören.

Demuts- oder Entschuldigungsverhalten
- Nach unwillkürlichen Aggressionen gegen Rudelmitglieder,
- nach von Hunden als »unerlaubt« empfundenen Handlungen.

Fluchtreflex
- Plötzlicher Schmerz, Lärm, unerwartete optische Reize,
- schnelle Annäherung eines »übermächtigen« Gegners wie Kuhherden oder Autos. Dazu gehören keine Menschen!

Jagdfieber (nur bei Hunden mit Jagdinstinkt)
- Aufspüren frischer Wildspuren, Erkennen weglaufender jagbarer Tiere oder Menschen wie Jogger.

II. Hieran erkennen Hunde Grundstimmungen des Menschen und reagieren darauf

Freundlichkeit gegenüber Hunden
- Freundliche, leise bis mittellaute Ansprache und freundliches Ansehen (weite Pupillen!), ungehemmtes Entgegenkommen bei Annäherung des Hundes, gelöste unverkrampfte Körperhaltung, Niederbeugen zum immer kleineren Hund, Streicheln und heranwinkende ruhige Bewegungen.
- Eingehen auf ihre spontanen Stimmungen, Austobenlassen ihres Spiel- und Bewegungsdrangs, ausdrückliches Lob mit entsprechenden Körperbewegungen und Streicheln oder Klopfen, Vermeidung unsinniger Gehorsamsübungen (wie Pfötchengeben), sofortiges Erspüren ihres Unwohlseins, ihrer Freude.
  Wer das nicht kann, sollte sich keinen Hund anschaffen!
- Hunde Tätigkeiten lehren, die artgerecht sind oder Freude machen (z. B. Tanzen, durch Reifen springen u. a.).

Ängstlichkeit und Antipathie, fehlendes Einfühlungsvermögen für Hunde (und Menschen?)
- Aufkreischen, Schreien, Anbrüllen, Anstarren (bei verengten Pupillen), Abwehr (evtl. sogar durch Fuß, Hand, Stock oder Schirm!) eines schwanzwedelnd herankommenden Hundes, verkrampfte steife Körperhaltung, Versuche des Wegscheuchens, Scheuchlaute, hektische Bewegungen.

- Erwartung von »Kadavergehorsam«, grundsätzliches Anleinen, Gehorsamsgebote für Hunde in unsinnigen Situationen, Prügeln u. a.

Fröhlichkeit, Ausgelassenheit
- Stimmklang hell und mittellaut bis laut, Worte und Sätze werden unakzentuiert gesprochen. Dazu Lachen und Kichern.
- Aufrechte Körperhaltung, freie Bewegungen, schnelle Trittfolge. Füße werden beim Laufen hochgehoben und sicher aufgesetzt.
- Lebhaftes Kraulen und Tätscheln der Hunde.

Schmerzen, Kummer
- Körpersprache wie bei depressiven Menschen. Weinen, Schluchzen, Aufschreien, zusammengesunkene Körperhaltung. (Hunde suchen tröstenden Körperkontakt, lecken und legen die Pfoten auf.)

Depression, Pessimismus, Trauer
- Stimmklang leise, in mittleren bis unteren Tonlagen und mit weichem Stimmansatz,
- langsame, müde Körperbewegungen mit eher hängenden Schultern und über den Boden schlurfendem Schritt.
- Hunde werden meist nur oberflächlich und mechanisch gestreichelt. Rudelmitglieder finden wenig Beachtung. (Die Hunde verhalten sich ruhig und zurückhaltend und ziehen sich von solchen Menschen eher zurück.)

Krankheit, Erschöpfung, Müdigkeit bei sonst fröhlichen Menschen
- Stimmklang und Körpersprache wie bei depressiven Menschen, dazu evtl. Bettlägerigkeit.
- Die sorgende Fürsorge der Hunde wie Aufenthalt in der Nähe, die Suche nach Körperkontakt und Zärtlichkeitsgesten der Hunde werden meist dankbar angenommen.

Genervte, ärgerliche Menschen
- Stimmklang laut, schrill, polternd, akzentuierte Sprache,

- Bewegungen schnell und hektisch, Schritte schnell und laut,
- säuerlich-schweißiger Körpergeruch, evtl. Mundgeruch. (Die
  Hunde ziehen sich oft mit eingezogenem Schwanz zurück.)

Aufgeregte, eifrige, hektische Menschen
- Schnelles Laufen und Herumgerenne, hektische, unharmonische
  Bewegungen,
- lautes Rufen.
(Die Hunde beobachten aufmerksam von sicherem Platz das
Geschehen oder schnuppern, kläffen und laufen unruhig herum,
z. B. vor einer Reise. Betteln und Spielaufforderungen unterblei-
ben. Eine gleichzeitig freudige Grundstimmung, z. B. auf eine
gemeinsame Reise, erhöhen die Hektik durch ihr Herumjagen,
Schnuppern und helles Freudenbellen.)

III. Reaktionen der Hunde auf erfühlte spezifische Wesensmerkmale ihrer Herrchen und anderer Familienmitglieder

Hunde können sich sehr differenziert auf unterschiedliche Wesensmerkmale von Menschen einstellen. Sie lernen schnell zu erfassen,
wer nachgiebig oder konsequent ist, wer Spiele, »Späßchen« oder
Zärtlichkeiten liebt oder ablehnt.

Gutmütigkeit, Nachsichtigkeit
Hunde nutzen diese Eigenschaften für mehr Bettel- und Bittäuße-
rungen und Ungehorsam, aber auch für Zärtlichkeitsverhalten und
liebevolle Anhänglichkeit.

Konsequenz, Folgerichtigkeit bei der Hundeliebe
Hunde gehorchen konsequent handelnden Menschen schneller und
sind dann bereit, selbst eine interessante Tätigkeit zu unterbrechen.
Auf rituelle Handlungen der konsequenten Herrchen, z. B. beim
Abschied oder der Begrüßung, wird freudig eingegangen.

Stimmungslabilität, Launen
- Die unterschiedlichen Stimmungslagen werden wohl durch den Stimmklang, die Körperbewegungen, die ihnen entgegengebrachte Aufmerksamkeit und den Geruch der Körperausdünstungen erfaßt.
- Die Hunde begrüßen weniger stürmisch und ziehen sich bei »schlechter Laune« der Menschen zurück oder sind stürmisch und fröhlich bei »guter Laune« der Menschen.

Ernste Menschen
- Leise, gemessene, mittelhohe bis tiefe Stimme, langsame betonte Sprechweise,
- aufrechte, gestraffte Körperhaltung, fehlendes Niederbeugen zu den Hunden bei oft mehr mechanischem Streicheln,
- fehlendes Lachen.
- Der Hund zeigt wenig überschäumende Freude und verhält sich zurückhaltend und ruhig, bettelt und bittet wenig oder gar nicht.

Fröhliche, laute Menschen
- Stimmklang und Körpersprache wie unter II: Fröhlichkeit.
- Fröhliche Menschen stimulieren Hunde zu Spielaufforderungen, Hochspringen, Lecken, Freudenbellen und zu überschießenden Reaktionen. Bei übersteigerter Fröhlichkeit ziehen sich die Hunde aber oft in eine stille Ecke zurück.

Unsichere, aber gutmütige Menschen
- Mehr passives Ertragen von Begrüßung und Zärtlichkeitsbeweisen der Hunde,
- vorsichtiges, zaghaftes Streicheln der Hunde, steifes Kraulen.
- Es wird Körperabstand zu den Hunden gehalten, wobei der Oberkörper meist steif senkrecht gehalten wird.
- Die Hunde meiden meist freudig-stürmische Aktionen, suchen aber oft die Nähe dieser Menschen und fordern sie zum Streicheln und Kraulen auf.

Sich autoritär gebende Menschen mit übersteigerter Geltungssucht und betont dargestelltem Selbstbewußtsein
- Häufiges Anschreien und -brüllen der Hunde.
- Sie fordern Gehorsam in den unsinnigsten Situationen, strafen sie oft mit Schlägen,
- halten Hunde oft kurz an der Leine, lassen gerne »bei Fuß« gehen,
- reagieren nicht auf das Bitten und Betteln und die Spielaufforderungen der Hunde,
- demonstrieren gerne die Hörigkeit der Hunde vor anderen Menschen,
- belehren mit Vorliebe andere Hundebesitzer über eine richtige Hundehaltung und -erziehung.
- Hund wirkt unglücklich, reagiert nie spontan und fröhlich und meidet die Nähe des Herrchens.

Solche Menschen sollten sich keinen Hund anschaffen!

IV. So zeigen Sie Anerkennung, Mitleid, Tadel oder Enttäuschung

Lob, Anerkennung, Aufmunterung
- Leises und mittelhohes Sprechen mit den Hunden unter Betonung des Schlüsselwortes wie »nein« oder Hervorheben eines Satzteiles wie »... ein braver Hund«.
- Dabei festes Streicheln und Tätscheln des Hundes oder
- fröhlich, mittellaut und eher in höherer Stimmlage gesprochene Schlüsselsätze wie: »Was bist du für ein schöner Hund«, »Du bist ja ganz toll!«.
- Klatschen und Kraulen des meist schwanzwedelnd anspringenden oder sich auf den Rücken werfenden Hundes.

Tadel
- In tieferer Tonlage leise gesprochene Schlüsselworte oder -sätze wie: »Was hast du gemacht, du bist böse!«
Der Hund kommt nur langsam, mit eingezogenem Schwanz,

kleingemacht, näher, wirft sich auf den Rücken, versucht eine Entschuldigung durch Anspringen und Ableckversuche oder verkriecht sich bei schweren Vergehen in eine versteckte Ecke.

- Die Hunde sollten »symbolisch« geschlagen oder am Nackenfell geschüttelt werden.
- Bei schwerem Vergehen wie z. B. Jagen und Reißen von Geflügel muß ausnahmsweise kräftig geschlagen und im Nacken heftig geschüttelt werden oder das Maul fest schmerzhaft zusammengedrückt werden, evtl. nach Einklemmen von Federn in das Maul. Hier sollte auch, deutlich betont, der Tadel laut und energisch ausgesprochen werden.
- Bei Nichtbeachtung von Gefahren wie Autos oder Nachjagverbot sollten die noch jungen Hunde, sofern sie angeleint sind, sehr heftig zurückgerissen bis zurückgeschleudert werden.

Enttäuschtes Herrchen
- Mittelhohes bis tiefes, »trauriges« Ansprechen des Hundes, Vortäuschen von Schluchzen oder Weinen,
- Nichtbeachtung der Hunde.
- Die geschilderten Reaktionsweisen beeindrucken die Hunde tief und veranlassen sie zu allen Demuts- und Entschuldigungsgesten. Dieses »Theater« sollte aber nur ausnahmsweise aufgeführt werden, weil Hunde es sonst schnell durchschauen und nicht mehr wie gewünscht reagieren.

Unterbrechung einer begonnenen oder beabsichtigten Handlung des Hundes
- Ruhiges, akzentuiertes, leises Ansprechen des Hundes in mittlerer bis tiefer Stimmlage, etwa »brav, sei ganz brav«, wenn er einen Jogger ankläffen oder ihm nachlaufen will. Eine beabsichtigte und voraussehbare Handlung ist leichter im »Keim zu ersticken« als eine begonnene, z. B. durch Richtungsänderung oder vorsorgliches Anleinen.
- Bei begonnenen Handlungen der Hunde wie Nachrennen und Ankläffen von Joggern oder auch Spaziergängern: Die Hunde rea-

gieren noch am ehesten auf akzentuiertes, energisches Anrufen, aber nicht auf Schreien oder Anbrüllen, das (s. I.) unwillkürlich Aggression und Wut erzeugt. Wir raten außerdem zu deutlichen Arm- und Handbewegungen vom »Gegner« weg zum Hundeführer hin, Weggehen vom Ort des Geschehens. (Völlig unsinnig ist es, dem Hund nachzulaufen, den wir Menschen bei unserer körperlichen Ungeschicklichkeit einfach nicht einfangen können, es sei denn, daß er 19 Jahre, todkrank oder ein überzüchteter »Rassehund« ist.) Der Hund kann auch durch Ablenkungen wie Spielaufforderung oder einen Steinwurf mit plötzlichem Schmerzerlebnis vom Objekt seiner Aggression abgelenkt werden.

Trost, Mitleid, Verständnis, Vertrauen
– Bei Schmerzen, depressivem Verhalten oder Furcht leise, ruhig, langsam und mittelhoch bis tief auf die Hunde einsprechen.
– Sanftes Streicheln, Kraulen, ruhiges Ansprechen und »In-die-Arme-Nehmen« des Hundes. Die Hunde werden Ihr Verständnis mit Dankbarkeitsgesten belohnen.

Vertrauens- und Sympathiewerbung bei einem fremden Hund
– Sich erst einmal beschnuppern lassen durch den freundlich schwanzwedelnden Hund.
– Vor dem Streicheln des Hundes die Faust seiner Nase entgegenstrecken und eingehend beschnuppern lassen. Bedenken Sie, daß Hunde mit menschlichen Händen oft schlechte Erfahrungen gemacht haben und »keine Hand im Sack« kaufen; dazu sind sie inzwischen zu lebenserfahren und leider uns Menschen gegenüber mißtrauisch geworden. Als Hundefreund können Sie sich ohne Angst beschnuppern lassen.

Kapitel 4
Endlich wieder daheim ...
und prompt wird es aufregend

Die Geburt des ersten Wurfs, Mutterinstinkt und Orientierungssinn sowie unterschiedliche Eigenschaften von Mutter und Welpen

Schon am Tag darauf legte mich mein Herrchen auf eine Liege, schmierte mir einen kalten Schleim auf den Bauch und fuhr mit einem Apparat darüber. Dabei beobachtete er intensiv einen Fernsehschirm und rief:»Oh! Da wimmelt es ja, die sehen ja aus wie Mäuschen!«

Das nannte er Ultraschalluntersuchung.

Frauchen und Herrchen waren dann ganz aus dem Häuschen, im Gegensatz zu mir, denn ich fühlte, wie mein Bauch schwer und schwerer wurde. Er hinderte mich zunehmend am Toben. Dafür verwöhnte Frauchen mich und schlief sogar nachts bei mir auf der Couch. Ich war ihr dafür sehr dankbar, denn so hatte ich mein geliebtes Frauchen endlich mal für mich allein.

Am Sonntag sagte sie zu Herrchen:»Bleib heute nicht so lange in der Klinik, es könnte losgehen.« Irgendwie war das ganze Rudel nervös. Ich wurde dagegen immer ruhiger, je stärker das Ziehen in meinem Bauch wurde. Dann kam noch das Zittern dazu, das Frauchen »Wehen« nannte.

Alles saß gespannt und ängstlich um mich herum, und ich thronte auf der Couch wie die Königin-Mutter.

Ich war glücklich, daß mein ganzes Rudel um mich war und mir so Sicherheit und Aufmerksamkeit schenkte. Hätte ich ihnen nur sagen können: Seid unbesorgt, ich weiß doch, was ich zu tun habe! Und da ging es auch schon los, und das Ziehen wurde ganz stark.

Mein erster Welpe flutschte heraus, und sofort hatte ich eine Mords-arbeit: Eihaut und Nabelschnur abbeißen, das Baby beschnuppern und durch Lecken massieren, Mutterkuchen verspeisen.

Bald schon spürte ich das kleine Würmchen kräftig an meiner Zitze saugen. Das war Tobias, mein erstgeborener Sohn. Ich dämmerte zufrieden ein. Es wird wohl nicht lange Zeit vergangen sein, als das Ziehen und Pressen schon wieder einsetzte. Mit der Schnauze massierte ich wieder meinen Bauch und drückte den Inhalt nach hinten. Herrchen rief fasziniert aus: »Sie macht ja richtig Geburtshilfe! Sie kristellert. Wer hat ihr das denn beigebracht?«

Dumme Frage!

Ich wußte nicht, warum er sich so aufregte, denn bei mir machte es wieder flupp, und Nummer zwei lag da. Wieder hatte ich »alle Schnauze voll zu tun«, und so ging es bis zum Mittag, etwa vier Stunden lang.

Die ganze Familie saß staunend dabei, weil ich keinerlei Hilfe brauchte.

Fünf kleine Hundebabys hingen nun schmatzend an meinen Zitzen. Frauchen, Herrchen und die Kinder waren genauso müde und hung-rig wie ich und verzogen sich zum Mittagessen. Das war's wohl, dachten sie, als ich friedlich eingeschlafen war. Dadurch verpaßten sie Numero sechs, ein zartes, schwarzes Mädchen, das mir zuletzt noch herausrutschte.

Inzwischen waren wohl fünf Stunden vergangen, und ich war fix und fertig. »Jetzt nur noch schlafen«, dachte ich, und dann sah und hörte ich nichts mehr.

Wach wurde ich erst wieder, als ich jemanden laut zählen hörte: »Eins, zwei, drei, vier, fünf … sechs … neeiin! Das kann doch nicht wahr sein!« Warum denn nicht? dachte ich schlaftrunken, und ich sah voller Stolz nach, ob auch alle noch da waren: der graue, drei schwarze, ein schwarzweißbrauner Junge und ein beige-braun geti-gertes Mädchen – meine Babys!

Aus Instinkt und ohne fremde Hilfe hat Julchen eine Meister-geburt mit »Selbstgeburtshilfe« hingelegt, ohne daß sie es vorher gelernt hatte.

Sie praktizierte gekonnt Hechelatmung, das Pressen und die Entspannungsübungen, besser, als die menschlichen Mütter es schaffen, die im Ernstfall häufig vergessen, was sie in ihren Kursen gelernt haben.

Julchen praktizierte eine Selbstgeburtshilfe nach denselben Prinzipien, wie menschliche Geburtshelfer es tun, wenn sie den sogenannten Kristellerschen Handgriff anwenden. Der Geburtshelfer umfaßt bei einer Preßwehe mit einer oder beiden Händen den oberen Scheitel der Gebärmutter und drückt unter anschwellendem Druck in Richtung der Geburtswege. So kann das Baby möglichst schnell und gefahrloser entbunden werden. Julchen hatte von sich aus kräftig mit ihrer Stirn am oberen Scheitel der Gebärmutter nachgedrückt.

Dazu führte Julchen noch einen »Dammschutz« durch, damit die Dammuskulatur bei der ersten Geburt nicht einreißen konnte. Beim Durchtritt der Babys hat sie dabei jedesmal mit ihrer Schnauze seitlich vom Geburtsausgang die Welpen zurückgehalten, so daß diese den Geburtsausgang verzögert verließen.

Geburtshelfer schützen bei menschlichen Geburten in ähnlicher Weise die Dammuskulatur mit ihren Händen.

Julchen hatte auch die Nabelschnur nicht einfach durchgebissen. Dann wäre viel Blut geflossen. Statt dessen durchtrennte sie die Nabelschnur mit mahlenden Gebißbewegungen und erreichte damit dasselbe wie menschliche Geburtshelfer, die vor dem Durchschneiden die Nabelschnur abbinden.

Es ist für mich als Arzt ganz erstaunlich, daß Julchen instinktiv das Richtige zum richtigen Zeitpunkt machte. Mit Recht kann Julchen auch hier erleichtert bellen: Mensch, Hund müßte man sein!

Von nun an mußte ich auf meine Kleinen höllisch aufpassen, bei Tag und Nacht. Sie brauchten unbedingt ihre Ruhe – und ich auch. In mir war eine schreckliche innere Angst, daß man mir meine Kleinen wegnehmen könnte. Gegen diese Angst kam ich einfach nicht an, auch wenn ich meinen Herrchen absolut vertraute.

Jeden, der unseren Frieden störte, knurrte ich böse an, damit er sich verzog.

Außerdem war ich mit meiner Brut Tag und Nacht beschäftigt. Sie mußte gefüttert, gesäubert, und ihre kleinen Bäuche mußten massiert werden.

Ich konnte das Lager doch nicht verkommen lassen, mußte es immer sauberhalten und ihre Ausscheidungen wegfressen, denn wenn das Lager feucht ist, werden so winzige Welpen schnell krank und sterben, weil sie für Infektionen sehr anfällig sind. Frauchen und Herrchen brauchten nicht zu helfen. Ich war nur noch für meine Kleinen da. Nur wenn es absolut ruhig im Haus war, raste ich wie ein Blitz in den Garten, um dort in größter Eile mein Geschäft zu erledigen – sozusagen mit fliegenden Textilien. Zum Glück passierte meinen Kleinen nichts, und sie gediehen prächtig. Nach etwa vier Wochen setzte Frauchen die ganze Bagage in einen Wäschekorb und trug sie in unseren Garten. Die neuen Gerüche dort machten den Kleinen wohl angst, und so wackelte die ganze Schar auf unsicheren Beinen winselnd und quiekend hinter mir her, bis ich ihnen alle interessanten Ecken und Winkel gezeigt hatte.

Mein Erstgeborener war mit mausgrauem Fell zur Welt gekommen und wurde deshalb Grauchen, später Tobias, genannt. Von ihm werde ich noch viel erzählen. Er folgte mir besonders gern. Wenn er mir zu lästig wurde, versuchte ich ihn durch Knurren zu verscheuchen, aber der kleine Kerl war so hartnäckig wie sein Vater. Auch kapierte er alles viel früher als seine Geschwister.

Tobias hat den bedächtigen Charakter seines Vaters Pollux geerbt, während er Körperbau und Kopfform von mir hat.

Mein zweiter Sohn, Bernie, war ein als Baby fast quadratisch aussehender, schwerfällig wirkender Bursche mit schwarzem Fell. Er hatte auch einige weiße Stellen, dazu aber an den Pfoten auch braune in der Farbe des Felles seines Vaters.

Auch er war charakterlich seinem Vater ähnlich: Er wirkte gutmütig und ließ sich durch Angriffe seiner Geschwister nie erschüttern. Wurden sie ihm zu lästig, schob er sie einfach beiseite.

Bernie kam zu einer liebevollen Familie in die Eifel, wo er in Wald und Feld seinen Bewegungsdrang austoben konnte. Von einem Besuch bei ihm werde ich später noch berichten.

Auch bei Charly Brown, einer braun-getigerten Hündin, schlug der Vater durch. Sie kam zu einer befreundeten Familie in unserer Stadt, fixierte sich völlig auf die tiernärrische Tochter, schlief in ihrem Zimmer und bewacht sie seitdem wie einen Knochen. Das Mädchen erzog sie und brachte ihr sogar Kunststücke bei, mit denen sie fast im Zirkus hätte auftreten können.

Ihre Laufausdauer gleicht der ihres Vaters. Sie kann ihr Frauchen auf Ausritten begleiten, und auf wochenlangen Radtouren sitzt sie im Hundekörbchen an der Lenkstange, wenn sie nicht mehr laufen kann. Charly ist wirklich zufrieden und ausgeglichen, eine glückliche Hündin.

Während Charly Brown getigert ist, sind die drei übrigen Töchter wie ich pechschwarz mit einigen weißen Flecken. Sie sind lebhafte Tiere, die über alle Tische und Bänke sprangen, wenn sie nicht in freier Natur genügend Auslauf hatten – einfach aufregend.

Die »Meckerliese« war die Kleinste, die sich stets durch meckriges Jaulen und Kläffen bemerkbar machte, wenn sie zuwenig zu fressen bekam. Sie fühlte sich zurückgesetzt und beschwerte sich. Sie wurde an eine Familie mit Kindern verschenkt, die ihre unkontrollierte lebhafte Art nicht störte. Nichts war vor ihr sicher: Blumentöpfe und alles, was auf dem Tisch stand, auf dem sie sich gerne aufhielt.

Die zweite Tochter mit Münsterländer Körperbau und glatten, glänzenden schwarzen Haaren kam zu einem jungen Ehepaar, das die Hündin wie ein Kind annahm. Seitdem sie auch ein menschliches Baby haben, liegt sie unter dessen Wiege und bewacht den Kleinen. Wenn sie zu Besuch zu uns kommt, ist sie immer ganz aufgeregt, rennt sofort auf unser Haus zu, kratzt an der Tür. Vor allem zieht es sie in ihr Geburtszimmer. Und obwohl sie fremden Menschen gegenüber sonst sehr scheu ist, begrüßt sie unser Rudel immer besonders stürmisch und freudig.

Äußerlich ganz wie ich, mit krausem schwarzem Fell, ist »Löckchen«. Sie hat es herrlich getroffen, lebt mehr draußen in Wald und

Feld und tobt sich mit der noch in der Familie lebenden Boxer-Mischlingshündin Tobi aus, von der sie an Kindes Statt angenommen wurde, die sie beschützt und die ihr das Mäusegraben und Jagen beibrachte.

Löckchen verfügt offensichtlich über ein ebenso gutes Orientierungsvermögen wie ihr Vater Pollux. Als sie erst viereinhalb Monate alt war, fuhr die Tochter der Familie mit ihr und Tobi an einem eiskalten Wintertag bei minus fünfzehn Grad mit dem Auto etwa acht Kilometer vom Revier weg, um Löckchen und Tobi in einem Wald im tiefen Schnee toben zu lassen. Das war morgens gegen elf Uhr. Plötzlich war Löckchen unauffindbar verschwunden. Aufgeregt suchte die Tochter nach dem Welpen und fuhr dann verzweifelt nach Hause – ohne Löckchen.

Sofort rückten die ganze Familie und die Nachbarschaft mit ihren Hunden, den Spielgefährten Löckchens, zur Suche aus. Der ganze Wald wurde abgesucht, ohne Erfolg. Bei Einbruch der Dunkelheit mußte die Suche abgebrochen werden. Es herrschte eisige Winterkälte, und die Familie und die Nachbarn wärmten sich beim Glühwein auf, als sie plötzlich in der Dämmerung auf der weiten Wiese vor dem Haus schwach einen kleinen schwarzen Punkt sahen, der auf das Haus zupurzelte. Tatsächlich, es war Löckchen, die irgendwie den Weg von über acht Kilometer Luftlinie nach Hause zurückgefunden hatte.

Löckchen war völlig vereist und erschöpft. Liebevoll wurde sie wieder aufgetaut. Zum Glück hat sie diese enorme Anstrengung schadlos überstanden. Am nächsten Morgen tobte sie bereits wieder im Schnee. Ein Tierarzt wurde nicht gebraucht.

Die Aufzucht der Welpen hatte mich völlig fertiggemacht und abmagern lassen. Darum war es mir nur recht, daß es im Welpenzimmer immer ruhiger wurde. Und eines Tages war ich wieder ganz mit meinem menschlichen Rudel allein.

Unser Familienhund Julchen, bald stolze Mutter von sechs Welpen.

Ihr Auserwählter: der freundliche und intelligente Nachbarshund Pollux.

Hier sehen die Welpen noch aus wie Meerschweinchen: Tobias, Charlie Brown, Löckchen, Bernie, Mira und Lieschen.

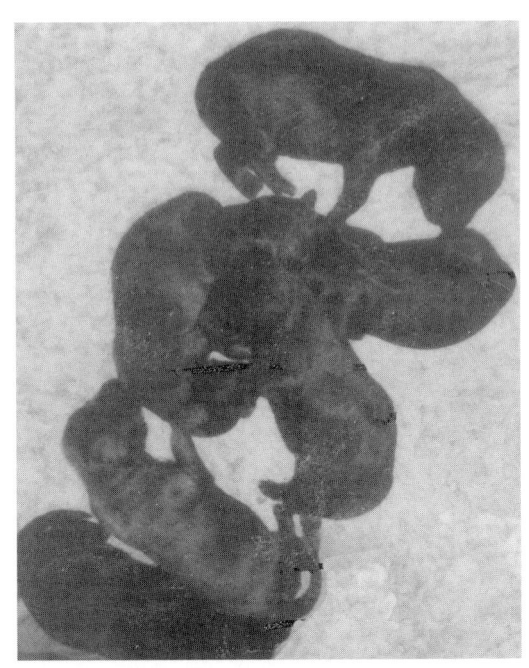

Tobias als junger Rüde. Er blieb in unserer Familie und wird in Julchens Erzählungen noch eine große Rolle spielen.

Charly Brown als Welpe, mit ihrem aparten braun-getigerten Fell.

Die dicke gutmütige Bernie mit den braun-weißen Flecken.

Löckchen als Welpe. Sie hatte einen großartigen Orientierungssinn.

Hier ist sie schon ein Jahr alt.

Mira erkennt ihr ehemaliges Rudel heute noch wieder. Sie hat sich zu einer guten Babysitterin entwickelt.

Unser »Meckerlieschen«, das hier so aussieht wie ein Politiker nach einer Wahlschlappe.

Kapitel 5
Die Rückkehr des verlorenen Sohnes

Hundeliebe zwischen Mutter und Sohn
und wie er viel von ihr lernt

Auch mein erstgeborener Lieblingssohn war verschwunden. Ich wußte nicht recht, ob ich erleichtert oder traurig sein sollte. Er fehlte mir wirklich, denn seine Anhänglichkeit war einmalig.

Nach langer Zeit – es waren schon ein paar Tage vergangen – schellte es an der Haustür, und draußen stand mein Kleiner mit einer fremden Frau, die böse sagte: »Er beißt meine kleinen Kinder, zerreißt Socken und pinkelt in die Wohnung. Sie können ihn wiederhaben!« Schreckliche Stille, aber kaum war die Frau verschwunden, jubelte mein ganzes Rudel los. Mein Tobias stürzte sich wie ein Wilder auf mich, leckte mich ab, jaulte vor Freude, warf sich auf den Rücken und tanzte wie verrückt um mich herum. Ich war überglücklich, meinen lieben kleinen Burschen wiederzuhaben. Dieses Getobe und die Begrüßung dauerten fast drei Stunden. Das ganze Rudel lag bäuchlings auf dem Teppich und feierte mit uns Wiedersehen, bis mein Kleiner plötzlich todmüde umkippte und sofort tief einschlief. Als er so friedlich dalag, meinte Herrchen: »Sollen wir ihn nicht einfach behalten? Er ist ein so süßer Kerl, und die beiden lieben sich doch so sehr.«

Ich wunderte mich, daß Frauchen nicht sofort ja sagte, sondern skeptisch fragte: »Und wer geht mit beiden Hunden aus?« »Ich!« schrie Anke und versprach alles mögliche – und dabei blieb es meistens. Als wir unsere ersten gemeinsamen Spaziergänge im Stadtpark machten, wurde Frauchen wegen Tobias' inzwischen edlen Aus-

Von jetzt an ist die
Geschichte unserer
Julchen auch die
von ...

... Tobias, der
seinem Vater Pollux
in Charakter und
Fellfarbe nachge-
schlagen ist.

sehens oft bewundert und gefragt: »Oh, haben Sie sich einen echten Afghanenwelpen zugelegt?«»Bei reinrassigen Hunden weiß man wenigstens, was man hat!« sagte eine Frau spitz und warf einen kritischen Seitenblick auf mich. Frauchen sagte lässig und leicht schulterzuckend: »Nun, wie man's nimmt«, wobei sie das Lachen unterdrücken mußte; und wir machten, daß wir schnell außer Reichweite kamen, damit Frauchen losprusten konnte.

Tobias wuchs schnell heran. Wegen seines sanften Wesens wurde er von allen geliebt. Kinder aus der Nachbarschaft kamen ihn oft besuchen. Er ging auf Menschen und Hunde ohne jede Angst und Aggression zu. Er strahlte ein solches Selbstbewußtsein aus, daß er alle Herzen im Sturm eroberte. Hinzu kam noch sein umwerfender Charme. Er war und ist eben ein Sonntagskind.

In seiner Kindheit zeigte ich meinem kleinen Jungen viel, zum Beispiel wie man in Mäuse- und Kaninchenlöchern gräbt. Beide wühlten wir dann gemeinsam im selben Loch, bis wir fast den Erdmittelpunkt erreicht hatten. Wenn es vorher geregnet hatte, sahen wir alsbald ganz schön verdreckt aus und wurden anschließend unter diese schreckliche Dusche gestellt.

Auch bei unseren vielen Spaziergängen spielen wir fast immer gemeinsam mit den anderen Hunden. Tobias machte von klein auf mit, auch wenn er oft noch nicht ganz mithalten konnte. Er war ja noch sehr klein. Klugerweise freundete er sich mit Ben, einem bärenstarken Rottweiler, an, der meist mit von der Partie war und dem wir natürlich alle kräftemäßig unterlegen waren. Wenn dem kleinen Tobias das Toben zu wild wurde, stellte er sich einfach vertrauensvoll unter den Bauch seines gewaltigen Freundes, der dann seinerseits schützend über ihm stehenblieb. Diese Freundschaft besteht noch heute – ohne jede Rivalität.

Tobias entwickelte sich zu einem intelligenten und selbstbewußten Rüden, der alles, was ich ihm zeigte, schnell und freudig lernte. Leider ahmte er auch meine manchmal nervösen und unkontrollierten Eigenarten nach. Dazu gehört die Angewohnheit, bei schlechter Laune kläffend auf Menschen zuzulaufen. Er läuft und kläfft dann prompt mit. Seitdem ich älter, reifer und mit meinen fünf Jahren auch ruhiger geworden bin, passiert so etwas nur noch ganz selten, denn ich habe gelernt, daß mein unkontrolliertes Verhalten Ärger einbringen kann.

Schon als kleines Mädchen von drei Monaten roch und verfolgte ich aufgeregt jede Tierspur. Ich versuchte sogar, Vögel zu jagen, die vor mir aufflatterten. Ich kam da manchmal ganz außer Atem – natürlich war die ganze Aufregung umsonst.

Tobias, der soviel von seinem ruhigen und bedächtigen Vater mitbekommen hat, zeigte dagegen als kleiner Welpe wenig Interesse an Spuren. Das mußte ich ihm erst beibringen. Inzwischen spielt er das »Lauf-weg-Spiel« mit Hasen und Rehen viel geschickter als ich. Während ich der Spur schnüffelnd mit allen Haken nachrenne und immer mehr zurückfalle, schaut Tobias den Tieren nach und verliert nicht soviel an Boden. Er schneidet ihnen einfach den Weg ab, letztlich erreicht er sie aber auch nicht.

So ist es oft: Ich stürze mich spontan und ohne viel Überlegung ins Getümmel, während Tobias erst einmal in Ruhe beobachtet und sich erst dann für eine Aktion entscheidet oder darauf verzichtet. So hat er für aufflatternde Vögel nur einen müden Blick übrig.

Julchen hat immer Angst, daß wir ihr das Fressen wegnehmen. Darum knurrt sie zur Verteidigung oft sogar uns menschliche Rudelgenossen an. Möglicherweise ist sie neurotisch, weil sie bei ihren Geschwistern immer mit dem Fressen zu kurz kam; diese waren frecher und stärker.

Als Julchens Herrchen habe ich für ihre »Freßneurose« großes Verständnis und gestehe, daß ich gelegentlich auch darunter leide, wenn ich das auch nicht mehr direkt zeige. Als kleiner Junge habe ich im Ruhrgebiet nach dem Zweiten Weltkrieg so schrecklich unter Hunger gelitten, daß ich oft geweint habe. Auch heute noch werde ich automatisch innerlich unruhig, wenn ich befürchten muß, daß ausnahmsweise mal nicht genug Essen auf den Tisch kommt. Dann bin ich immer versucht, mir als erster den Teller vollzuladen, darf es mir aber natürlich nicht anmerken lassen. Mensch, Hund müßte man sein! denke ich dann manchmal verhaltensneurotisch.

Kapitel 6
Wie sich Menschen und Hunde besser verstehen lernen

Hunde kommunizieren untereinander durch ihre Körper- und Lautsprache und »sprechen« so zu den Menschen

Meine wichtigste Bezugsperson im Rudel ist ja mein Frauchen. Sie wurde mein Mutterersatz, nachdem ich von meiner Hundemutter getrennt worden war. Wenn Frauchen außer Haus ist, bin ich traurig und liege wartend am Fenster auf der Wendeltreppe. Wenn ich mich bedroht fühle, flüchte ich zu ihr.

Für Tobias wurde ich als Hundemutter naturgemäß die Bezugsperson. Er hatte sich ja schon als Welpe immer an mich gehalten. Fühlte Tobias sich bedroht, flüchtete er zu mir. Liege ich auf der Treppe und warte auf Frauchen, liegt er geduldig eine Stufe über mir und wartet mit. Besonders lustig sieht es aus, wenn Herrchen nach Hause kommt und Frauchen nicht da ist. Ich renne Herrchen entgegen, stelle mich hin und heule mit hocherhobenem, überstrecktem Hals wie eine Wölfin, um ihm zu sagen: Frauchen ist nicht da, und deshalb bin ich tief unglücklich. Tobias stellt sich dann genauso neben mich und heult aus Sympathie mit. Er tut so, als hätte auch ihn der ganze Weltschmerz gepackt.

Zur Begrüßung laufen Julchen und Tobias Familienmitgliedern oder Freunden gemeinsam entgegen und kläffen hell und freundlich. Dabei wedeln sie sogar im gleichen Takt mit dem Schwanz.

Julchen wirft sich zur Begrüßung auf den Rücken und klopft laut mit ihrem Schwanz auf den Boden, um sich möglichst ausgiebig streicheln zu lassen. Tobias dagegen springt die

Rudelmitglieder zur Begrüßung aufgeregt an und versucht sie zu lecken. Plagt Julchen mal aus irgendeinem Grund ihr Gewissen, wirft sie sich wie bei der Begrüßung auf den Rücken. Tobias versucht wiederum durch Hochspringen und Lecken Frauchen oder Herrchen zu besänftigen, wenn er etwas ausgefressen hat. Nur wenn er ein schrecklich schlechtes Gewissen hat, verzieht er sich hinter einen dicken Sessel und macht sich so klein wie eben möglich.

Alles machen sie gemeinsam. Sie jagen und zerren an Tüchern und Stöcken, raufen miteinander; wenn sie müde geworden sind, liegen sie zwar voneinander entfernt, aber in Sichtweite und nehmen dabei meistens dieselbe Liegehaltung ein: auf dem Rücken mit weggestreckten Läufen, eingerollt auf der Seite oder auf dem Bauch.

Auch Menschen, die sich sehr ähneln und einig sind, nehmen unbewußt dieselbe Körperhaltung ein. Das nennt man »Haltungsechos«. Diese Körpersprache sagt bei Menschen oft viel mehr aus als Worte.

Wenn ein gesprochenes Wort oder eine abgegebene Erklärung nicht mit der Körpersprache übereinstimmt, erkennt man instinktiv, daß da etwas nicht stimmt, selbst wenn dann noch das große Ehrenwort abgegeben wird.

Das ist wohl der Grund, warum die einen Menschen glaubwürdig erscheinen und andere nicht. Bei Hunden weiß man im Gegensatz zum Menschen immer, was sie meinen und fühlen. Sie haben keine Rhetorikkurse mitgemacht, um ihre wahren Absichten und Stimmungen verbergen zu lernen.

Die Körpersprache läßt sich nur schwerlich verstellen. Man kann ihre Aussagen entweder gefühls- oder verstandesmäßig verstehen lernen. Die Grundkenntnisse hierfür kann man leicht durch Beobachtung von Hunden erwerben, weil sich ihre Körpersprache von der menschlichen nicht allzusehr unterscheidet.

Ich kann es den Menschen nur so beschreiben: Wenn wir glücklich sind, können wir richtig lachen. Wenn wir Hunde unsere menschlichen Rudelgenossen anspringen, sie zu lecken versuchen, Vorderpfoten auf die Knie oder Schultern legen oder uns anschmiegen, kann man sicher sein, daß wir diese Menschen wirklich lieben. Wenn wir sie mit Freudenbellen und Freudenquietschen heftig schwanzwedelnd bei der Begrüßung anspringen, können die Menschen sicher sein, daß uns das Wiedersehen glücklich macht. Die Schwänze sind das wichtigste Ausdrucksmittel von Hunden. Je aufgeregter und freudiger sie gestimmt sind, desto schneller bewegen sie ihren Schwanz hin und her, und Tobias läßt seinen manchmal sogar rotieren wie einen Propeller. Begleitet wird diese Geste von hohem Freudengebell. Durch langsames Schwanzwedeln zeigen sie die freundliche Bereitschaft zum Kennenlernen an. Steht ihr Schwanz steil oder sichelförmig nach oben, dann fühlen sie sich stark, selbstsicher und sind aufmerksam. Furchtsame Hunde erkennt man am eingezogenen Schwanz. Strecken sie ihre Schwänze waagerecht nach hinten, sind sie angriffsbereit und können gefährlich werden. Dazu knurren oder knurrbellen sie dann böse und aufgeregt.

Lassen sie die Rute dagegen lässig nach unten hängen, dann sind sie ruhig, entspannt, und es besteht kein Grund zur Aufregung. Wenn sie also schwanzwedelnd auf Menschen oder Hunde zurennen, auch wenn sie sie noch nicht kennen, sind sie freundlich gestimmt und wollen sie nur kennenlernen, mit ihnen Beziehungen aufnehmen und hoffen, daß sie vielleicht mit ihnen spielen.

Wenn instinktlose Menschen, statt uns zu begrüßen, abwehren oder gar versuchen, uns zu schlagen, dann werden wir böse. Dann drehen wir unsere Ohren oder, wenn wir Schlappohren haben, die Ohrwurzeln seitwärts, strecken den Schwanz steif nach hinten, kläffen zuerst kräftig, entblößen sogar schließlich unsere Zähne, sträuben unsere Haare und steigern uns immer mehr, in dem Maße, wie diese Menschen ihre Wut steigern.

Wenn ein Mensch oder ein Hund sich angeberisch stark gibt, mache ich mich ganz groß, strecke meine Beine bei gesträubtem Fell, bereit zuzupacken. So verteidige ich auch bedrohte Rudelgenossen. Allerdings merke ich auch, wenn der Mensch Angst vor mir hat. Dann springe ich nur noch warnend, kläffend und knurrend um ihn herum und entferne mich zufriedengestellt. Mehr als Respekt wollte ich nicht erreichen.

Wenn es ratsam erscheint, kann ich mich aber auch unterwerfen. Habe ich mal etwas ausgefressen oder Angst vor einem sehr starken Hund, der mich überfällt und niederwirft, ziehe ich meinen Schwanz ein, mache mich ganz klein und werfe mich auf den Rücken. Dabei jaule und winsele ich, um zu signalisieren, daß ich aufgebe. Ich lasse dem anderen Hund den Sieg, es sei denn, es gelingt mir, mich vor dem Angriff mit eingezogenem Schwanz in die Büsche zu schlagen. Das mache ich auch bei Pferden oder Kühen, mit denen ich schlechte Erfahrungen gemacht habe.

Manchmal wird in Hundebüchern behauptet, daß wir Hunde uns durch direktes Angucken oder direkten Blickkontakt bedroht fühlen. Das ist Unsinn. Bei uns ist es nicht anders als bei Menschen. Wenn Menschen freundlich mit uns reden, schauen wir sie voll und aufmerksam an. Warum auch nicht, wenn wir ein gutes Gewissen haben und sie mögen.

Wenn wir ein schlechtes Gewissen haben, gucken wir lieber zur Seite. Gelegentlich muß ich aber meinen Knochen, meine Herrchen und mein Revier gegenüber Eindringlingen verteidigen. Dann starre ich mein Gegenüber drohend an, wie ich das bei der Verteidigung meiner Babys gemacht habe, bis die Eindringlinge verschwunden sind.

Bei heimlicher Furcht, oder wenn wir desinteressiert sind, schauen wir uninteressiert oder überlegen weg. Unser hin- und herschauender Blick kann also sehr viel über unsere Stimmungslage verraten.

Wie man sieht, können wir Hunde uns durch unterschiedliche Laute, Körper- und Schwanzhaltungen, Mimik und Gestik den Menschen verständlich machen.

Sie heulen wie die Wölfe, wenn sie sich verlassen fühlen …

… oder wenn Herrchen auf seiner Geige Doppelgriffe übt.

Hunde haben wie wir Empfindungen, die sie uns mitteilen möchten. Hier lacht Tobias fast wie ein Mensch.

Tobias auf einer »heißen Spur«. Dabei läßt er sich nur ungern stören.

Nach wilder Jagd verkriecht sich Tobias und schaut schuldbewußt zur Seite: Ob Herrchen wohl böse ist?

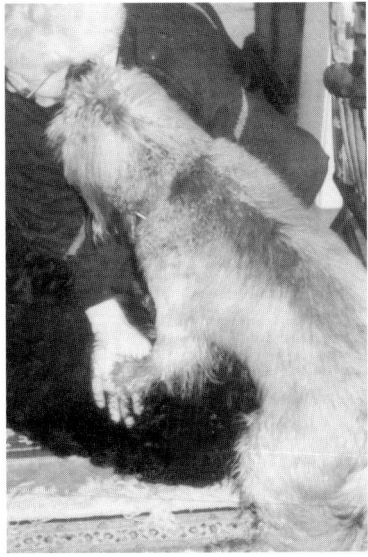

Begrüßungszeremonie, wenn Herrchen nach Hause kommt. Tobias springt hoch und versucht ihn zu lecken.

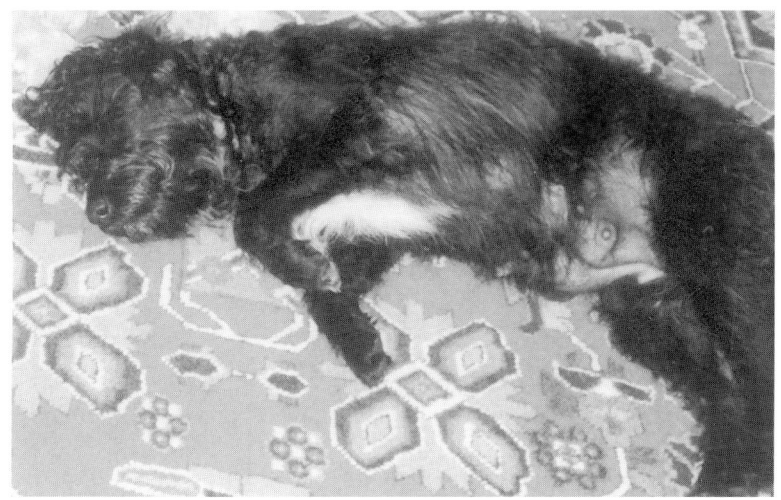

Julchen wirft sich bei der Heimkehr von Herrchen auf den Rücken, um gekrault zu werden.

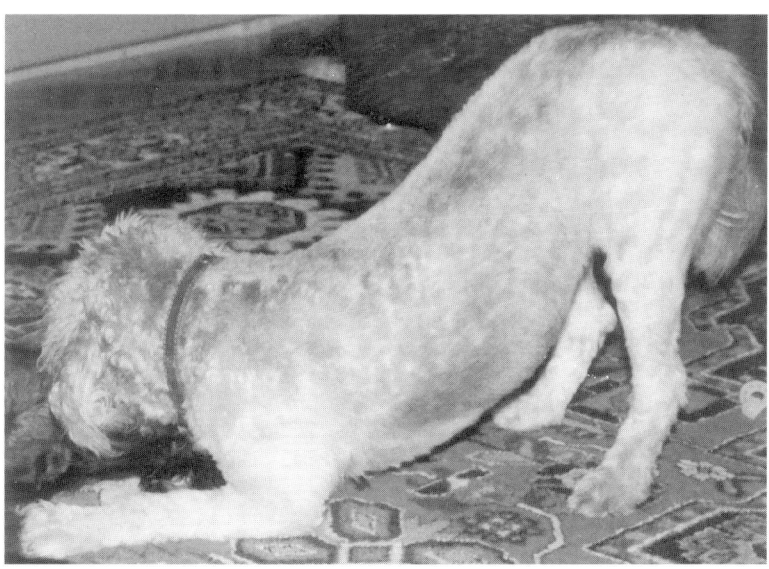

Jetzt wird es wohl eine Weile weniger ruhig zugehen. Tobias zeigt, daß er spielen möchte.

Haushunde sind aufmerksame Zuhörer.

Imponiergehabe (links): sich großmachen, den Schwanz erheben, die Haare sträuben. Das Rudel mit Wuffen warnen (rechts).

Tobias knurrbellt verteidigungsbereit einen Fremden an.

Hier wird ein Knochen lauthals verteidigt: durch Knurren und Jaulen.

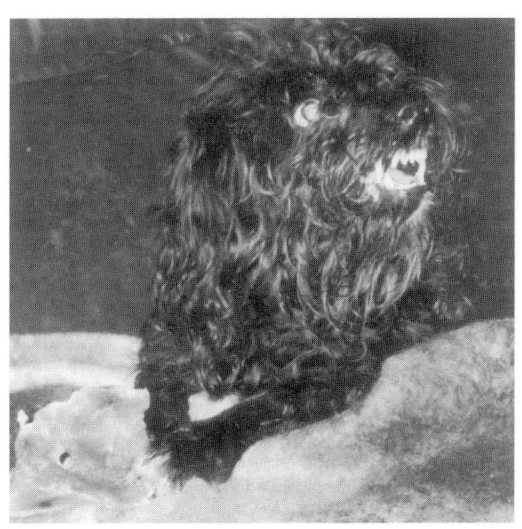

Zärtlichkeiten nach Hundeart: mit grunzähnlichen Lauten …

… und rauh, aber herzlich mit tiefem Knurrbellen.

Bommel mit Vater Tobias: ein Herz und eine Seele.

Was tut sich da bloß in den Dünen? Besser, man bleibt auf seinem Posten.

Die Kühe werden doch lieber mit größerer Zurückhaltung beobachtet.

Tobias und Bommel beobachten mißtrauisch einen fremden Besucher.

Viele Mißverständnisse zwischen Mensch und Hund wären vermeidbar, wenn die Menschen sich mehr Gedanken über die Körpersprache der Hunde machen würden. Deshalb haben wir versucht, die unterschiedliche Lautgebung und Körpersprache unserer Hunde tabellarisch darzustellen. Die Lautsprache von Hunden wird oft erst durch die zusätzliche Körpersprache und die jeweilige Situation verständlich, wie bei Menschen mit nur geringem Wortschatz. Bei uns bekannten Hunden beobachteten wir, daß es auch welche mit wesentlich geringerem Lautschatz gibt als dem, den unsere Hunde durch den engen Kontakt mit uns erworben haben.

Wenn Menschen Hunde verstehen wollen, müssen sie die Bereitschaft haben, Hunde auch als Lebewesen zu akzeptieren, die wie Menschen ihre Wünsche, Ängste, Frustrationen und Empfindungen mitteilen wollen und können. Sie brauchen dazu Sprachempfinden, eine gewisse Musikalität und die Befähigung, unvoreingenommen zu hören, zu deuten oder dies nach entsprechender Information zu erlernen. Wir bemerkten bei unseren Hunden, daß sie neben einer »allgemeinen Hundesprache« auch individuelle Lautgebungen entwickeln, die nur von den Rudelmitgliedern, einschließlich uns zweibeinigen, verstanden werden. Und wir stellten fest, daß der einzelne Hund genau wie der einzelne Mensch an einem unverwechselbaren Stimmklang, dem sogenannten Timbre, zu erkennen ist.

Die Verschiedenheit des stimmklangbildenden Organsystems (das ist das Ansatzrohr von den Stimmlippen im Kehlkopf bis zur Hundeschnauze einschließlich der den Stimmapparat umgebenden knöchernen und muskulären Strukturen und Nasennebenhöhlen) ist dafür die Grundlage. Hinzu kommt, daß die Wesensart des Hundes sich im unterschiedlichen Spannungszustand der Muskeln des Stimmapparates und somit auch im Stimmklang ausdrückt, also in unterschiedlichem Tonumfang, verschiedenen Tonhöhen und -stärken und Unter- und Obertönen. Wenn sie bellen, kläffen oder niesen, ist dies nicht einfach stereotyp dasselbe. Diese Lautmuster sind differenzierbar durch unterschiedliche Tonlagen, durch Lautstärke und -geschwindigkeit der Lautfolge. Die Hundesprache kann man erst durch Beachtung dieser Unterschiede verstehen.

Im Deutschen und damit verwandten Sprachen ist die Bedeutung eines Wortes aus der Folge von bestimmten Buchstaben und Silben, unabhängig von der Betonung, dem Silbengipfel, der Tonlänge oder einer »Wortmelodie«, zu erkennen. Immerhin kann aber in der deutschen Sprache der Wortsinn sich durch Gebrauch eines lang- oder kurzgesprochenen Lautes verändern.

Wir Europäer sind es also gewöhnt, nur auf die Folge von Buchstaben und Silben zu achten, um das gesprochene Wort zu verstehen. Das ist zum Beispiel in afrikanischen und asiatischen Sprachen und Dialekten ganz anders. In diesen Sprachen bestimmt sich der Inhalt eines gesprochenen Wortes durch Ab- und Anschwellen, durch hohen oder tiefen Klang und kann dadurch sogar sinngemäß ins Gegenteil verkehrt werden, wenn auch das Schriftbild gleichbleibt. Erst durch den Zusammenhang und die Wortmelodie wird die Aussage verständlich.

Wir meinen bemerkt zu haben, daß Hunde zur Verständigung ähnliche Möglichkeiten benutzen. Deshalb können sie auch nur durch das Interpretieren einer Lautmelodie und der jeweiligen Situation von Menschen verstanden werden, wenn sie bellen, kläffen, niesen oder wuffen.

Haushunde können viel mehr menschliche Wörter und Sätze verstehen lernen, als Menschen gemeinhin annehmen. Wenn wir uns unterhalten und es stellt jemand zufällig die Frage: Wann gehen wir mit den Hunden raus?, dann sind sie schon kläffend an der Haustür, aufgeregt und schwanzwedelnd. Daß unsere Hunde solche Schlüsselworte und -sätze auch unabhängig von Tonhöhe und Tonfall verstehen, haben wir immer wieder ausprobiert. Sie lassen sich nicht täuschen. Wenn wir ihnen den Hinweis geben: Da ist ein Kätzchen, gibt es für sie kein Halten mehr. Aufgeregt kläffend, nehmen sie eine wilde Verfolgungsjagd auf – bisher allerdings immer ohne Erfolg. Sie verstehen uns unabhängig davon, ob wir mit hoher, piepsender oder tiefer, sonorer Stimme laut oder leise, verhalten, beruhigend oder anstachelnd, drohend oder besänftigend sprechen. Wenn wir mal ohne sie weggehen müssen, brauchen wir nur zu sagen: Ihr könnt wirklich nicht mitkommen, wir kommen doch wieder, schön lieb sein! Schon haben sie die Lage begriffen und sitzen tränenden Auges in der Diele. Sie wissen: Da helfen auch keine flehenden Blicke. Anders reagieren sie auf die scheinheilige Frage: Was wollt ihr denn?, oder wenn Frauchen sagt: Komm, zu Mamas Auto! Dann wissen sie gleich, wo's langgeht, melden sich entsprechend lautstark und stürzen zu Frauchens Garage. Auch durch andere Schlüsselworte oder -sätze vermögen wir sie zu mobilisieren, zum Beispiel durch die vielsagende Frage: Wer kommt? Dumme Frage, denn das kann ja nur Herrchen sein. Sofort bilden sie an der Haustür das Begrüßungskomitee und stürzen sich hell kläffend auf den Heimkehrer. Und beim »Wir gehen nach oben!« rasen sie vor uns die Treppen hinauf in unseren privaten Wohnraum, in dem wir uns abends zum Gespräch, Lesen, Musikhören zurückziehen. Wenn sie im Stadtpark unterwegs sind und es naht ein bedrohlich wirkender Artgenosse, dann brauchen wir nur besänftigend zu sagen: Brav, brav! Das ist ein lieber Hund! Das wirkt sich meistens beruhigend auf die Begegnung aus. Energischer vernehmen sie schon unser »Nein, nein, nein«, wenn etwa ein Jogger auf uns zukommt und sie Anstalten machen, ihn kläffend zu begleiten. Sollten sie aber doch etwas ausgefressen haben und sie bitten, auf dem Rücken liegend, um Vergebung, dann ertönt der für sie erlösende Satz: Ist ja wieder gut. Schon springen sie wieder schwanzwedelnd los, als wären sie gerade von den Toten auferweckt worden. Sie verstehen aber auch den warnenden Klang der Stimme. Wenn Frauchen beim Überqueren einer Straße anfangs sagt: Schön hierbleiben!, wissen sie, daß etwas Gefährliches auf sie zukommen kann. Wenn sie aber »Auto« brüllt, dann stehen sie auf der Stelle. Alarmstufe eins ist geboten, obwohl es letztlich unbegreiflich ist, denn Autofahren ist ja eine ihrer Leidenschaften.

Frauchen erzählt ihnen gerne etwas von den Kindern, etwa: »Die Kinder kommen« oder »Wo sind die Kinder?« Das reicht schon. Sie rennen zur Haustür und erwarten sie dort. Natürlich freuen sie sich dann mächtig. Allerdings regt es sie tierisch auf, wenn die dann laut sprechen oder gar miteinander streiten. Frauchen braucht dann nur zu sagen: Die Kinder sind böse!, und schon kläffen sie aus voller Kehle, als wollten sie mitschimpfen.

So etwas bekommt Tobias gelegentlich auch zu spüren. Er bricht gerne aus unserem Garten aus und macht seinen Rundgang ums Haus. Wenn wir ihn draußen bellen hören, rennt alles raus, um ihn einzufangen. Sobald er ins Haus kommt, legt Julchen mit einer Gardinenpredigt los, indem sie ihn zwickt und anbellt: Tobias ist böse! Er entschuldigt sich dann auf seine ach so charmante Art, indem er springt und leckt, bis alle wieder zufrieden mit ihm sind. Zuerst springt er um seine Mutter herum. Erst wenn sie ihm seine Untat gnädig verziehen hat, läuft er zu uns Zweibeinern und bittet uns auch noch pro forma um Nachsicht für seine Eskapaden. Beim Parkspaziergang ist die Situation oft ähnlich. Wenn Tobias der wohlriechenden Spur einer heißen Hündin folgt und sich von uns entfernt, sagt Frauchen zu Julchen: Wo ist Tobias? Such Julchen! Paß auf! Sie rennt dann postwendend los, und findet sie den Kerl, kommt er gehorsam in den Schoß des Rudels zurück, nach einem Machtwort von seiner

Mutter. Mit seinem Charme wickelt er doch alle immer wieder um den Finger.

Einmal machten wir mit unseren Hunden einen herrlichen Spaziergang um den Bordesholmer See in Schleswig-Holstein. Sie waren an dem Tag sehr unruhig und unternehmungslustig. Als sie so durch Wald und Wiesen tollten, verliefen sie sich in der fremden Umgebung und fanden unsere Spur nicht wieder. Wir hatten unsere beiden Hunde vermißt und gesucht, bis Tobias als erster auftauchte. Auf unsere Frage und Aufforderung: Tobias, wo ist Julchen? Such dein Julchen, hol sie! sprang Tobias los und brachte sie stolz zu uns zurück.

So zeigen uns unsere Hunde immer wieder, daß sie lernen können, menschliche Sprache in begrenztem Umfang und im Kontext einer bestimmten Situation zu verstehen und darauf sinnvoll zu reagieren.

Ausdruck von	Lautgebung	Lautbeschreibung, begleitende Körpersprache, Auslöser (mit Beispielen)	Übersetzungsversuch in die menschliche Sprache
Imponiergehabe	**1** *Lautes Knurren* (mittelhoch)	Lauter, mittelhoher Knurrlaut als Rachenlaut, bei geöffneter Schnauze ausgestoßen, bei Begegnung von fremden Hunden Anzeige eines Besitzanspruchs (Weibchen, Welpen, Herrchen, Knochen u. a.). Der Körper wird quergestellt und durch Haarsträuben und hochgestellte Rute vergrößert. Dazu evtl. entblößtes Gebiß, evtl. gekräuselte Nase und direktes Ansehen des Gegenübers.	Ich bin stark und groß, zweifle nicht daran!
Ortungslaute Aufenthaltsangabe von Welpen	**2** *Hohes Piepsen* (von etwa der 4. bis 6. Lebenswoche)	Kurzes hohes Piepsen unter Bildung eines Rachen-Maul-Trichters, von Zeit zu Zeit ausgestoßen, bei den ersten Ausflügen in das Revier nach dem Verlassen des Lagers. Welpen kriechen und laufen noch ungeschickt nach allen Seiten durch das Revier und werden dabei von den Eltern überwacht.	Ich bin hier, damit ihr es wißt – zu eurer Beruhigung und für den Notfall!
Jemanden suchen oder rufen	**3** *Bellen und Kläffen* (in der Tonhöhe wechselnd)	Laute und in der Tonhöhe wechselnde Belltöne oder Kläffer, d. h. schnelle Aufeinanderfolge von Belltönen bei der Suche nach dem Partner oder einem befreundeten Hund, dessen frische Spur geschnuppert wurde. Der momentane Standort wird wenig oder nur langsam geändert.	Wo bist du denn? Ich suche dich! Komm doch her!
Warnung des Rudels Mögliche Gefahr	**4** *Warnniesen* (leise)	Durch die Nase ausgestoßener leiser Nieston bei Herannahen eines fremden Menschen oder Tieres an das Rudel. Der Kopf wird in Richtung der Bedrohung gerichtet, dabei leicht gehoben und gesenkt, die Nase zwischenzeitlich gekräuselt, der Körper »kleingemacht«. Darauf flüchten Welpen ins Lager oder drängen sich eng beieinandersitzend in eine sichere Ecke.	Aufgepaßt, da kommt jemand! Versteckt euch besser!
Schlechter Geruch	**5** *Reizniesen* (deutlich, ostentativ)	Lautes Niesen wie das von Menschen beim Einatmen von Abgasen, Parfüm u. a. Der Schwanz wird eingezogen, das Fell geschüttelt. Weglaufen des Hundes oder Abwenden des Kopfes.	Pfui, wie stinkt das widerlich! Die totale Umweltverschmutzung!
Aufmerksamkeit	**6** *Wuffen*	Aus halbgeöffneter Schnauze ausgestoßene tiefe kehlige Anlaute bei noch nicht sicher identifizierten Fremdgeräuschen. Ohren oder Ohrenansätze sind aufgestellt, die Nase gekräuselt, der Kopf wird suchend hin- und hergewendet, die Augen suchen umher, der Schwanz wird meist sichelförmig nach hinten gehalten.	Halt, da ist doch was!

80

Ausdruck von	Lautgebung	Lautbeschreibung, begleitende Körpersprache, Auslöser (mit Beispielen)	Übersetzungsversuch in die menschliche Sprache
Angriffsbereitschaft bei erkannter Gefahr	**7** *Aufgeregtes Knurrbellen (scharf, tief, gepreßt)*	Sehr intensiver, gepreßter, scharfer, tiefer kehliger Bellaut in Abwechslung mit Knurrlauten (»au-ruu«) bei direkter eigener Bedrohung oder von Rudelmitgliedern oder wenn unbefugte Personen sich im Revier oder Nachbarrevier aufhalten. Körperhaltung wie unter »Imponiergehabe«, aber in Schmalseite zum Ziel, dabei Schwanz waagerecht nach hinten gestreckt, gefletschtes Gebiß, evtl. Anrennen in Richtung des Bedrohers mit nach vorne gerichteten Augen.	Verschwinde sofort! Sonst mache ich dir Beine!
Revierverhalten Anzeige der Besitznahme eines Reviers für die Nachbarn	**8** *Lautes, mittelhohes, ungezieltes Bellen und Kläffen*	Bei Umzug in ein neues Revier: Herumlaufen und Urinmarkierung an den Revierumgrenzungen wie Zäunen, Hecken, Wänden, Türen und Fenstern. In Fremdrevieren anderer Hunde verhielten sich unsere Hunde ruhig und ließen sich durch den »Revierhund« nicht provozieren.	Ihr Hunde und neuen Nachbarn merkt euch: Das ist mein Revier!
Vorsorgliches Abhalten vom Revier (1. Alarmstufe!)	**9** *Mittelhohes Bellen bis Kläffen*	Bellen und Kläffen in mittlerer Tonlage mit geöffneter Schnauze, die zwischen den Bellern trichterförmig zum Kläffen eingeengt wird. Wird praktiziert beim Vorbeigehen Fremder am Haus oder Garten. Die Hunde stehen dabei, halten die Ohren hochgestellt, die Schwänze halbschräg nach unten. Mit den Augen verfolgen sie Vorübergehende.	Wollen die wirklich nur vorbeigehen?
Abwehrbereitschaft (2. Alarmstufe!)	**10** *Tiefes Knurrbellen*	Abwechselnd von tiefem Knurren in mittelhohes Bellen übergehende Lautung oder Bellen mit tiefem Knurrlaut. Das Maul bleibt locker geschlossen. Bei Vorbeigehen nicht beliebter Nachbarn oder Hunde oder Zugang fremder Menschen zur Haustür. Die Ohren sind hochgestellt, das Gebiß leicht entblößt, die Rute sichelförmig nach oben gestellt, die Augen fixieren die Ankommenden oder Vorübergehenden. Werden die Fremden von den Herrchen freundlich begrüßt, wird die Abwehrhaltung sofort unterbrochen. Hunde begrüßen durch Beschnuppern, Schwanzwedeln und auch Anspringen!	Was wollen die denn bei uns? Die haben doch nichts Böses im Sinn? Dann seid ihr auch unsere Gäste!
Revierverteidigung (3. Alarmstufe!)	**11** *Mittelhohes bis tiefes aufgeregtes gemischtes Bel*	Mittelhohes bis tiefes bedrohliches Bellen und Kläffen mit untermischten kehlkopf- und rachentiefen Knurrlauten bei unbeirrtem Betreten des Reviers z. B. durch die Zeitungs	Wenn wir an dich rankommen, beißen wir sofort!

81

Ausdruck von	Lautgebung	Lautbeschreibung, begleitende Körpersprache, Auslöser (mit Beispielen)	Übersetzungsversuch in die menschliche Sprache
	len, Kläffen, Knurren	frau oder den Postboten, bei Abwesenheit der menschlichen Rudelmitglieder oder bei fremden Tieren wie etwa einer Katze im oder am Revier. Der Schwanz steht waagerecht nach hinten, die Haare sind gesträubt, das Gebiß gebleckt.	Beachte gefälligst die Reviergrenzen und unsere Vorwarnungen!
Selbst- und Besitzverteidigung Erziehung der Welpen und Kinder	**12** *Warnknurren*	Tiefes, leises, kehliges Knurren bei geöffneter Schnauze bei Wunsch nach Abbruch eines Spiels, nach Ruhe und Schlaf oder Warnung vor Wegnahme von Fressen oder Besitzgegenständen. Dabei gespannte Körperhaltung. Vorstoßen des Kopfes bei leicht gekräuselter Nase und leicht entblößtem Gebiß zum Welpen oder Kind hin. Bei Nichtbeachtung des Knurrens erfolgt blitzschnelles Vorschnellen des Kopfes und ein warnender Zubiß.	Jetzt ist aber Schluß, sonst wird es ernst für dich!
Schimpfen, »meckern«	**13** *Mittelhohes Bellen*	Anbellen des Übeltäters, mittellaut, stehend, mit sichelförmig nach oben geschwungenem Schwanz. Nach Entfernung aus dem Revier, Streiten der Kinder untereinander.	Das darfst du doch nicht tun! Das finde ich nicht gut!
Vorbeugende Warnung (1. Alarmstufe!)	**14** *Lautes Warnknurren*	Lautgebung ähnlich wie unter 12, nur etwas gepreßter und lauter, dabei Anstarren des Störenfrieds, gespannte Körperhaltung, waagerecht stehender Schwanz, gesträubte Haare und entblößtes Gebiß. Anlaß: Annäherung an das Welpenlager, das Fressen oder den Besitz.	Komm besser nicht näher, sonst gibt es Ärger!
Ernstgemeinte Verteidigungsbereitschaft	**15** *Lautes Bellknurren*	Lautes, drohendes kehliges Knurren bei halbgeöffneter Schnauze, zwischen den Knurrlauten eingestreutes Jaulbellen. Der Körper wird dem Gegner entgegengestemmt, die Augen starren ihn an. Die Ohren sind nach vorne gestellt, der Schwanz ist steif waagerecht nach hinten gestreckt, die Haare sind gesträubt, die Zähne entblößt, Stirn und Nase gekräuselt. Die Hunde sind absolut angriffsbereit, sofern nicht ein sofortiger Rückzieher und ein Wegschauen erfolgt oder freundliche, beruhigende Worte erfolgen.	Jetzt pack' ich dich richtig!
Erschrekken Plötzliches Erschrecken	**16** *Quietschen*	Sehr hohe, gequetschte, durchdringende, langgezogene, wiederholte Quietschtöne mit Kläffansatz bei unerwartetem Überfall, z. B. durch einen befreundeten Hund oder beim Berühren eines elektrischen Zauns. Es erfolgt kein Verteidigungsversuch, sondern der Hund läuft mit eingezogenem Schwanz weg.	Was ist denn plötzlich los? Das tut doch weh!

Ausdruck von	Lautgebung	Lautbeschreibung, begleitende Körpersprache, Auslöser (mit Beispielen)	Übersetzungsversuch in die menschliche Sprache
		Bei überschaubarer angsterregender Situation schauen Hunde nur flehend ängstlich, machen sich klein und versuchen sich zu verkriechen, mit eingezogenem Schwanz.	Bitte, laß mich!
Hilferufe von Welpen	17 *Schreien*	Sehr hoher, anhaltender an- und abschwellender jammernder Klageton, evtl. untermischt mit Quietschen. Rachen und Schnauze sind zum Trichter gerundet. Bei hilfloser Lage wie Eingeklemmtsein, Schmerzen, Verirren. Der Kopf wird überstreckt. Die Hundeeltern rennen sofort aufgeregt herbei, um zu helfen. Wenn sie das nicht können, wird die Hilfestellung der Rudelmitglieder durch Wolfsheulen herbeigerufen (siehe 21).	Mutter, Vater, helft mir doch! Herrchen, ihr müßt helfen!
von älteren Hunden	18 *Kreischen, Heulen*	S. unter 21 (Wolfsheulen), dazu oft durchdringender Jammerlaut. Der Kopf wird hochgestreckt, der Schwanz eingeklemmt. Bei schweren Verletzungen, hilfloser Lage.	Herrchen, hilf mir schnell!
Schmerzen, Unwohlsein Akute Schmerzen	19 *Aufjaulen*	Lauter, evtl. wiederholter längerer Jaulton bei hochgerichtetem Kopf und zu einem Trichter geformtem Rachen und Maul, dazu Wegjagen mit eingeklemmtem Schwanz.	Aua, paß doch auf!
Unwohlsein, Schmerzen	20 *Fiepsen*	Leiser, bei geschlossenem Maul ausgestoßener, feiner, stimmhafter, hoher Nasallaut (Nasenlaut), meist in zusammengerollter liegender Körperlage. Bei schlechtem Befinden, Schmerzen wie Bauch- oder Ohrenschmerzen, Wehen, aber auch Trauer und Verlustängsten.	Mir geht es wirklich nicht gut, ich mache mir Sorgen!
Einsamkeit, evtl. Hilfebedürftigkeit	21 *Wolfsheulen*	Langanhaltender sirenenartiger Ton in mittlerer bis tiefer Stimmlage, aus dem zum Schalltrichter geformten Maul und Rachen bei weit überstrecktem Kopf und geöffneter Schnauze ausgestoßen. Dabei stehende oder auf den Hinterläufen sitzende Körperhaltung. Als Hilferuf, bei Alleingelassensein, als Mitheulen oder beim Hören hoher Tonfrequenzen durch Musikinstrumente, Glocken, Sirenen u. a.	Wie konntet ihr mich nur so allein lassen! oder: Kommt mir zu Hilfe! oder: Dieser Sound macht mich ganz traurig!

Ausdruck von	Lautgebung	Lautbeschreibung, begleitende Körpersprache, Auslöser (mit Beispielen)	Übersetzungsversuch in die menschliche Sprache
Entschuldigung, Unterwerfung Gehorsames Unterwerfen der Welpen	**22** *Kreischen*	Sehr hoher, durchdringender, mehrmals wiederholter Jammerlaut, dazu Wegrennen oder auf den Rücken werfen mit weggedrehten Augen. Nach erzieherischem Beißen, wenn das elterliche Warnknurren nicht beachtet wurde.	Ich gehorch' ja schon, bin wieder lieb!
Entschuldigung	**23** *Winseln*	Aus halbgeschlossenem Maul ausgestoßener mittelhoher und mittellanger sich wiederholender Laut. Dazu auf den Rücken werfen oder anspringen mit Leckversuch, evtl. Wundenlecken oder Verkriechen in eine Ecke. Die Augen sehen schuldbewußt zur Seite. Bei Ungehorsam, Unachtsamkeit, nach plötzlichen Aggressionen oder wenn sie etwas »ausgefressen« haben.	Entschuldigt bitte, ich will ja wieder brav sein! Oder: Das wollte ich doch nicht, entschuldigt!
Bitten, Betteln Spielaufforderung	**24** *Hohes Kläffen*	Sehr hohes, mittellautes kurzes Kläffen bei Spielwunsch oder Spielgelegenheit. Der zum Spiel aufgeforderte Mensch oder Hund wird mit erhobenem Schwanz angesprungen, oder der Hund drückt seinen Oberkörper vor ihm auf den Boden.	Bitte spiel und toll mit mir!
Betteln	**25** *Humm-humm-Laut*	Durch die Nase bei geschlossener Schnauze ausgestoßener weicher, leiser Hauchlaut bei Bitten um z. B. Gestreicheltwerden oder ein Leckerchen. Dazu Anschauen mit flehendem Blick, Auflegen einer Vorderpfote oder in Rückenlage mit Schwanzaufschlagen und zwischenzeitlichem Anstupsen mit der Nase.	Bitte, schmuse mit mir! oder: Bitte, gib mir ein Stück Schokolade!
Freude, Wohlbefinden Freude oder freudige Begrüßung	**26** *Hohes Bellen*	Hohe Bellaute, als Einmal- oder Mehrfachlaute, die aus geöffneter Schnauze ausgestoßen werden. Dazu Herumspringen und -rennen, heftiges Schwanzwedeln und Anspringen der Hunde untereinander oder von Rudelmitgliedern. Bei Heimkehr von Rudelmitgliedern, der Ankunft befreundeter Menschen und Hunde, beim Erkennen ihres Autogeräusches oder wenn ein Auslauf bevorsteht.	Oh, was freuen wir uns, was sind wir glücklich!
Übergroße Freude	**27** *Mit Quieklauten untermischtes Bellen*	Laute wie unter 26, aber mit kurzen Quick- und Heullauten untermischt. Körperbewegungen wie unter 26, aber stärkeres Herumjagen durch umliegende Räume, wildes Anspringen der Rudelgenossen und Heimkehrer, heftigeres Schwanzwedeln (bei Tobias Schwanzrotieren), dazu heftige Anleckversuche. Z. B. bei	Wir freuen uns riesig, daß ihr endlich wieder bei uns seid!

Ausdruck von	Lautgebung	Lautbeschreibung, begleitende Körpersprache, Auslöser (mit Beispielen)	Übersetzungsversuch in die menschliche Sprache
		der Heimkehr der Herrchen nach langer Abwesenheit, etwa einer Urlaubsreise.	
Freundliches Erkennen und Begrüßen	**28** *Hohes Bellen und Kläffen*	Helles Bellen und Kläffen, d. h. die Aufeinanderfolge hoher Bellaute mit nur kurzen Pausen, sitzend oder stehend am Fenster oder Zaun, dabei Schwanzwedeln. Die Augen verfolgen die Vorübergehenden. Bei Vorbeigang freundlicher Nachbarn und Freunde oder befreundeter Hunde am Revier oder deren Treffen beim Auslauf.	Hallo, wie geht's?
Wohlbefinden	**29** *Grunzähnlicher Laut*	Die Luft wird durch die Nase eingezogen und ausgestoßen, wodurch ein Grunzlaut erzeugt wird. Bei völlig entspannter Körperhaltung, beim Gekrasult werden, Schmusen, Drücken. Der Laut ist vergleichbar dem Schnurren der Katzen.	Ich fühl' mich hundewohl!
Höchster Gleichklang unserer Hunde	**30** *Tiefes, leises Knurrbellen* (Individuallaut)	Tiefes, leises Bellen mit Knurrlauten bei weit aufgerissenen Schnauzen und entblößtem Gebiß, dabei gegenseitiges Lecken, Aneinanderschmiegen, Einschieben von Nase und Kieferteilen in das Maul des anderen.	Wie mögen wir uns doch und passen ganz zusammen!
Jagen Jagdfieber	**31** *Fiepsen*	Kurze, durchdringende, durch die Nase ausgestoßene sehr hohe leise bis mittellaute Fieptöne bei Aufspüren einer frischen Wildspur oder flüchtender Hasen, Rehe, Eichhörnchen oder einer Maus. Dazu aufgeregtes Nachjagen mit der Nase auf dem Boden, bei Tobias kommt eine zwischenzeitliche Blickkontrolle dazu.	Jetzt höre und rieche ich nichts anderes mehr, auch nicht eure Rufe und Pfiffe!
Katzenjagd	**32** *Jagdkläffen* (wahrscheinlich als Individuallaut unserer Hunde)	Sehr aufgeregtes lautes Kläffen, wobei die Hunde der erkannten oder vermeintlichen Katze wild nachjagen, auch als Reaktion auf das Schlüsselwort »Katze« oder »Kätzchen«.	Einmal müssen wir doch eine Katze stellen!
Aufstöbern eines Igels (durch Tobias)	**33** *Heiseres Bellen* (als Individuallaut von Tobias)	Tiefes, rauhes, heiseres, aufgeregtes Bellen mit eingestreuten tiefen Knurrlauten, dabei wildes Hin- und Herspringen um den Igel, Wegscharren des Bodens um ihn herum. Tobias kam oft als Verlierer mit blutender Nase von seiner Igeljagd, Julchen beachtet Igel überhaupt nicht.	Zumindest sollst du etwas Angst vor mir bekommen, du stacheliger Zeitgenosse!

Kapitel 7
Tobias und ich – Pat und Patachon

*Pubertät, Entwicklung einer Hundepersönlichkeit, die sich
von der Hundemutter durch ererbte und erworbene Körper-
und Charaktermerkmale unterscheidet, und das Instinkt-
und Intelligenzverhalten der Hunde im Vergleich zum
Menschen*

Tobias bereitete mir den ersten großen Frust, als er in die Pubertät
kam und geschlechtsreif wurde. Wie die Menschenkinder wurde
auch der liebe anhängliche Tobias während dieser Zeit gelegentlich
wegen des »Frusts« aufmüpfig. Einmal biß er mich, als ich ihn wieder einmal böse beim Fressen anknurrte. Er wagte es sogar, mir
einen Knochen vor der Nase wegzuschnappen.
Den kleinen Biß von Tobias konnte ich selbstverständlich spielend
verkraften. Was mich aber furchtbar schockierte, war die Tatsache,
daß mein Sohn mich gebissen hatte. Anschließend war ich lange
verunsichert, schlich mit hängendem Kopf und eingezogenem
Schwanz herum, um mich dann still in eine Ecke zu verziehen.
Seit diesem Erlebnis hat sich das Verhältnis zwischen Tobias
und seiner Mutter in mancher Beziehung geändert. Der Sohn
wurde erwachsen und versuchte, Rudelführer zu werden.
Julchen hatte Tobias bisher immer bei drohenden Gefahren
verteidigt. Ab jetzt verteidigte Tobias seine Mutter. Ihr schien
das recht zu sein: Sie hatte jetzt einen großen Sohn, auf den
sie sich verlassen konnte. Seitdem sah Tobias sie auch wie
sein Weibchen an, und wie ein Ehemann zeigte er anderen
Rüden gegenüber Eifersuchtsverhalten. Wollte seine Mutter
einen anderen Rüden beschnuppern, drängte Tobias sich
dazwischen, zog dabei drohend die Nase kraus, was bei seiner sonst so sanften Art richtig gefährlich aussah.

Dieses Zeichen des Besitzanspruchs wurde von den anderen, selbst von viel stärkeren Rüden verstanden. Die meisten respektierten das, verschwanden, und Tobias blieb als strahlender Sieger zurück. Wenn Julchen heiß war, wurde er besonders aufmerksam. Er selbst hatte seine Mutter noch nicht belästigt und behielt alle Verhaltensweisen eines Sohnes bei, nur partnerschaftlicher.

Seitdem Tobias sich zu seiner Mutter Juniorpartner gemausert hat, ist ihre Geschichte auch die ihres Sohnes Tobias.

Wir beobachten erstaunt, wie sehr sich bei Mischlingshunden in diesem engsten Familienverhältnis unterschiedlichste Charaktereigenschaften, Begabungen und Schwächen deutlich zeigen. Jeder dieser beiden Hunde entwickelte seine eigene Persönlichkeit. Dabei verstehen und ergänzen sie sich so gut. Wenn sie gemeinsam alles unternehmen, dann erinnern sie uns automatisch an Pat und Patachon oder Max und Moritz.

Julchen ist eine 42 Zentimeter große Cockerspaniel-Mischlingshündin mit mittelhartem, gelocktem schwarzem Fell und weißen Flecken auf der Brust und an den Vorderläufen. Diese sollen zwar nach Ansicht mancher Züchter Degenerationszeichen sein. Das stört uns aber in keiner Weise, ebensowenig die Hunde.

Ihre Rute ist buschig, und sie hat lange Schlappohren. Um die Schnauze schimmern ihre Haare rotbraun durch. Ohne ausreichende Bewegung wird sie unruhig und aggressiv. Eine ihrer Schwächen ist, daß sie gerne etwas mehr als notwendig frißt und deshalb leicht Gewichtsprobleme bekommt, ganz im Gegensatz zu Tobias.

Der hat ihre Körperform mitbekommen, was man sieht, wenn er in einen Teich gesprungen ist und seine seidigen braun-grauen Haare am Körper anliegen. Er ist etwas über sie hinausgewachsen mit einer Schulterhöhe von 46 Zentimetern. Sein langes Fell, das ganz anders als das seiner Mutter aussieht, gleicht dem eines Afghanen. Dunkle Zeichnungen im Gesicht, um Augen und Schnauze sowie sein buschiger Bart machen ihn sehr hübsch. Durch sein langes Fell wirkt er wie ein Zottelbär, was ihm auf unseren Spaziergängen große Bewunderung einträgt. Sein weiches Fell hängt im Winter voller dicker Schneeklumpen, so daß er dann breitbeinig daherstapft. Im Sommer und beim Jagen durch Feld und Wald hängt er leider voller Grannen, Ästen und Pflanzenteilen, die oft das Fell verknoten. Darum muß er viel gebürstet werden. Das tut ihm sicherlich etwas weh, denn er versucht, sich dem Bürsten immer geschickt zu entziehen.

Doch zum Glück ist Tobias eitel. Seitdem wir Zweibeiner an seine Eitelkeit appellieren, ihm ankündigen, daß wir ihn »schön« machen wollen, und nach überstandener Bürstenaktion die ganze Familie bewundernd schreit: Aber Tobias, was bist du für ein schöner Junge!, läßt er sich gern bürsten. Nach getaner Tat rennt er dann stolz und glücklich schwanzwedelnd zu jedem einzelnen Familienmitglied und springt es an, läßt sich Leckerchen geben und lautstark bewundern. Unser ganzes Menschen-Hunde-Rudel wurde auf seine Eitelkeit konditioniert.

Tobias hat einen buschigen Schwanz und Schlappohren. Insgesamt läßt er sich äußerlich von einem kleinen Bearded-Collie kaum unterscheiden. Von seinen väterlichen Vorfahren wissen wir nur, daß er von dem rehbraunen, hochbeinigen Pollux mit schlankem Kopf abstammt, dessen Großmutter wiederum eine Münsterländer Mischlingshündin gewesen ist.

Julchen mag Hitze gar nicht, sie liebt dafür den Schnee. Doch Tobias leidet mit seinem langen dichten Fell noch mehr, wenn es heiß ist; beide verlieren dann ihre Kondition und ziehen sich still in den Schatten zurück. Aber das geht anderen Hunden ähnlich.

Julchen ist immer schuldbewußt, wenn etwas im Zimmer umkippt oder wir Zweibeinigen mit Tobias schimpfen. Dann wirft sie sich auf den Rücken und bittet um Verzeihung, auch wenn sie es gar nicht gewesen ist.

Im übrigen kann sie gar nicht genug bekommen vom Sich-streichelnlassen und ist deshalb gern in der Nähe ihrer menschlichen Rudelmitglieder und deren Freunde. Wird sie nicht mehr gestreichelt, schlägt sie deutlich hörbar ihren Schwanz auf den Boden, stupst den Schmuser mit ihrer Schnauze auffordernd an, oder sie stößt mit geschlossenem Maul einen tiefen Knurrlaut aus. Sie kann uns allen mit ihrer Schmusesucht so auf die Nerven gehen, daß wir ihr schon angedroht haben, für sie eine automatische Streichelmaschine zu konstruieren.

Tobias dagegen läßt sich zwar auch gern mal streicheln, allerdings immer nur kurz, dafür aber heftig. Er braucht mehr als Julchen seine Ruhe und sein stilles Plätzchen. Wenn wir im zweifellos lebhaften Rudel zusammensitzen, zieht er sich gern in seine Ecke zurück. Dann legt er sich meist platt auf den Bauch und beobachtet uns, wobei er am liebsten unter der Garderobe im Flur, halb verdeckt von Mänteln, liegt.

Den Kindern gegenüber ist Tobias langmütiger als Julchen. Er läßt sich manche Rauferei geduldig gefallen, während sie eher nervös reagiert, knurrt und ihre Zähne zeigt.

Er ist eindeutig intelligenter und pfiffiger als seine Mutter. Das läßt sich an der größeren Differenziertheit seiner Reaktionen und Verhaltensweisen erkennen. Diese sind bei seiner Mutter einfacher und durchschaubarer. Dafür mußte die instinktsichere Jule ihm aber lebenswichtige Verhaltensweisen antrainieren.

Tobias setzte sich schon als Welpe, wenn man ihn ansprach, auf seine Hinterläufe, guckte den Sprecher an und wiegte dabei seinen Kopf von einer Seite auf die andere. Diese auffällige Eigenschaft gibt ihm den Anschein des aufmerksamen Zuhörers.

Sind die Hunde freudig erregt, dann kann Tobias seinen Schwanz rotieren lassen, während Julchen nur mit ihm wedelt. Tobias kann auch Katzen ein gutes Stück auf Bäume verfolgen, wo er dann aber bald auf eine Astgabel gerät und weder vor noch zurück weiß.

Für die differenzierten Verhaltensweisen von Tobias können wir viele Beispiele anführen: Wenn der Wassernapf leer ist, stößt Julchen nur einen dunklen Knurrlaut, Wu – wu –, bei geschlossenem Maul aus, oder sie schleckt und schmatzt ostentativ aus der leeren Schüssel. Tobias dagegen hebt den leeren Topf an und läßt ihn kräftig auf den Boden fallen. Reicht dieser Lärm nicht, läuft er zu Frauchen oder Herrchen, stupst sie an und führt sie zum Napf. Als Herrchen sich eines Morgens beim Aufstehen mal den Spaß machte, ihm nicht sofort den Topf zu füllen, folgte Tobias ihm ins Badezimmer und sprang so lange am Waschbecken hoch, bis Herrchen ihm den Napf mit Wasser gefüllt hatte.

Manchmal kommt es vor, daß die Hunde im Garten gerade auf Entdeckungsreise sind, wenn wir sie ins Haus rufen. Das paßt ihnen natürlich nicht, so daß sie unser Rufen geflissentlich überhören und uns statt dessen ihr Pflichtbewußtsein demonstrieren.

Von klein auf, als sie noch glaubte, Vögel jagen zu können, hat Julchen sich angewöhnt, in einer solchen Situation so zu tun, als wären jagbare Vögel am Himmel. Sie rannte diesen imaginären Vögeln dann wild kläffend nach. Diese Eigenart hat sie bis zum heutigen Tag beibehalten, obwohl sie inzwischen den ernsthaften Versuch einer Vogeljagd längst aufgegeben hat.

Wenn Tobias nicht ins Haus will, tut er so, als ob er uns vor einer Kompanie von Einbrechern verteidigen müßte. Mit gesträubten Haaren jagt er dann böse knurrend den imaginären Verbrechern entgegen. Plötzlich ist er wie vom Erdboden verschluckt. Wir bemerken aber amüsiert, wie er sich blitzschnell und geschickt im hohen Gras oder im Gebüsch versteckt und dann, platt auf dem Boden liegend, unauffällig wie ein Krieger wegrobbt.

Tobias hat sich zurückgezogen. Von diesem sicheren Platz aus beobachtet er das Rudel.

Beim Zuhören wiegt Tobias den Kopf bedächtig hin und her.

So fühlen sie sich am wohlsten: geborgen im Rudel.

Die Hunde verhalten sich auch bei Begegnungen mit fremden Tieren unterschiedlich. Allen fremden Hunden begegnet Tobias selbstsicher, mit hocherhobenem Schwanz geht er furchtlos auf sie zu. Das imponiert wohl den anderen Hunden, und deshalb wird er von ihnen stärker respektiert als Julchen, die oft ängstlich und deshalb aggressiver auf andere Hunde losgerannt ist, mit der Folge: Sie mußte häufig Lehrgeld zahlen, was wiederum ihrem Selbstbewußtsein schadete.

Mir steckt heute noch der Schreck in den Knochen, wenn ich an dieses Erlebnis in Schleswig-Holstein erinnert werde. Als ich ein Jahr alt war, begegnete ich im Urlaub zum erstenmal einer Kuhherde auf einer Koppel. Spontan rannte ich hell kläffend auf die Kühe zu. Als diese großen Tiere ängstlich vor mir wegliefen, wurde ich natürlich noch mutiger. Ich fand mich so lange wirklich toll, bis sich plötzlich die Leitkuh umdrehte, ihre Hörner auf mich richtete, auf mich zuraste und die ganze Kuhherde mit gesenkten Hörnern hinter mir her war. Da bekam ich einen ziemlichen Schreck!

Aufjaulend konnte ich mich unter dem Zaun durch mit einem großen Sprung in Frauchens Arm retten. Seitdem gehe ich behutsamer auf Kühe zu und beschnuppere sie nur noch vorsichtig am Maul. Jagdversuche auf Kühe habe ich seitdem nicht mehr gemacht.

Tobias begegnete den Kühen von vornherein mißtrauischer, denn ihre Größe war ihm unheimlich. Kommen sie an das Gatter, knurrt er zwar manchmal warnend und springt einen Scheinangriff oder läuft auch mal zu ihnen auf die Wiese und legt sich zwischen sie, aber er behält sie immer heimlich im Auge. Bestimmt sind sie ihm auch nicht geheuer, er will es nur nicht zugeben. Wird er dann gerufen, gehorcht er erstaunlich schnell. Schwanzwedelnd läßt er sich dann auch noch für den außergewöhnlichen Gehorsam loben.

Einmal, als wir vom Abendspaziergang aus dem Stadtpark zurückkamen, flüsterten Frauchen und Herrchen sich zu: »Der schwarze Spitz dahinten, hoffentlich hat Tobias den nicht bemerkt.« Sie wissen nämlich aus Erfahrung, daß er sich diesem Artgenossen gegenüber immer recht aggressiv verhält.

Clever, wie er ist, zeigte er keinerlei Reaktion und ließ sich gesittet ins Haus führen. Keiner achtete darauf, daß die Terrassentür offenstand. Und ehe wir uns versahen, war Tobias blitzschnell entwischt. Sein Verschwinden fiel erst auf, als von der Straße her ein fürchterliches Geheul ertönte. Alle stürzten hinaus und sahen die Bescherung: Tobias war durch den Garten gerast, dem Spitz, dem Erzrivalen, gefolgt und versuchte, ihn anzugreifen. Also hatte er ihn doch bemerkt und nahm nun die Gelegenheit wahr, ihn zu überfallen und ihm so seine Antipathie zu zeigen.

In der Tat ist es ein Dilemma für instinktsichere Haushunde mit Wildhundeigenschaften, daß gerade diese Fähigkeiten, die in freier Wildbahn ihre Lebens- und Arterhaltung sichern, ihnen unter Menschen ohne Naturverständnis viel Ärger machen – und ihren Besitzern.

Als Haushund braucht Julchen eigentlich nicht so energisch das Revier, Babys und Knochen zu verteidigen, in freier Wildbahn wäre ihr Verhalten völlig richtig.

Eines müssen wir aber als Hundebesitzer eingestehen: Intelligente Hunde können auch artfremde Gewohnheiten besser übernehmen. Hunde, die nicht so stark wie Julchen durch Instinkte festgelegt sind, können bei entsprechender Intelligenz Verhaltensweisen erlernen, die denen der Menschen ähneln. Dazu gehört zum Beispiel, die Pfote oder den Kopf bittend auf das Knie des Herrchens zu legen, um ein Leckerchen oder Streicheleinheiten zu bekommen.

Da muß ich die zweibeinigen Rudelführer aber mal fragen, was in der freien Natur wohl wichtiger ist: Intelligenz oder Instinkt? Was machen die Menschen ohne Gespür aus der Welt? Und eines muß ich richtigstellen: Ich weiß auch sehr verständlich für euch Menschen meine Wünsche zu bekunden, mit Pfoten, Kopf, Bewegungen und Gebell.

Zwar weniger intelligent, aber instinktsicher kann ich da nur knurren: Mensch, Hund müßte man sein!

In der Tat wäre der Mensch wohl längst ausgestorben, wenn seine minderwertige körperliche Ausststattung nicht durch seine Fähigkeiten zum Erfinden von Kleidung, Waffen, Geräten und anderen Hilfsmitteln ausgeglichen worden wäre. Nur so konnte der Mensch im Überlebenskampf mit den von der Natur vor Wärme und Kälte geschützten, dazu stärkeren, wendigeren und schnelleren Säugetieren konkurrieren und bis heute überleben. Er kann durch seine höhere intellektuelle Leistungsfähigkeit Gesetzmäßigkeiten der Natur in beschränktem Umfang erkennen und zur Gestaltung seiner Lebensbedingungen und Umwelt nutzen. Diese besonderen genetischen Gaben der Natur, die seine Defekte ausgleichen, verführen den Menschen aber dazu, sich nicht mehr bescheiden als Teil der Natur zu sehen. Leider reicht offensichtlich sein Verstand nicht aus zu erkennen, daß die Natur schon zur eigenen Arterhaltung zu schützen ist und daß nach den Gesetzen der Vernunft Maßnahmen gegen die Profit- und Geltungssucht kurzsichtiger und eigennütziger Interessenvertreter und gegen menschliche Dummheit durchgesetzt werden müssen. »Der Mensch, das blöde Vieh, ist mit seinem Gehirn imstande, sich selbst und alle anderen auszurotten.« So Konrad Lorenz.

Kapitel 8
Des einen Freud', des anderen Leid

Die Neurosenlehre von Freud gilt auch für Hunde

Wir meinen beobachtet zu haben, daß auch viele Verhaltens-
und Wesensmerkmale unserer Hunde durch die Neurosen-
lehre von Sigmund Freud erklärt werden können.
Nach dieser Lehre steht das sogenannte Ich, nämlich das
Wesen und Gewissen einer Persönlichkeit, im Widerstreit
mit dem sogenannten Es, also mit seiner Eigensucht und seinen Trieben, und dazu noch mit dem sogenannten Über-Ich,
das wiederum entsprechend der Erziehung, der Indoktrina-
tionen, Gewohnheiten und jeweiligen öffentlichen Meinun-
gen dem Ich, auch gegen bessere Einsicht und Gewissen, vor-
schreiben will, was getan werden sollte oder müßte und was
nicht.
Das ist so, wie wenn Frauchen Julchen und Tobias an der Leine zum Spaziergang in den Stadtpark führt. Frauchen als Ich,
Julchen links und Tobias rechts von ihr bilden eine Dreieinig-
keit – oder auch nicht. Frauchen als Ich will den Weg bestimmen, aber Julchen zerrt als Es nach links, um triebhaft ein
Eichhörnchen auf den Baum zu jagen, und Tobias als Über-
Ich zerrt nach rechts, weil er meint, Frauchen gegen einen
Spaziergänger verteidigen zu müssen. Wenn Frauchen als Ich
stark genug ist, hält sie trotzdem den richtigen Kurs zum
Stadtpark ein, indem sie Jule vom Jagen und Tobias von der
unsinnigen Verteidigungshandlung abhält.

Julchen selbst, ihr Ich, wird oft von ihrem Es, nämlich ihren Trieben und Instinkten, nach links gezerrt, weil ihr Es sie häufig zu etwas treibt, was sie lieber nicht tun sollte. Dann kommt sie schnell in Konflikt mit ihrem Über-Ich. Dieses Über-Ich ist das, was wir anerzogen haben, und ihr eigener Wunsch, uns nicht zu enttäuschen.

In einen solchen Konflikt kommt sie auch, wenn sie nach längerer Ruhepause ins Freie gelassen wird. Um die aufgestaute Energie zu entladen, rennt sie voller Bewegungsdrang Joggern, Spaziergängern oder Passanten erst einmal kläffend entgegen, trotz unserer Verbotsrufe, einfach so, obwohl sie weiß, daß sie das nicht darf und uns damit enttäuscht. Nachträglich ist sie dann das personifizierte schlechte Gewissen. Ebenso reagiert sie, wenn sie trotz unseres Protestes Wild nachgejagt ist oder wenn sie heimlich im Komposthaufen gewühlt hat. Dann wirft sie sich anschließend schuldbewußt vor uns auf den Rücken, obwohl wir oft den Grund ihrer Reue nicht sofort erkennen können.

Wir trösten sie, weil auch bei Menschen Ich, Es und Über-Ich zuweilen in Konflikt geraten.

Tobias ist vielleicht deshalb selbstsicherer und ausgeglichener, weil er ein schwächeres Es, also weniger Triebhaftigkeit, hat, die an seinem Ich zerrt. So stehen Es, Ich und Über-Ich in besserem Einklang.

Er ist so selbstsicher, daß er das zum Ich werden läßt, was er vom Über-Ich übernehmen kann, und das ignoriert, was von den Vorschriften des Über-Ichs nicht zu seiner Wesensart paßt.

Die Wesensstärke eines Hundes wie auch eines Menschen zeigt sich darin, daß sein Ich nicht oder nur selten in Konflikt mit seinem Es und dem Über-Ich kommt, daß er selbst zu entscheiden lernt, was art- und wesensgerecht für ihn und sein Rudel ist.

Zu dieser Wesensstärke kann ein selbstbewußter Hund oder Mensch nur im Zuge der Ausbildung seiner Persönlichkeit allmählich finden. Oft bleiben auch Menschen lebenslang nur das Sprachrohr ihrer Erzieher, obwohl deren Ansichten und Verhaltensweisen inzwischen jeden Sinn verloren haben oder sogar gegen das eigene Gewissen verstoßen. Eigenverantwortliches Handeln wird durch Gehorsam und Unterordnung ersetzt. Solche Menschen und Hunde haben kein starkes Ich ausbilden können.

Wenn ein Konflikt auftritt, der nicht gelöst werden kann, gibt es auch bei Menschen eigenartige Verhaltensmuster: Man wird aggressiv, oder man flüchtet in absonderliche Ideen und Launen, man wird traurig und zeigt unrealistische Verhaltensweisen bis hin zur Sucht. Dann gerät man leicht in Konflikt mit sich und dem sozialen Umfeld. Man spricht von einer Neurose.

Die Art, wie Tobias die Kühe behandelte, ist gute und kluge Konfliktbewältigung. In Wirklichkeit waren die Kühe ihm unheimlich, und er hatte Angst. Das ist sein Es. Andererseits wollte er sich und allen anderen zeigen, daß er mutig ist. Das ist sein Über-Ich. Er geht also mutig auf die Wiese, legt sich sogar zwischen die Kühe, die er aber heimlich beobachtet, und wenn wir ihn rufen, gehorcht er sofort und läßt sich so nicht nur aus seinem Konflikt befreien, sondern sich zusätzlich für seinen Gehorsam loben.

Unsere Beobachtungen zeigen, daß die von den Psychoanalytikern am Menschen entdeckten Reaktionsmuster zumindest auch für Hunde gelten.

Wenn unsere Hunde ihre Konflikte leichter als manch andere Hunde bewältigen, liegt das daran, daß wir ihnen ihre Hundewesensart weitgehend lassen und sie möglichst selten zu hundefremden Verhaltensweisen zwingen. Das tun leider viele Hundebesitzer nicht. Sie zwingen ihre Hunde zu Kadavergehorsam, mit der Folge, daß wesensschwache Hunde zu »Kalfaktoren« (K. Lorenz) werden und sich jedem unterwerfen.

Umgekehrt kann bei wesensstarken Hunden das Ich ihrer

Hundepersönlichkeit im Erwachsenenalter hervorbrechen und dazu führen, daß sie sogar ihre eigenen Herrchen anfallen und übel zurichten.

Darum sollte jeder verantwortungsvolle Hundebesitzer sich bemühen, ein Gespür dafür zu entwickeln, wie stark bei seinem Hund das Bedürfnis nach einem hundegerechten Leben ausgeprägt ist und wie er ihm Freiraum für ein Eigenleben verschaffen kann, ohne allzuoft mit dem Umfeld in Konflikt zu geraten – ein schwieriges, aber nicht unlösbares Problem.

Dazu gehört auch, daß er unerwartete Reaktionen seines Hundes zu deuten weiß und darauf richtig und angemessen zu reagieren lernt.

Kapitel 9
Hundealltag – nichts als Pflichten und Streß

Vom Zeitempfinden und dem Bedürfnis nach geordnetem Tagesablauf und Ritualen, von Revier- und Rudelverteidigung und der Denkleistung von Hunden

Lange bevor sich unsere menschlichen Rudelgenossen endlich aus den Federn bequemen, beginnt schon unser Tagwerk. Man kann hier getrost den Begriff Tagwerk verwenden, denn unser Tag ist ausgefüllt mit Pflichten, Pflichten, Pflichten. Zum Schlafen kommen wir ja kaum – unser Tagesablauf, ein einziger Streß!

Schon um vier Uhr früh ist an Schlaf nicht mehr zu denken, denn dann naht mit penetranter Regelmäßigkeit die Zeitungsfrau, die einfach ungefragt unser Revier betritt, um uns so einen Wisch in den Türschlitz zu stecken. Wie sehr wir uns auch kläffend und tiefknurrend aufregen, sie läßt sich vom Eindringen in unser Revier nicht abhalten. Verständlicherweise sind wir darüber böse, und so beginnt der Tag schon turbulent. Da bleibt dann kaum noch Zeit für ein kleines Nickerchen zwischendurch, denn unsere innere Uhr sagt uns bald, daß es sechs Uhr sein muß und somit Zeit, um Herrchen durch Kratzen an der Schlafzimmertür und leises Jaulen auf das schrille Klingeln des Weckers schonend vorzubereiten.

Ertönt dann kurz nach unserer Vorwarnung dieser schlafraubende Ton, müssen wir schleunigst in Startposition gehen. So können wir, sobald Herrchen die Tür nur einen Spalt öffnet, wie Raketen zwischen seinen Beinen hindurch ins Zimmer hineinschießen und auf Frauchens Bauch springen. Nur auf diese Weise bekommen wir sie liebevoll, aber nachdrücklich etwas wach. Wir kriechen so lange auf ihr herum, bis ihr endlich ihre Pflichten dämmern: Frühstück machen, Kinder wecken, Hunde füttern!

Wenn sich Frauchen dann schlaftrunken mit halbgeöffneten Augen und vorgestreckten Armen ins Badezimmer tastet, müssen wir uns um Herrchens morgendlichen Muffel kümmern. Ich werfe mich auf den Rücken und knurre leise und tief mit geschlossener Schnauze, schlage mit dem Schwanz auf und lasse mich von ihm begrüßen. Herrchen sagt dann immer streichelnd:»Fein, daß du da bist, Julchen, guten Morgen, mein Mädchen.« Tobias dagegen ist bereits vier Meter entfernt auf dem Teppich in Position gegangen, liegt dort ganz platt auf dem Bauch, guckt Herrchen schräg von unten an und schlägt so lange mit dem Schwanz auf den Boden, bis Herrchen auch zu ihm kommt, sich neben ihn kniet und ihn mit»Da bist du ja auch endlich, Tobias, guten Morgen, mein lieber Junge« begrüßt. Dann ist Tobias zufrieden, springt freudig an ihm hoch, versucht ihn zu lecken, um sich erst dann in einen Sessel zu rollen und noch ein wenig Schlaf nachzuholen.

Dieselbe Aufweckaktion wie bei Frauchen unternehmen wir dann noch einmal, wenn wir kurz vor sieben die Kinder aus den Betten treiben, damit sie sich zur Schule nicht verspäten. Unverständlicherweise ernten wir für unsere Mühe bei ihnen nichts als unfreundliches Gemaule. Aber ohne unsere Hilfe bekäme Frauchen diese verschlafene Brut bestimmt nicht wach!

Kaum haben Tobias und ich uns von diesen Taten ein wenig ausgeruht, Frauchen und Herrchen ihren Kaffee ausgetrunken, schwirrt alles los. Herrchen verabschiedet sich, inzwischen einigermaßen dynamisch geworden, sehr liebevoll von uns allen, streichelt uns über den Kopf und verspricht, bald wiederzukommen.

Ina und Anke dagegen flattern kopflos wie aufgescheuchte Hühner durch die Wohnung. Sie suchen dies und das, um sich dann schließlich gegenseitig anzumeckern und fluchtartig das Haus zu verlassen. Auch wenn sie dabei irgend etwas wie»Bus kriegen« brüllen, finden wir dieses Benehmen ungebührlich. Wir würden gerne auch tränenreich von ihnen Abschied nehmen. Sie sollten sich da ein Beispiel an Herrchen nehmen, denn liebevolle Zeremonien bedeuten uns viel.

Als Signale der Liebe und Achtung geben sie eine positive Grundlage für den Tag und schaffen Ordnung. Die erwachsenen Menschen, wozu offensichtlich die Kinder noch nicht gehören, machen das ja untereinander auch. Herrchen ist da ein guter Zeremonienmeister. Durch das Begrüßungsritual nach langer Nacht ist die gute Beziehung von gestern zu heute nahtlos wiederhergestellt.

Im Gegensatz zu vielen Menschen praktizieren wesensstarke Hunde aber nur ehrliche, keine scheinheilig freundlichen Begrüßungs- und Abschiedszeremonien. Ganz anders als viele Menschen, die jeden Brief mit Sätzen wie: Sehr geehrte Frau, sehr verehrter Herr! beginnen und beim Schreiben oft etwas ganz anderes denken.

Bei ehrlich gemeinter Begrüßung suchen wir Hunde genau wie Menschen Körperkontakte wie Schulterklopfen, Wangenpressen und Küßchen. Dazu gehört auch die gegenseitige Pflege: Wir Hunde lecken uns gegenseitig die Ohren und das Fell, die Menschen machen das gegenseitig meist nur symbolisch: Du siehst aber wieder reizend aus, und was trägst du für ein außerordentlich apartes Kleid!

Aber weiter im Tagesablauf: Die Pflicht ruft schon wieder. Wenn alle das Haus verlassen haben, will Frauchen unbedingt in den Stadtpark, um dort ihr Schwätzchen mit dem einen oder anderen Hundefrauchen zu halten. Wir begleiten sie natürlich gerne. Besonders wenn die Sonne scheint und es trocken ist – oder wenn es geschneit hat. Im Schnee toben wir besonders gern. Wenn es aber, wie oft bei uns im Sauerland, in Strömen regnet und alles naß ist, dann bleiben wir – ehrlich gesagt – lieber zu Hause. Den Regen haben wir ja längst durch den Briefschlitz gerochen, und wen wundert's, wenn wir dann nicht ganz so begeistert kläffen, wenn Frauchen den Mantel anzieht.

Unerbittlich macht Frauchen uns an der Leine fest und ruft aufmunternd: Gehen wir jetzt raus? Da wir ihr den Spaß nicht verderben wollen, trotten wir mißmutig und zögernd mit. Aber wenn es nicht naß ist, stürmen wir raus und zerren sie entschlossen in Richtung Stadtpark.

Wenn es zu naß ist, geht Frauchen mit uns vernünftigerweise zu ihrem Auto, fährt uns in ein nahes Wäldchen und läßt uns dort laufen. Tut sie das nicht, werden wir auf der steilen Wiese, die zum Stadtpark hinaufführt, im hohen Gras naß, und außerdem ist dann der Weg dort so glitschig, daß Frauchen darauf ausrutscht. Eines Tages ging Frauchen unverständlicherweise trotz Nässe nicht zum Auto, sondern die feuchte Wiese hoch. Gut, daß da Tobias mehr Vernunft zeigte. Auf dem ersten Drittel der feuchten Wiese blieb er plötzlich stehen und zog sie energisch zurück, so daß Frauchen fast ausgerutscht wäre. Darum ließ sie ihn von der Leine. Er rannte aber nicht, wie sie erwartet hatte, zurück zur Haustür, sondern hinunter zur Garage und kratzte energisch am Tor. Da kapierte Frauchen endlich, setzte uns ins Auto, und wir fuhren trockenen Fußes und Pelzes in das Wäldchen.

Das erlauben wir uns aber nur bei Frauchen. Geht Herrchen mit uns, müssen wir auch bei strömendem Regen durch die feuchte Wiese ziehen, ob wir wollen oder nicht. Wir ziehen ihn nicht zu seiner Garage und zu seinem Auto. Da wissen wir sehr genau zu unterscheiden.

Hunde können wohl doch, auch wenn dies von »Hundeforschern« oft bestritten wird, Erfahrungen und Handlungen sinnvoll und situationsgerecht kombinieren. Daraus läßt sich auf ein gewisses Denkvermögen von Hunden schließen, zumindest vergleichbar mit dem von zwei- bis dreijährigen Kindern.

Dann frühstückt Frauchen, und uns bleibt kaum Zeit, unsere Leberwurstbrote hinunterzuschlingen. Dann greift sie schon nach der großen Tasche und fragt uns, ob wir mit zum Einkaufen fahren wollen – besser das, als allein sein! Unsere Bereitschaft geben wir durch helles Kläffen und Herumspringen bekannt.

Geduldig müssen wir dann das Auto bewachen, bis Frauchen mit schweren Taschen und Kartons aus den Geschäften geschleppt kommt. Nebenbei freut es uns natürlich, wenn wir darin etwas Leckeres erschnuppern.

Wir werden für unser sehr geduldiges Warten dadurch reichlich entschädigt, daß wir Frauchen immer wieder stürmisch begrüßen können, so, als hätten wir sie wochenlang nicht gesehen. Wir springen sie glücklich an, soweit dies im Auto möglich ist, und jedesmal begrüßt uns auch Frauchen fröhlich, indem sie uns tätschelt und streichelt. Davon können wir ja nie genug kriegen. Jedesmal lobt sie uns, daß wir mal wieder so gut auf das Auto aufgepaßt haben. Ihr Lob ist sozusagen Balsam auf unsere Hundeseelen. Langweilig wird es für uns nur, wenn wir für nichts und wieder nichts oder für so kleine Papierchen vor der Bank warten müssen, aus der sie ohne volle Taschen herauskommt. Aber Pflichten sind eben Pflichten, auch wenn wir mit diesen Papierchen nichts anzufangen wissen. Wieder zu Hause, müssen wir auf der Treppe in Stellung gehen, denn Frauchens Vormittagspatienten nahen. Die meisten von ihnen riechen sehr sympathisch, begrüßen uns und sprechen mit uns, wie sich das gehört, wenn man in einem fremden Revier einen Besuch macht und dort freundlich von Frauchen begrüßt wird.

»Es ist toll, wie sprachgestörte Patienten, die Menschen gegenüber oft noch schlechter sprechen, als sie können, weil sie fürchten, sich zu blamieren, mit euch Hunden meist frei und viel besser reden und euch gegenüber diese Angst nicht haben«, freut sich Frauchen. »Ihr seid schon tolle Cotherapeuten«, lobt sie uns. Darum bringen uns ihre Patienten auch oft Leckerchen mit.

Bevor die Patienten die Treppe erreicht haben, rasen wir schon hoch, um als erste oben zu sein, denn das wissen wir genau: Wer zuerst oben in Frauchens Behandlungszimmer ist, bekommt den besten Platz – und der ist nun mal unter dem Schreibtisch, auf Frauchens Füßen. Den Patienten bleibt dann nur noch der unbequeme Stuhl vor dem Schreibtisch. Wir sind natürlich froh, wenn wir da bleiben und von dort aus die Lage überblicken können. Gelegentlich erzählt Frauchen am Abend, daß es ihr peinlich gewesen sei, wie wir unter dem Schreibtisch wieder einmal geschnarcht haben. Das müssen wir jedoch ganz entschieden zurückweisen, denn wahr ist, daß wir schon deshalb kein Auge schließen konnten, weil wir Frauchens Sprachtherapie gelauscht haben. Nicht zuletzt dadurch haben wir ja gelernt, bestimmte Schlüsselworte und -sätze zu verstehen, wie ich es ja schon erzählt habe.

Aber weiter geht's im Tagesablauf: Nach »Dienstschluß« gegen Mittag folgen wir ihr in die Küche, denn dort steigen uns gute Düfte in die Nase, während sie dort hantiert. Dabei fällt auch so mancher Happen für uns ab. Beim Fressen sind wir wohlerzogene Hunde, denn wir fressen selbstverständlich nur das, was wir in unseren Näpfen oder gereicht bekommen. Noch nie haben wir etwas vom Tisch wegstiebitzt, wie wir das von anderen Hunden wissen. Wenn in unserer Reichweite Schokolade liegt, stehen wir höchstens sehnsuchtsvoll davor, aber wir kläffen nicht, und so bleibt das Leckerchen dort liegen, bis die Herrchen es uns geben. Müssen wir aus einem Napf fressen, fresse ich mich als Ältere erst mal satt. Das ist unter Hunden mein gutes Recht. Tobias sitzt dann geduldig wartend daneben. Erst wenn ich weggehe, frißt er. Haben wir einen Hund zu Besuch, muß er warten, bis Tobias sich sattgefressen hat. Dann erst ist der Gast an der Reihe. Bei uns Hunden gibt es eben ganz klare Ordnungen.

Oft verstecken wir auch Leckerchen im Garten, damit die anderen Rudelmitglieder sie nicht finden. Allerdings kann es uns passieren, daß wir unser Versteck versehentlich selbst verraten, wenn wir bellend davorsitzen. Unsere Herrchen lachen darüber.

Auch bei Menschen schneidet der Hausherr das Fleisch. Zuerst darf sich das älteste Rudelmitglied, zum Beispiel die Oma, den Teller füllen, dann die Herrchen und dann erst die Kinder. Genau wie Hunde setzen sich Menschen beim Essen, zumindest in Eßlokalen, möglichst mit dem Rücken zur Wand, damit sie die Umgebung gut übersehen können, und nicht an einen Mitteltisch. Denn dann kann man in Ruhe fressen, ohne hinterrücks angegriffen zu werden.

Leider werden wir Hunde regelmäßig jeden Vormittag noch einmal tierisch von einem Mann aufgeregt, der sich durch kein noch so böses Knurren abhalten läßt und sich mit konstanter Bosheit an unserer Haustür zu schaffen macht, so sehr wir ihn auch durch wildes Gekläffe und tiefes Knurren abzuschrecken versuchen. Er kommt täglich wieder und läßt sich vom Betreten des Reviers einfach nicht abhalten. Zudem stopft er auch noch allerlei Papier in unseren Türschlitz. Lernt er es denn nie, daß er an unserer Haustür absolut nichts verloren hat? Will er unbedingt zu den dreitausend Briefträgern gehören, die jährlich in Deutschland von Hunden gebissen werden? Täglich kommen fremde Menschen in unser Haus. Wenn sie von unseren menschlichen Rudelmitgliedern an der Tür freundlich begrüßt werden, sind wir sofort friedlich und lassen sie hereinkommen. Aber Briefträger? Die haben es ja noch nicht einmal nötig zu klingeln. Und was die bringen, regt Frauchen dann oft auch noch auf und macht sie traurig, nervös oder gar böse, besonders, wenn es mal wieder ein völlig unerwarteter Brief vom Finanzamt ist, in dem kurzfristig Nachzahlungen gefordert werden. Ganz anders verhalten wir uns bei unserem »Eiermann«, der ein viel besseres Benehmen hat. Sobald wir sein Auto hören, kläffen wir hell und freudig. Er klingelt höflich und bringt eigens für uns, wie es sich gehört, ein Gastgeschenk, nämlich Knickeier, mit. Er spricht freundlich mit uns, streichelt uns, setzt sich zu uns auf den Boden und riecht interessant nach anderen Tieren. Der Eiermann ist eben ein wahrer Gentleman mit guten Umgangsformen.

Aber weiter zu unseren nächsten Tagespflichten: Kaum hat Frauchen das Mittagessen fertig, stellt sie uns schon wieder scheinheilig die Frage: »Die Kinder kommen, wollt ihr denn mit, vorher spazierengehen?« Wir heulen, kläffen und jubeln natürlich wieder los, einerseits, um ihr den Gefallen zu tun, andererseits, um sie zu beschützen, denn man sollte Frauchen niemals allein durch den Wald gehen lassen. Wie wichtig unser Schutz ist, zeigt ein Ereignis bei einem Spaziergang. Wie jeden Mittag waren wir zum Oeneking hinuntergefahren. Dort stöberten wir durch den Wald und fanden wie immer interessante Spuren, die wir untersuchen konnten.

Da tauchte aus dem Gebüsch ein Mann mit alten, zerknitterten Kleidern auf, der uns sehr verdächtig roch und auf Frauchen zuging. Wir waren sofort mißtrauisch und warnten Frauchen durch unser Warnknurren. Darauf wurde Frauchen, die sonst energisch und furchtlos ist, unruhig. Sie lief nicht weiter, sondern drehte um und ging recht schnell zurück Richtung Waldausgang. Wir sprangen mit gesträubten Haaren und gefletschten Zähnen auf den Mann zu und ließen durch helles Aufkläffen und tiefes Knurren die letzte Stufe unserer Warnung mit steif nach hinten gestelltem Schwanz ertönen. Wir sprangen ganz nahe um den Mann herum. Er blieb wütend stehen und kam nicht mehr weiter. So vergrößerte sich der Abstand zwischen ihm und Frauchen. Der verdächtige Mann mußte seinen Schritt verlangsamen, und so sorgten wir für einen gebührenden Abstand zu Frauchen. Dabei zogen wir uns immer weiter zu Frauchen zurück, bis sie den Waldrand erreicht hatte. Der Rückzug war geglückt, und wir fuhren erleichtert nach Hause.

Wenn wir aber im Oeneking keinen bösen Mann finden, dann pfeift Frauchen manchmal zu früh und geht zum Auto, obwohl wir noch weiterschnuppern wollen. Wenn wir nicht sofort folgen, dann ist Frauchen so gemein, einfach ohne uns loszufahren. Das bedeutet für uns natürlich, sofort die Vorderpfoten unter die Hinterpfoten zu nehmen und hinter ihrem Auto herzurennen. Und gegen den lahmen Käfer unseres Frauchens gewinnen wir immer und springen dann auf, mit fliegenden Ohren und hechelnder Zunge.

Auf dem Weg nach Hause lesen wir dann noch die Kinder auf, die uns sogleich in die Ecke der Rückbank quetschen und laut auf Frauchen einreden. Mal sind sie schrecklich hektisch, mal sind sie verdächtig ruhig. In jedem Fall jedoch höre ich zwei Worte heraus: müde und Hunger. Na die haben gut reden! Wenn die wüßten, was wir am Vormittag alles um die Ohren hatten. Nur, wir können uns Müdigkeit nicht leisten.

Während sie noch zu Mittag essen und unaufhörlich ohne Punkt und Komma erzählen, gönnen wir uns endlich das wohlverdiente Mittagsschläfchen. Doch lange dauert die Ruhe nicht, denn dann heißt es wieder Patienten empfangen. Nachmittags kommen Kinder zu Frauchen, mit denen wir uns blendend verstehen. Außerdem sind sie viel lebhafter als die Vormittagsgäste, durch sie kommt richtig Leben in die Bude. Schade, daß sie so bald wieder weg sind.

Dafür ertönen aber endlich eine wohlbekannte Autohupe und ein wohlbekanntes Motorengeräusch: Herrchen kommt! Wenn er aus der Klinik kommt, verbreitet er immer einen unangenehmen Tierarztgeruch. Er tut mir richtig leid, daß er in diesem Gestank den ganzen Tag über Knochen und Brötchen für unser Rudel verdienen muß. Wir bereiten ihm deshalb auch dankbar einen »großen Bahnhof«, heulen wie die Wölfe und lassen nicht eher von ihm ab, bis Frauchen im Hintergrund protestiert: »Ich bin aber auch noch da!« Sie weiß wohl nicht, daß wir Herrchen erzählen müssen, wie wir die Stellung während seiner Abwesenheit gehalten und ihn vermißt haben. Und Herrchen streichelt uns anerkennend dafür. Beim anschließenden Kaffeestündchen kommt Frauchen dann aber auch ausführlich zu Wort. Wir verdrücken uns schnell, um endlich eine Mütze voll Schlaf zu bekommen.

Aber weit gefehlt – die Unruhe im Haus hält uns weiterhin wach. Erst kommen und gehen die Kinder, dann läutet das Telefon, dann ist noch irgendein Störenfried an der Haustür, und immer müssen wir nach dem Rechten sehen. Wer weiß, was sonst passiert!

Zum Beispiel verfolgen wir mit Vergnügen, wie Herrchen dauernd etwas suchen muß: seine Brille, seine Schuhe und seine Bücher. Frauchen sucht dafür nach ihrem Portemonnaie und ihren Papieren. Beim Suchen werden sie dann immer nervös. Herrchen beschimpft sich leise selbst, Frauchen wird hektisch. Zuletzt suchen sie beide zusammen, wobei der eine auf den anderen beruhigend einzuwirken sucht. Ich und Tobias finden das immer lustig. Wir liegen dann nebeneinander auf dem Bauch und verfolgen die Aufregung der beiden. Wir riechen ja, wo das Gesuchte liegt. Wir könnten es ihnen zeigen – aber warum?

Wenn wir es riechen, ist es ja noch da, und sie finden es auch irgendwann. Im Notfall würden wir durch aufgeregtes Kläffen auf etwas hinweisen. Zum Beispiel wenn Herrchen von der Leiter gefallen wäre und Frauchen ihn finden müßte. Über die normale Sucherei freuen wir uns jedoch, weil die Herrchen so lange nicht fortgehen und uns allein lassen können.

Bald ist dann Fernsehzeit. Die Tagesschau erkennen wir an ihrer Melodie. Wenn dann das Klicken ertönt, ist es schon wieder aus mit der Ruhe. Jetzt rüsten sogar mehrere Leute aus dem Rudel zum dritten Auslauf. Die Zusammenstellung unserer Begleitung variiert ständig, doch von allen kommt die stereotype Frage: Wo wollen wir denn hin? Mir scheint, die wollen nur unser fröhliches Gekläffe hören.

Der abendliche Kontrollgang durch den Stadtpark ist meistens ausgesprochen lustig und überaus wichtig, weil dann viele Hunde ihre Herrchen ausführen, die den ganzen Tag wenig frische Luft und zuwenig Bewegung hatten. Dann kann es passieren, daß wir mit vier, fünf oder sechs Artgenossen auf der großen Wiese herumtoben, während die dazugehörigen Frauchen und Herrchen sich die Zeit mit einem Plausch vertreiben. Das scheint ihnen ausgesprochen zu gefallen. Ich glaube, auf diese Weise haben wir Hunde ihnen schon eine Menge Kontakte verschafft. Und gleichzeitig tun wir auch noch etwas für ihre Körperertüchtigung.

Nach dem Abendgang entscheidet sich, ob der Abend für uns schön wird oder nicht. Er wird ganz mies, wenn sich unsere Herrschaft feinmacht. Das sind untrügliche Anzeichen dafür, daß uns ein einsamer Abend auf der Treppe bevorsteht. Sie wollen ausgehen – ohne uns natürlich. Noch ein paar tröstende Worte: Wir kommen bald wieder, paßt gut auf, und weg sind sie.

Für uns bedeutet das, daß wir, mit der Nase an das Treppenfenster gepreßt, stundenlang auf ihre Heimkehr warten müssen.

Wie ich diese Abende hasse!

Ängstlich und voller Sorge denke ich daran, ob sie wiederkommen oder nicht. Auf jeden Fall müssen wir unser Haus bewachen, ständig aufmerksam bleiben, fremde Hunde und Menschen durch lautes Knurren oder aufgeregtes Knurrbellen davor warnen, unser Revier zu betreten.

Als erfahrene Hündin weiß ich genau, was ein Grund zum Lautgeben ist und was nicht. Wenn ich belle oder knurre, bellt Tobias automatisch mit, weil er weiß, daß er sich auf meine Erfahrung und Urteilskraft verlassen kann. Wenn aber Tobias mal von sich aus zu bellen beginnt, muß ich erst einmal prüfen, ob er berechtigten Krach macht. Wenn ja, schließe ich mich seinem Bellen und Knurren an. Wenn er aber mal wieder »Flöhe hat husten hören«, was ich mit einem Blick aus unserem Fenster und einem Schniefer durch meine

Nase rieche, wende ich mich lässig und ostentativ ab, lege mich hin und tu' so, als ob ich schlafe. Ja, Tobias hat noch zu lernen, Wichtiges von Unwichtigem zu unterscheiden. Das braucht Zeit, wie bei den Menschen.

Endlich höre ich das Motorengeräusch, dann die Stimmen von Frauchen und Herrchen wieder vor der Haustür, und die Begrüßung fällt natürlich überschwenglich aus. Wir stehen in der Diele mit hocherhobenen Köpfen und heulen wieder wie Wölfe, denn die beiden sollen ruhig merken, wie einsam und verlassen wir uns gefühlt haben, was sie uns zugemutet haben. Nun ist aber alles wieder im Lot.

Am schönsten wird der Abend, wenn die Parole ertönt: Kommt, wir gehen nach oben! Dann stürmen wir ihnen voraus ins obere Wohnzimmer.

Ganz gleich, was sie tun: Wir können uns dann endlich zusammenrollen und den wohlverdienten Schlaf in unserem Rudel genießen.

Endlich herrscht Ruhe in diesem Haus – für wenige Stunden nur, und dann geht der Streß wieder los: Die Zeitungsfrau, Herrchen und Frauchen wecken usw. usw. – wie gehabt.

Aber bevor Frauchen und Herrchen ins Bett gehen, streicheln sie uns zum Abschied. Wir bleiben an unseren Schlafplätzen liegen und lecken sie dankbar. Dann wünschen sie uns eine gute Nacht. Die haben wir dann aber auch nötig!

Kapitel 10
Aber Nichtalltägliches gibt es auch

Hundeverhalten in fremder Umgebung, bei ungewohnten Ereignissen im Revier und bei Krankheiten sowie der Markierungsdrang von Rüden

Neben all der Pflichterfüllung gibt es auch besondere Erlebnisse in unserem Hundedasein. Dazu gehören vor allem die Wochenenden und Urlaubstage, an denen wir oft mit Frauchen und Herrchen in andere Reviere fahren. Dort können wir dann unbeschwert Neues und Schönes erforschen und erschnuppern, während uns in unserem Stadtparkrevier oder gar unserem Garten doch eher die Pflicht in Anspruch nimmt. Da kennen wir inzwischen ja jeden Baum, jeden Halm und jeden Geruch. Etwas langweilig!

Tobias und ich haben in der Nähe unserer Heimatstadt Lieblingsplätze fürs Wochenende: Dort werden wir aber nur von der Leine gelassen, wenn wir kein Wild aufstöbern können.

Es tut unglaublich gut, einfach zu rennen: hierhin, dorthin, dann durch einen Bach, bis wir vor Müdigkeit flachliegen. Die Krönung dieses Lustgefühls ist, wenn wir zufällig eine gut duftende Stelle entdecken, die zum Wälzen einlädt.

Regelmäßig findet danach eine recht hektische Heimfahrt statt, und es ertönt der bekannte Schrei nach der Dusche. Begreifen unsere Herrchen denn nie den Unterschied zwischen Duft und Gestank?

Beim Thema Urlaub fallen mir tolle Erlebnisse ein. Da sind zunächst einmal die Urlaubstage in unserer Kate in Schleswig-Holstein, unserem zweiten Revier, das wir sehr lieben.

Nähern wir uns diesem Ort, werden wir schon im Auto durch die typischen Gerüche geweckt, sollten wir während der langen Fahrt im Auto mal eingeschlummert sein. Plötzlich erreicht uns aus dem Lüftungsschlitz der Geruch von Wiesen, Feldern, Weiden, Kuhmist und Getreide.

Daß wir bald in unserer Kate sind, merken wir schon, wenn wir etwa acht Kilometer vorher durch Bordesholm fahren. Dann jaulen wir auf und springen laut kläffend durch das Auto, so daß eine Verständigung zwischen Frauchen und Herrchen kaum noch möglich ist. Wenn wir dann endlich in dem alten Bauernhaus ankommen, sind wir zwar durstig und müde, aber die aufregenden Gerüche nach Mäusen und anderem Kleingetier im Haus machen uns wieder munter.

Am schönsten ist es jedoch außerhalb des Hauses, wo Katzen, Enten, Hühner und Gänse unmittelbar vor unserer Nase herumlaufen. So habe ich mir immer das Paradies für Hunde vorgestellt. Aber wie das menschliche Paradies, so hat auch dieses einen kleinen Pferdefuß: Man darf nicht alles erhaschen, was da kreucht und fleucht. Darüber wachen die anwohnenden Bauern mit Argusaugen und erwarten gar von Frauchen und Herrchen, daß sie uns an so eine widerliche Kette legen, wie sie es hier mit den Hunden auf ihren Höfen oft tun.

»Hund ist Hund«, sagen sie, »und der gehört an die Kette!« Um guten Willen zu demonstrieren, wurden auch zwei solcher Folterwerkzeuge angeschafft und zur Abschreckung hingelegt – festgemacht wurden wir jedoch nur gelegentlich, und das rechnen wir unserer Herrschaft hoch an. Statt dessen scheuchen sie uns täglich stundenlang durch die Felder, und ich muß ehrlich gestehen, daß uns die Hasenverfolgungsspiele so viel Kraft kosten, daß wir froh sind, danach schlafen oder dösen zu dürfen.

Einmal jedoch, im jugendlichen Alter von zwei Jahren, packte mich am Entenpfuhl des Nachbarbauern Timm derart das Jagdfieber, daß ich das schnatternde Federvieh durcheinanderscheuchte, immer rund und kreuz und quer über den Teich – es war ein Heidenspaß für mich.

Nicht so für zwei Enten. Sie waren wohl so geschockt, daß sie tot umfielen, aus lauter Angst, ohne daß ich sie etwa gezwickt oder gebissen hätte. Blitzartig wurde mir klar, daß hier der Spaß aufgehört hatte. Mit eingekniffenem Schwanz und hängenden Ohren schlich ich still nach Hause. Ich warf mich in großer Demut vor Frauchen und Herrchen auf den Rücken. Ahnungslos trösteten sie mich und standen ratlos um mich Häufchen Elend herum.

Aber nicht lange, denn schon nahte Bauer Timm mit feierlich ernster Miene, in jeder Hand eine schlaffe Ente – wie auf einem Grabgang, und nachdem er berichtet hatte, sahen Frauchen und Herrchen genauso aus wie ich. Prügel gab es zwar nicht, aber die vorwurfsvollen Blicke reichten. Zum Glück zückte Herrchen seine Geldbörse, und schon hellte sich die Miene von Nachbar Timm wieder auf – oder lag es an dem Köm, mit dem sie sich zuprosteten? Zum Entenpfuhl bin ich nie wieder geschlichen – ehrlich, beim Lieblingsknochen meiner Großmutter!

Sonst habe ich nur gute Erinnerungen an jene Tage im Norden, zumal unser Rudel dort den ganzen Tag zusammenbleibt und Frauchen und Herrchen nicht die kostbare Zeit mit Arbeit vergeuden. Besondere Abwechslung in unserem Alltag bringen Besuche von Bekannten und Freunden von Frauchen und Herrchen, die auch längst unsere Freunde geworden sind. Wir dürfen, wenn Frauchen und Herrchen sie besuchen, immer mit. Darum begrüßen wir sie stürmisch, und sie kraulen uns voller Ausdauer.

Manchmal wird es bei Besuchen sehr lustig, besonders wenn Onkel Günter Musik macht und wir mitheulen dürfen. Er bringt gern selbstgemachte Gedichte mit und rezitiert sie dann mit Begeisterung. Zu Frauchens Geburtstag hat er sogar einige Verse verfaßt, die auch Tobias und mich besingen.

Wenn bei uns zwei Hunde bellen,
kommt bestimmt auch bald die Ellen.
Und wie eine gute Fee
pellt sie sich aus dem VW.
Aber ihre schnellen Hunde
machen längst bei uns die Runde,
und sie scheinen, wenn sie wühlen,

sich bei uns sauwohl zu fühlen.
Wenn sie an des Hauses Winkeln
hin und wieder auch mal pinkeln,
will ich meinen Groll begraben,
weil sie keinen Stammbaum haben.
Und die Ellen geht auch bald
mit den Hunden in den Wald,
denn da können sie gut laufen,
deponieren große Haufen,
tun in Büschen sich verstecken,
um die Jogger zu erschrecken.
Aber Ellen denkt sich immer,
andere Hunde sind viel schlimmer!
Und wir wollen ihr den Glauben
daran ganz gewiß nicht rauben.
Drum sag' ich in dieser Runde,
hoch soll'n sie leben, diese Hunde!
Ach, was kann es Schön'res geben
als ein echtes Hundeleben?

Kommen andere Rüden zu uns oder besuchen wir mit Tobias Rüden, kann es turbulent werden.

Sie entwickeln dann manchmal einen starken Markierungsdrang, der die Frauchen und Herrchen in eine peinliche Situation bringen kann, wie wir es einmal erleben mußten, als wir Berni, den Bruder von Tobias, in der Eifel besuchten. Wir hatten uns alle sehr auf diesen Besuch gefreut, und so fuhren wir mit Kind und Kegel los.

Als wir in der Eifel ankamen, kannte ich meinen dicken, schwarzen Welpen mit den braunen Flecken kaum wieder. Unterwegs hatten die Kinder schon überlegt, ob er wohl immer noch so quadratisch aussieht.

In seinem Revier angekommen, sprang uns jedoch kein Mops entgegen, sondern ein hoher, schlanker Rüde, der keine Ähnlichkeit mehr mit meinem zweiten Sohn zu haben schien.

Offensichtlich hatte er keine Erinnerung mehr an mich und Tobias, denn er fing sofort an, sein Revier mit Duftmarken zu umgeben und gegen uns abzugrenzen. An jeder Ecke des Wohnzimmers, an jedem Stuhl und Sesselbein und an jeder Tisch- und Schrankkante hob er ein Bein. Das wiederum fand Tobias als sein älterer Bruder nicht in Ordnung. Um von den Düften seines nachgeborenen Bruders nicht völlig eingehüllt zu werden, hob auch er sein Bein, um mit Nachdruck seine eigene Duftmarke überall in der Wohnung über die seines Bruders zu spritzen. So ging es munter weiter, die Düfte wurden unbeschreiblich, wie man sich wohl gut vorstellen kann. Kein Schimpfen konnte die beiden bremsen. Wir mußten unseren Besuch im Freien fortsetzen. Ich persönlich konnte mich über das Imponiergehabe dieser jungen Männer nur wundern.

»Zum Glück«, meinte Frauchen, »sind die Methoden unserer menschlichen Männerwelt etwas subtiler!«

Seit diesem Erlebnis mit Tobias besuchen wir tunlichst keine anderen Rüden mehr. Wir fragen gelegentlich lieber telefonisch nach dem Gedeihen von Julchens anderen Kindern.

Zu unseren aufregenden Erlebnissen gehören auch die Silvesterfeiern. Aus einem gepflegten Nickerchen wurde nicht viel, weil draußen jeden Augenblick etwas explodierte. Der Krach nervte uns beide enorm, und wir machten unserem Ärger durch andauerndes Kläffen Luft.

Mitten in der Nacht wurde die schreckliche Knallerei unerträglich laut. An Schlaf war nicht mehr zu denken, denn nun rannte die ganze Familie auch noch auf die Straße, um nach dem Rechten zu sehen. Wir natürlich mit, und schon waren wir umgeben von bunten Blitzen und lautem Geknalle. Das war dann doch des Guten zuviel. Wütend jagten wir auf jeden Knaller zu, um ihn zu beißen. Wenn er aber vor unseren Augen laut in den Himmel zischte, schauten wir fassungslos hinterher. »So eine Frechheit!«

Wir hatten Mühe, sie zurückzuhalten, wenn ein Knaller über die Straße sprang, und wunderten uns sehr, daß sie keinerlei Angst hatten wie viele ihrer Artgenossen, sondern mutig unser Revier und unsere Nachtruhe vor den Knallern bellend verteidigt hatten.

Damit bewiesen unsere Hunde ihren ererbten Wachhundinstinkt.

Zu den weniger schönen Erlebnissen gehört zweifellos der Tierarztbesuch. Schon der penetrante Geruch dort nervt mich ungemein. Glücklicherweise sind wir immer schnell fertig. Ein Pieks, und schon zerren wir Frauchen ins Freie, als sei der Leibhaftige hinter uns her. Sie nennen das verharmlosend »impfen«. Glücklicherweise sind Tobias und ich ganz unanständig gesunde Hunde. Viele unserer Freunde aus dem Stadtpark müssen oft zum Tierarzt gebracht werden: wegen der Leber, des Herzens, der Hüfte, der Nieren, wegen der Durchfälle und Neurosen. Beim Herumjagen zog ich mir eine vier Zentimeter lange und zwei Zentimeter breite tiefklaffende Fleischwunde am Schenkel zu. Der Tierdoktor nähte mir die Wunde. Das fand ich nicht gut, und schnell entfernte ich die Fäden mit meiner Schnauze. Wieder wurde genäht, dazu bekam ich einen ekelhaften Lampenschirm um den Kopf, mit dem ich kaum sehen konnte und überall anstieß. Das war die reinste Tierquälerei. Ich schaffte es trotzdem, die Nähte wieder zu zerbeißen. Dazu hatte Herrchen mir auch noch so einen Schmier aufgetragen, den er Antibiotika-Salbe nannte.

Herrchen ist nämlich im Gegensatz zu mir von der Wirkung bestimmter Medikamente überzeugt. Wenn ich heiß werde, bekomme ich mit viel List bittere Pillen in den Schlund geschoben. Noch schlimmer schmeckt so eine Paste, mit der sie mich entwurmen wollen. Ich kann dazu nur sagen: Pfui Teufel! Ist es nicht empörend, wie die Menschen uns Hunden ins Handwerk zu pfuschen suchen!

Jedenfalls, nachdem mich der Tierarzt zweimal vergebens genäht hatte, gaben Frauchen und Herrchen auf und erhielten eine Lehrstunde: Ich und Tobias leckten abwechselnd die tiefe Wunde. Herrchen mußte bewundernd zugeben, daß er noch nie im Leben eine so schnelle Wundheilung gesehen hatte.

Als Julchen viel später die Totaloperation hatte, konnte ich die Fäden bereits nach vier Tagen ziehen. Schon am achten Tag nach dieser Operation jagte Julchen, als ob nichts geschehen wäre, einem Hasen nach. Sie war wieder fit und die Operation längst vergessen: Mensch, Hund müßte man sein! Schnelles Gesundwerden ist wie bei Menschen oft auch bei Hunden eine Vertrauenssache. Eine freie Arztwahl wie Menschen haben Hunde normalerweise nicht. Da sind wir in einer glücklichen Lage. Wenn uns ein Ohr weh tut, wir uns einen Dorn eingetreten oder uns verletzt haben, lassen wir uns lieber von unserem Herrchen als von einem Tierarzt behandeln, auch wenn er nur Internist ist. Wenn dann die Tropfen im Ohr sind, die Blutung zum Stillstand gekommen oder der Dorn entfernt worden ist, lecken wir Herrchen dankbar die Hand. Er ist eben unser guter alter Hausarzt, der uns kennt und liebt.

Wenn uns Zecken plagen, rennen wir zu Frauchen, die sie blitzschnell und meisterhaft durch eine kurze Drehbewegung entfernen kann. Toll, wie sie das macht.

Herrchen verordnet uns immer gern Medikamente, die auch die Menschen bekommen, nur in kleineren Dosen. Er weiß aber auch, welche Medikamente wir Hunde nicht gut vertragen. Es gibt Unterschiede bei Tier und Mensch, die man kennen muß, sonst kann es gefährlich werden. So wirken etwa Narkosemittel bei uns mitunter außergewöhnlich lang.

Als Tobias mal eine Getreidegranne im Trommelfell sitzen hatte, die ihn sehr plagte, gingen Frauchen und Herrchen mit ihm in der Nähe unserer Kate zu einem Tierarzt, der sonst wohl nur Pferde und Kühe behandelt. Selbst Frauchen und Herrchen konnten Tobias bei der Entfernung der Granne nicht ruhighalten. Also bekam Tobias für den kleinen Eingriff eine Beruhigungsspritze und schlief danach vierzehn Stunden wie ein Toter. Tobias ist wohl mit einem Pony verwechselt worden. Glücklicherweise verfügt er über eine Pferdenatur.

Zweimal gab es bei der Rückkehr von einem unserer Ausflüge eine entsetzliche Aufregung für uns beide. Sowohl im ersten Revier, in dem ich noch ohne Tobias lebte, als auch im neuen Revier rochen wir im Nachbarhaus Menschen, die nicht dahin gehörten. Wir ließen uns auch von Frauchen und Herrchen nicht davon abhalten, mit gesträubtem Fell, gefletschten Zähnen und scharfem Knurrbellen an den Haustüren der Nachbarn zu schnuppern. In beiden Fällen hatten wir die Fremden sofort bemerkt. Nur hatten wir uns umsonst aufgeregt, weil die Hausbesitzer verreist waren und Freunde die Aufsicht des Hauses übernommen hatten.

Am Samstag vor dem ersten Advent rochen wir bei der Heimkehr in unser Revier unter dem Haustürschlitz ganz eigenartige Gerüche. Wir regten uns darüber schrecklich auf und machten ein unglaubliches Theater, schon bevor Frauchen geöffnet hatte. Dieses Mal war unsere Aufregung berechtigt. In unser Haus war eingebrochen, alles war durchwühlt und vieles gestohlen worden. Daß wir dann die herbeigerufenen Polizisten nicht wohlwollend begrüßten und unser Herrchen uns trotz aller Beschwichtigungsversuche nicht beruhigen konnte und deshalb festmachen mußte, dürfte wohl jedem einfühlsamen Hund und Menschen verständlich sein. Kaum sind wir einmal weg, schon passiert etwas.

So wie der Postbote und die Zeitungsfrau uns täglich ärgern, weil sie ohne Erlaubnis unser Grundstück betreten, so ärgerten wir einen Hundekollegen, vor dessen Haustür wir immer parkten, um spazierenzugehen. Jedesmal wenn Frauchen die Autotür öffnete, stürzten wir durch den Vorgarten auf diese Haustür zu, hinter der sich dieser Kollege tierisch aufregte. Das machte uns einen Heidenspaß.

Eines Morgens nun passierte etwas Schreckliches: Die Haustür stand offen, als wir wie immer den Kollegen reizen wollten. Plötzlich stürzte ein Schäferhund, fast doppelt so groß wie wir, hinter uns her. Wir flüchteten panisch in den Wald, der Kollege böse bellend uns nach. Er erwischte Tobias, der sich demütig von ihm unterwerfen ließ, und lief dann, glücklicherweise ohne daß etwas passiert war, in sein Revier zurück.

Von Stund an schritten wir, wohlerzogen wie Klosterschüler, still und höflich an dem fremden Haus vorbei, ohne es eines Blickes zu würdigen.

Von einem anderen schrecklichen Erlebnis muß ich auch unbedingt erzählen. Eines Mittags dachte ich, mich tritt ein Pferd, und zwar im wahrsten Sinne des Wortes, und das kam so:

Es schellte Sturm an der Haustür, und wie üblich rasten wir alle dorthin. Frauchen riß die Tür auf, und ich prallte erschrocken zurück: Vor mir stand ein Pferd!

Anke, eines unserer ungezogenen Kinder, über die ich mich schon so oft aufregen mußte, stand lachend daneben und hielt es am Zügel.

Ich war außer mir ob dieser Frechheit, ein so großes Tier einfach in unser Revier zu holen. Der Schreck fuhr mir so in die Knochen, daß ich zuerst gar nicht wußte, ob ich schimpfen oder ausreißen sollte. Da hatte sich dieses unmögliche Kind doch tatsächlich erdreistet, das Riesentier bis zu unserem Revier zu reiten, obwohl sie wußte, daß ich schon immer eine Heidenangst gehabt hatte, wenn mich eines dieser Tiere auf der Wiese verfolgte. Immerhin hatte mir das kurzbeinige, dicke Pony Zorro einmal einen Huftritt verpaßt, den ich nie verwunden habe.

Seitdem reicht schon der Pferdegeruch aus, um mich in die Flucht zu schlagen.

Mein erster Impuls war: weg hier!

Von einem sicheren Versteck aus verfolgte ich den Gang der Dinge. Falls das Untier ins Haus käme, wäre ich hinter dem Sessel sicher. Es tat sich aber nichts. Statt dessen hörte ich bald Stimmen im Garten. Sollten sie es gewagt haben, unseren Garten zu betreten? Sie hatten! Mit einem wütenden Kläffen stürzte ich die Gartentreppe hinunter, schreckte aber auf halber Treppe zurück, denn das Ungetüm von Tier kam direkt auf mich zu. Ich nahm die Hinterpfoten unter die Vorderpfoten und raste zurück ins Haus, nichts wie hinter meinen Sessel.

Das ging so etliche Male hin und her, und meine Aufregung steigerte sich. Ich verstand Frauchen nicht. Sie hätte doch das ungeratene Kind mitsamt dem Untier aus unserem Revier scheuchen müssen. Sollte es etwa jetzt hierbleiben? Wo sollten ich und Tobias dann hin? Das Pferd würde ja das ganze Wohnzimmer einnehmen. Wo sollten ich und Tobias ungestört schlafen und fressen? Mit dem herrlichen Revier für uns beide ist es wohl zu Ende, dachte ich.

Wollte jetzt das Pferd morgens auch beim Wecken vor dem Schlafzimmer wachen, um dann mit einem Satz in Frauchens Bett zu springen? Für Tobias und mich wäre dann gar kein Platz mehr. Wußten die Zweibeiner denn nicht, was sie uns mit dem Pferd im Revier antaten? Indessen amüsierten sich alle zweibeinigen Rudelmitglieder königlich auf meine Kosten. Tobias lief ein wenig ratlos umher und verstand die Welt nicht mehr. Er sah das alles gelassener als ich, er schien die Folgen nicht zu übersehen. Schließlich hatte er ja auch noch nie Bekanntschaft mit einem Pferdehuf gemacht. Der einzige, der mich schließlich verstand, war Herrchen, und zwar als das Untier quer durch seine Blumenbeete latschte. Als es dann auch noch einen beachtlichen Haufen auf den Rasen kötelte, war das Maß voll. Anke nahm ihr Riesentier am Zügel und machte sich hoch zu Roß fort.

Solange ich noch das Klappern der Hufe auf dem Asphalt hörte, schickte ich wilde Beschimpfungen hinterher: Wag es bloß nicht, noch einmal in unser Revier einzudringen, dann ... dann ... jawohl ... dann ...!

Ich bin selten so wütend, daß es mir die Sprache verschlägt. Frauchen sollte endlich ihre Welpen besser erziehen. Die wissen ja nicht einmal, wer ins Revier gehört und wer nicht. Nein, so was, unglaublich!

Kapitel 11
Da kann man auch mal komisch werden

Rückfall erwachsener Menschen und Hunde in frühkindliche Entwicklungsphasen während Krisensituationen und der Vergleich der Entwicklungsphasen von Kind und Welpe nach unterschiedlichen Fachnomenklaturen

Das allerschlimmste ist aber, von Frauchen und Herrchen über Tage oder gar Wochen allein gelassen zu werden. Urlaub nennen sie das. Darum geraten wir ja immer schon in Panik, wenn sie die Koffer vom Speicher holen und mit ihren Kleidern vollstopfen. Dann flehen wir sie inständig mit unseren Blicken an: Bitte, bitte, nehmt uns mit! Ihr dürft uns nicht allein lassen!

Einmal gab es wohl keine andere Lösung, als Tobias und mich auch noch zu trennen und bei lieben Bekannten unterzubringen. Rein äußerlich fehlte es uns an nichts. Alle gaben sich redliche Mühe mit uns. Aber je länger die Trennung von unserem Rudel dauerte, desto mutloser wurde ich. In der zweiten Woche mochte ich nicht einmal mehr fressen, und vorsichtshalber bezog ich schon mehrere Tage vor der Rückkehr von Frauchen und Herrchen Stellung an der Haustür. Ich wußte: Dort würden sie hereinkommen, um mich zu holen. Und richtig: Eines Abends hörte ich ihr Auto und sie dann leise »Julchen« rufen, und die Welt war wieder für mich in Ordnung.

Tobias hatte in der Zwischenzeit bei den fremden Leuten tatsächlich wieder angefangen, Teppiche, Kissen, Möbel und Schuhe anzunagen. Das hatte er seit seiner Welpenzeit nicht mehr getan.

Wir suchten Erklärungen für Julchens Futterverweigerung und das kindliche Verhalten von Tobias. Und wir meinen, sie im »Reliktverhalten« und in der »Regression«, im Rückfall in eine frühkindliche Entwicklungsphase, gefunden zu haben.

Damit lassen sich jedenfalls viele merkwürdige Verhaltensweisen von Menschen erklären wie Eß- und Magersucht, Freude an Zoten an Stammtischen, Muttersöhnchenverhalten von erwachsenen Männern oder Kleinmädchenverhalten von erwachsenen Ehefrauen ihren Ehepartnern gegenüber, Wehleidigkeit von Männern, wenn sie krank sind und wie kleine Kinder, fast in Kindersprache, die Fürsorge und die Mutterinstinkte ihrer Frauen zu wecken suchen. Darum bleiben auch manche erwachsenen Männer lieber bei ihrer »Mami« oder sind weiterhin trotz Heirat immer mehr der Sohn als der Ehemann und schaffen sich damit verständlicherweise oft Eheprobleme.

Diese Regression läßt sich dadurch erklären, daß für eine normale seelische Entwicklung von Menschen und wohl auch Hunden bestimmte Entwicklungsphasen störungsfrei durchlaufen, bewältigt und abgeschlossen werden müssen. Verlaufen diese Phasen nicht störungsfrei, können sie nicht abgeschlossen werden. Darum zeigen Menschen und Tiere auch als Erwachsene noch eigenartige Reaktionen, wenn sie in frühkindlichen Verhaltensformen steckengeblieben sind oder in Krisensituationen in frühkindliche Verhaltensmuster zurückfallen.

Symbolisch wird jedes Baby in einem Hochhaus im untersten von drei Kellergeschossen geboren.

In der ersten, der vegetativen, Phase schlafen oder saugen Hundebabys vorwiegend.

So wird die erste Trieb- und Lustbefriedigung durch das Saugen und über die Schnauze gefunden. Welpen und Babys müssen lernen, was sie essen können und was nicht. Darum müssen sie an allem herumknabbern, an ihren Körperteilen, an den Körperteilen ihrer Geschwister, ihrer Mütter und Väter oder Rudelführer, an Stühlen, Tischen und Teppichen. Diese erste Entwicklungsphase findet sozusagen im untersten der drei Kellergeschosse statt und wird von Psychoanalytikern als »orale Phase« bezeichnet. Sie entspricht nach unserer Erkenntnis der von den Verhaltensforschern so genannten »vegetativen Phase« und »Übergangsphase«.

Normal verläuft diese orale Phase, wenn die Babys immer genug zu essen bekommen und auch nicht am Herumknabbern und damit am Erleben der Welt gehindert werden. Wenn die Bedürfnisse nicht ausreichend befriedigt werden, kann diese Phase nicht ordnungsgemäß abgeschlossen werden, und deshalb behalten sie oft lebenslang entsprechende Verhaltensstörungen. Jule zum Beispiel verteidigt ihre Knochen wütend, in der panischen Angst, daß ihr jemand etwas wegnehmen könnte. Menschen wiederum essen vielleicht zuviel und werden möglicherweise fettsüchtig, pflegen intensiv bestimmte Eßgewohnheiten oder verweigern das Essen und werden magersüchtig. Viele junge Mädchen ernähren sich heute einseitig, zum Beispiel mit Körnerdiät, obwohl sie bei bester Gesundheit sind.

Nach der oralen (bzw. vegetativen und Übergangsphase) sollten die Welpen und Kleinkinder normalerweise in die »anale Phase«, wie Psychoanalytiker sie nennen, kommen, die der »Prägephase« der Verhaltensforschung weitgehend entsprechen dürfte. Bei unseren Welpen zeigte sich das so:

Am 21. Tag begannen sie, ihr Lager zu verlassen und ihre Ausscheidungen bewußt neben das Lager zu legen. Sie hielten ihr kleines Revier nun schon sauber. Damit gelangten sie bereits in den Mittelkeller ihrer Entwicklung. Als sie ihre Streifzüge durch das Revier ausdehnen konnten, versuchten sie, ihre Ausscheidungen immer weiter von ihrem Lager, also an den Rand des Reviers und schließlich auch in den Garten zu legen, um ihr Revier sauberzuhalten.

In dieser analen bzw. Prägephase müssen die kleinen Wesen viel lernen: die Kontrolle ihrer Ausscheidungsorgane, die Reinlichkeit und Ordnung, das Geben und Nehmen, das Kennenlernen fremder Artgenossen und das Wiedererkennen an den Duftdrüsen und den Ausscheidungen.

Das geschieht im besten Fall ganz ohne Zwang. Menschliche

Kinder durchlaufen darüber hinaus zum Entsetzen ihrer Eltern eine Zeit, in der sie praktisch und verbal mit ihren Ausscheidungen und entsprechenden Kraftausdrücken nerven. Werden die kleinen Wesen aber durch überpenible, prüde und zu strenge Eltern an dieser Entwicklung und Verarbeitung gehindert und damit überfordert, kann diese Phase nicht abgeschlossen werden. Es bleibt dann bei diesen Menschen eine neurotische Fixierung auf Verdauung, Putzen oder Reinlichkeit zurück, oder diese Kinder zeigen als Gegenreaktion Schlampigkeit und vielleicht auch Freude an Zoten.

Mit dem Eintritt in die von den Verhaltensforschern so bezeichnete »Sozialisierungsphase« öffnet sich für die Kleinen im übertragenen Sinn das oberste Kellergeschoß, das mit der »ödipalen Phase« der Psychoanalyse inhaltlich identisch zu sein scheint. Wie wir später noch beschreiben werden, beginnt diese Phase bei den Hunden mit der freudigen Begrüßung bestimmter Familienmitglieder und mit einer kurzzeitigen »Fremdelphase« um den 50. Lebenstag, die bisher nur den Pädagogen als Achtmonatsfremdeln der menschlichen Kinder bekannt zu sein scheint. Diese Fremdelphase äußert sich durch eine ängstliche Reaktion gegenüber nicht vertrauten Personen und Tieren.

In dieser seelischen Entwicklungsstufe lernen Kinder und Welpen nicht nur den Umgang mit ihren Geschwistern, Eltern, Herrchen, Frauchen und anderen Wesen sowie ihre soziale Bindungsfähigkeit. In dieser ödipalen Phase muß auch Sexualität erkannt und als natürlich begriffen werden. Die Kleinen wollen dann plötzlich nicht mehr gepflegt, sondern auch persönlich anerkannt werden. Sie müssen aber auch lernen, daß die Mutter nicht nur ihnen allein, sondern auch den anderen Geschwistern und dem Vater gehört. Dabei entwickelt sich zunächst eine besondere Eifersucht anderen Bezugspersonen gegenüber. Die Jungen suchen dann besonders die Anerkennung der Mutter, wie das Tobias bei Julchen tat, die Mädchen die des Vaters.

Diese positive Bindung der Kleinen an den gegengeschlechtli-
chen Elternteil enthält eine sexuelle Komponente, die naturgemäß enttäuscht wird. Daraus entwickelt sich eine fast nei-
dische, aber auch eifersüchtige Bewunderung des Vaters oder
der Mutter.

Wird dieser Konflikt nicht ausgetragen, gibt die Mutter den
Kleinen nicht die notwendige Liebe, Fürsorge und Anerkennung, weil sie für die Kinder zu »cool« ist, oder bevorzugt
oder übersorgt sie ihre Kinder zum Nachteil des Vaters oder
der Geschwister, kann ein natürliches soziales Gleichgewicht
und eine soziale Einordnung nur schwer gefunden werden.
Folgen können krankhafte Eifersucht, Besitzanspruch an eine
Person oder die Unfähigkeit sein, als Erwachsener einen Partner zu finden oder ohne Rückgriff auf die Eltern einen eigenen Lebensstil gemeinsam mit einem Partner zu entwickeln.
Nach normalem Abschluß dieser drei (bzw. vier) für die seelische Entwicklung und »Prägung« entscheidenden frühkindlichen Entwicklungsphasen und der Pubertät kann ein Kind
oder Welpe dann endlich in eine eigene Wohnung – zuerst in
den unteren Stockwerken des Lebenshauses – einziehen und
bei entsprechender Wesensstärke und Entwicklung von Vernunft und Weisheit sogar die oberste Etage des Hauses als
seelische Wohnstatt erreichen.

Da könnten dann alle friedlich in dem einmal erreichten
Stockwerk wohnen. Aber das Leben bringt oft Probleme wie
Krankheiten oder berufliche, familiäre, finanzielle, partner-
schaftliche Konflikte mit sich. Sind diese nicht lösbar, steigt
man plötzlich in den Fahrstuhl seines Lebenshochhauses und
saust ganz schnell in einen der drei unteren Keller, um sich
dort vor der Wirklichkeit zu verstecken.

Darum verhielten sich unsere Hunde in einer Krisensituation
wieder wie zu Zeiten ihrer oralen Phase bzw. vegetativen
und Übergangsphase. Tobias biß in Möbel, Teppiche und
Schuhe, Julchen hörte mit dem Fressen auf und magerte ab,
vor Kummer darüber, nicht bei uns sein zu können.

Tobias fühlt sich vernachlässigt, wenn seine Mutter sich nicht ausreichend um ihn kümmert. Er kann sehr eifersüchtig werden, ist dann plötzlich nicht mehr der selbstbewußte erwachsene Mann, sondern wieder ein kleiner, liebesbedürftiger Junge, der an Julchens mütterliche Instinkte appelliert. In diesem Fall rutscht er in die ödipale bzw. Sozialisierungsphase, also in den obersten Keller zurück. Einmal wunderten wir uns, daß Tobias und Julchen nachts wieder Häufchen ins Haus legten. Was war geschehen? Wir waren durch bestimmte Ereignisse so beschäftigt, daß wir weniger Zeit als sonst für die Hunde hatten. Das verunsicherte sie und machte sie traurig, so daß sie plötzlich wieder das Verhalten von schutz- und liebesbedürftigen kleinen Welpen an den Tag legten. Sie rutschten gemeinsam zurück in ihre anale Phase (Prägephase), hockten also wieder im Mittelkeller ihrer Kindheitsentwicklung.

Es ist wichtig, sich bewußt zu machen, daß Hunde ebenso wie Menschen unvermutet einmal komisch, auch böse, ungezogen oder traurig werden können. Man sollte dann versuchen, die Gründe für das veränderte Verhalten des Hundes zu finden. Wie wir Menschen haben auch Hunde ihre Macken, Träume, Empfindsamkeiten und Ängste, die von den Hundebesitzern ebenso verstanden und respektiert werden sollten wie die der menschlichen Artgenossen, die auch manchmal in frühkindliche Phasen zurückfallen können. Robinsonphase und Pubertät, die wir auch bei unseren Hunden beobachteten, folgen nach unserer Ansicht keinem Automatismus, sondern werden durch bereits erfolgte Prägung, wachwerdende Neigungen, Begabungen, Interessen und eigene Wesensstärke in Vorbereitung auf das Erwachsenendasein mitbestimmt.

Hunde bereiten sich auf den »Ernst des Lebens« durch wilde Jagd- und Zerreißspiele mit ihren Geschwistern, ihren Hundeeltern und verständnisvollen menschlichen Herrchen vor, soweit vorhanden. Kinder können durch Träume von Abenteuern, Heldentum, guten Taten, ungewöhnlichen Begabungen und Kräften wie von Feen, Geistern und Seeräubern, durch Bauen von Baumhütten und Höhlen sehr idealistische, an der Lebensrealität noch nicht korrigierte Lebensziele entwickeln.

Ein Teil der Kinder- und Jugendliteratur ist auf diese Phase angelegt und findet begeisterten Anklang. Man denke nur an Karl May, Erich Kästner, Enid Blyton und Daniel Defoe.

Nach eigenem Bekunden wurde Konrad Lorenz in dieser Phase durch Selma Lagerlöfs »Nils Holgerssons Reisen mit den Wildgänsen« besonders angesprochen. Konrad Lorenz nennt dies »geprägt«, wobei er in seiner Fachnomenklatur bleibt. Er wünschte sich, ein Wasservogel zu sein oder zumindest einen zu besitzen.

Dieser Wunsch bestimmte dann seinen weiteren Lebensweg, wenn auch – nach Wunsch des Vaters – über den Umweg eines Medizinstudiums. Dies macht deutlich, wie wenig der Lebensweg eines Menschen letztlich durch Erziehung und wie stark er durch angeborene Begabungen, Neigungen »geprägt« wird.

Der Autor dieses Buches war in diesem Alter ebenso fasziniert von Albert Schweizers Leben in Lambarene wie von den chirurgischen Großtaten Ferdinand Sauerbruchs. Er verschlang alle Literatur über Ärzte und alle Arztbücher für den Hausgebrauch und träumte davon, ein strahlender Chirurg zu werden und wie seine Vorbilder die Menschheit zu beglücken. Er wurde dann, wenn auch nicht Chirurg, so doch Internist, obwohl sein Vater ihn von klein auf darauf zu »prägen« suchte, später als Jurist und Betriebswirt in der Industrie tätig zu sein.

Pädagogisch wichtig erscheint uns deshalb, Kindern in dieser Entwicklungsphase durch Elternhaus, Schule und Umwelt ein breites Angebot an Anregungen zu bieten, die Anker zum Festmachen eines Lebensentwurfs werden können – oder auch nicht.

Welpen brauchen in dieser Entwicklungsphase ebenfalls ein breites Angebot an Reizen durch ihr Umfeld, ihre Geschwister und Hundespielgefährten, durch Hundeeltern und verständnisvolle menschliche Rudelgenossen, um ihre Reaktionen nicht auf Regression und Aggression beschränken zu müssen.

Kapitel 12
Eine Reise und ihre Folgen – es begann in der Camargue

Das Sexualverhalten des Rüden und das Liebeswerben um seine Hundemutter

Als Tobias schon zwei und ich vier Jahre alt war, packte uns eines Tages wieder die große Angst. Koffer wurden vom Speicher geholt und vollgepackt. Wir ließen Frauchen und Herrchen nicht mehr aus den Augen. Hoffentlich ließen sie uns nicht zurück, wie sie es schon einmal getan hatten. Jedesmal, wenn ich die Koffer sehe, bekomme ich seitdem Angstzustände. Diesmal hatten wir Glück. In dunkler Nacht und bei starkem Nebel wurden wir in Herrchens Auto gepackt, und mit Frauchen, Herrchen und drei Kindern ging es los. Wohin wohl?

Ziemlich aufgeregt klemmte ich mich an den Lüftungsschlitz des Beifahrersitzes, denn ich wollte ja riechen, wohin wir fuhren. Zuerst roch es noch nach Lüdenscheid und nach Winter, dann wurden mir die Gerüche immer unbekannter. Immer mehr roch es nach Blüten.

Die Kinder, Gabriele, Ina und Anke, hatten sich mit Tobias auf den Rücksitz gequetscht und alberten dort herum. Mir fiel zunächst nur auf, daß es immer wärmer im Auto wurde, je länger wir fuhren. Es war wohl gegen Mittag, als wir auf einem Rastplatz losgelassen wurden, an dem ein Fluß entlangfloß. Tobias und ich sprangen sofort hinein. Das war nach der Hitze der Fahrt eine Wohltat für uns. Die Kinder wateten mit nackten Füßen durchs Wasser, und Frauchen meinte:»Am Mittelmeer wird es noch wärmer sein!«

Na, das kann ja heiter werden, dachte ich. Aber zunächst kam es ganz anders. Als wir nach eintausendzweihundert Kilometern Fahrt am Mittelmeer ankamen, blies uns bei strahlendblauem Himmel ein heftiger, kalter Wind entgegen.

Trotzdem wollten wir natürlich alle sofort ans Meer und zum Strand. Dahin wären wir aber besser nicht gegangen, denn der Wind fegte uns den Sand in Augen, Ohren und Nasen, und Tobias sah urkomisch aus, als ihm seine Schlappohren wie Hasenohren vom Kopf abgehoben wurden und wie Fahnen im Wind flatterten. Nach einigen stürmischen Tagen war der Spuk plötzlich vorbei. Es wurde frühsommerlich warm, endlich.

An den langen Sandstränden ließ sich jetzt wunderbar rasen und toben. Mit unserem Rudel spielten wir Jagen, Verstecken und Suchen. Wenn wir erhitzt waren, konnten wir immer ins Wasser springen, das allerdings scheußlich schmeckte. Und dann wälzten wir uns im Sand. So erfanden wir das Spiel »panierte Hunde«. Die viele Sonne, der Geruch des Meeres, der blühenden Bäume und Blumen waren herrlich. Wir kamen ja eben noch aus dem Schnee, und in der Provence schnupperten wir ganz andere Düfte.

Trafen wir auf unseren langen Spaziergängen Franzosen, konnten wir schwanzwedelnd auf sie zulaufen, um sie kennenzulernen und freundlich zu beschnuppern. Anfangs waren wir da noch etwas vorsichtig, weil wir aus Deutschland gewohnt waren, daß viele Menschen sich vor uns erschrecken und Kinder vor uns schreiend weglaufen, Eltern hysterisch aufschreien und uns wegscheuchen. Hier in Südfrankreich war das ganz anders. Die Kinder rannten nicht weg, sondern kamen uns freundlich entgegen, streichelten uns und spielten mit uns. Die Erwachsenen ließen sich beschnuppern, sogar auch mal anspringen und gaben uns aus ihren Taschen oft kleine Leckerbissen.

Wir fuhren auch viel mit dem Auto durch die Moore, sahen große Vögel wie Reiher und Flamingos, wilde Pferde und Stiere. Solche Tiere hatten wir vorher noch nie gesehen, die zweibeinigen Rudelmitglieder offensichtlich auch nicht. Am schönsten waren Wasserlöcher mit herrlich duftendem Moorwasser, in die wir schrecklich gern hineinsprangen, auch wenn die menschlichen Rudelmitglieder schimpften und uns zum Teufel jagen wollten. Was machte es denn schon im Urlaub aus, wenn wir mal schmutzig wurden und das ganze Auto anschließend nach uns duftete. Die Kinder sahen anschließend doch recht lustig aus, nachdem sie uns im engen Auto wieder auf den Schoß hatten nehmen müssen – natürlich mit leicht angewiderten Mienen.

Das ganze Auto hatte noch nie so konstant einen so herrlichen natürlichen Geruch gehabt, so ganz nach unserer Hundenase. Abends liefen wir frei durch den Ort und lernten fremde Gerüche und Hunde kennen. Alle hatten hier Zeit füreinander, und bei der fröhlichen Stimmung der zweibeinigen Rudelmitglieder wurden auch wir immer ausgelassener, sprangen herum und rauften fröhlich miteinander.

Diesen Spaß mußten wir allerdings mit einer Plage bezahlen: Zecken bissen sich bei uns an jeder beliebigen Körperstelle fest. Jeden Abend ähnelte unser Rudel einer Pavianherde, denn alle saßen um Tobias und mich herum, auf dem Fußboden natürlich, und »lausten« uns. Es wurden wilde Wetten abgeschlossen, wer von uns beiden die meisten Zecken bei unseren Strand- und Dünenspaziergängen eingesammelt hatte – es waren so zwischen 20 und 30 pro Tag.

Aber das war noch nicht genug der Aufregung: Gegen Ende des Urlaubs hörte ich Frauchen rufen:»Wißt ihr was, ich glaube, Jule ist heiß!« Aber Herrchen wußte das als Mediziner natürlich besser: »Ach nein, die ist erst in drei Monaten dran, und außerdem haben wir doch gar nicht die Pillen gegen die Hitze dabei!«

Das war mir und der Natur aber ganz egal: Pillen hin, Pillen her, es war so, und ich sah absolut keinen Grund zur Zurückhaltung. Ich verstand auch die Redensarten meiner zweibeinigen Rudelgenossen nicht so ganz. Frauchen meinte einmal:»Na, bis jetzt hat sie Tobias ja noch nicht rangelassen, dann wird es jetzt wohl noch mal gutgehen!«

Aber was kümmerte mich ihr dummes Geschwätz. Tobias blieb auf jeden Fall immer in meiner Nähe, und jedesmal, wenn ein anderer Rüde, von denen es in Südfrankreich geradezu wimmelte, mich beschnuppern wollte, plusterte Tobias sich auf, fletschte seine Zähne, sträubte seine Haare, knurrte und schob die Rüden mit seiner hinteren Körperhälfte weg. So gab er den anderen Rüden zu verstehen, daß er schon und er allein »mit mir ging« und keine Rivalen duldete. Das wurde auch von den meisten Rüden sofort akzeptiert. Sie zogen dann mit eingezogenem Schwanz und traurigem Hundeblick enttäuscht von dannen.

Eines Morgens stopften alle wieder das Auto voll Gepäck. Frauchen, Herrchen und die drei Kinder, und zuletzt kamen wir zwei noch mit hinein, und dann ging es los nach Hause – wie man uns sagte.

Unsere erste Rast machten wir gegen Mittag – es war ein landschaftlich idyllischer Rastplatz mit Wiesen, Stausee und Fluß. Noch einmal genossen wir unsere wohlschmeckenden Baguettes, die wir in den letzten zwei Wochen so reichlich gefressen hatten, und Frauchen mahnte alle drei Minuten: »Paßt auf die Hunde auf, das Wasser dort!« Gesagt, getan, man ließ uns nicht mehr aus den Augen. Schließlich wurden die Überreste der Mahlzeit zusammengepackt und im Kofferraum verstaut. Doch eine Sekunde lang waren Tobias und ich unbeobachtet – und das reichte!

Wie auf ein Zeichen rasten wir los, die Richtung war klar: hin zum Ufer des kleinen Sees, wo wir schon die ganze Zeit über ein äußerst verlockendes »Quack – quack« vernommen hatten. Es machte zweimal »platsch« und mehrmals aufgeregt »Quack – quack – quack«, und dann schrien alle: »Julchen, Tobias, kommt sofort aus dem Wasser!« Von wegen! Erst als wir keine Jagdchancen mehr sahen, weil die Beute schnell weggeflattert war, kehrten wir triefnaß zurück. Trotz der Bäche, die aus unserem Fell rannen, mußten wir ins Auto, da half auch kein Protest der Kinder, denn sie hatten auf dem Rücksitz ganz besonders zu leiden: Tobias streckte sich quer über ihren Beinen aus, und trotz Decken waren die armen Kinder bald naß bis aufs Fell.

So saßen wir nun stundenlang im Auto zusammengequetscht wie die Sardinen, draußen eine Bullenhitze und drinnen alles feucht – heiß wie im Treibhaus. Unsere zweibeinigen Rudelgenossen ertrugen aber alles mit Engelsgeduld, dafür sind wir ihnen bis heute noch dankbar.

Müde und erschöpft, wie ich war, hing ich hechelnd und apathisch am Lüftungsschlitz auf Herrchens Schoß. Tobias schnarchte hinten bei den drei schlafenden Kindern. Wenn ich gelegentlich wach wurde, leckte ich dankbar Herrchens Hand, die mich im Schlaf festhielt, damit ich nicht gegen die Frontscheibe knallte. Damit will ich nichts gegen Frauchens Fahrstil sagen!

Plötzlich war ich hellwach. Im selben Moment sprang auch Tobias nach vorne, klemmte sich ebenfalls aufgeregt auf Herrchens Schoß und schnupperte am Lüftungsschlitz. Dann jaulten wir, kläfften hell und machten die Kinder wach, weil wir freudig im Auto von vorn nach hinten und von hinten nach vorne sprangen: Wir rochen das Sauerland! Endlich waren wir wieder in unserem Revier.

Nicht nur Frauchen und Herrchen hatten bemerkt, daß ich vorzeitig heiß geworden war. Auch Tobias machte das von Tag zu Tag unruhiger. Er sprühte vor Charme und Temperament, wie ihm das keiner zugetraut hatte.

So viel Ausdauer hatte ich nicht einmal bei seinem Vater Pollux, dem Herzensbrecher des ganzen Stadtviertels, erlebt. Mein Herr Sohn ist eine Wucht, dachte ich zwar stolz, aber dann sagte ich mir doch vernünftig (bzw. mein Über-Ich): Sohn bleibt Sohn, ich bin das Leittier ...

Aber mein abwehrendes Verhalten schien ihn absolut nicht zu beeindrucken, sondern es verstärkte noch seine Werbung. Er war nicht nur werbend um mich bemüht, sondern er steigerte sich außerdem noch in die Rolle des eifersüchtigen Beschützers hinein. Wann immer wir auf unseren Ausläufen ein männliches Hundewesen trafen, meinte Tobias mich mit Zähnen und Klauen verteidigen zu müssen. Seine Eifersucht ging so weit, daß er zähnefletschend auf Rüden losging, die doppelt so groß wie er waren und die er sonst klugerweise zu ignorieren pflegte.

Einem solchen Ansturm hält auch die stärkste Festung nicht stand, und so geschah es: Tobias und ich blieben ein paar Tage nach unserer Rückkehr aus Frankreich beim Spaziergang im Stadtpark hinter

Frauchen zurück. Als sie dann nach einiger Zeit endlich den Trick bemerkte und den Weg zurückgehastet kam, war schon alles fast vorüber. Treuherzig strahlten wir sie an, noch aneinander, und auf ihre entgeisterte Frage: »Was macht ihr denn da?« fiel uns wirklich nichts mehr ein. Sollte da etwa ein vorwurfsvoller Unterton in diesem Aufschrei gelegen haben?

Wir mußten es ihr klarmachen und sprangen deshalb fröhlich an ihr hoch, leckten sie und tanzten um sie herum, bis sie wohl merkte, wie unglaublich glücklich wir beide waren. Zu Hause lief sie dann aber doch sofort mit sorgenvoller Miene herum und telefonierte aufgeregt mit Herrchen. Uns war das egal. Wir spielten zärtlich miteinander, und wenn wir zwischendurch schliefen, taten wir das anders als sonst, nämlich aneinandergeschmiegt.

Tobias wich von Stund an nicht mehr von meiner Seite und verwöhnte mich mit Zärtlichkeiten wie Ohrenschlecken und Schmusen. Ich hörte, wie Frauchen und Herrchen sich über unser Glück wunderten und diesen Zustand »richtige Flitterwochen« nannten.

Da kann ich doch glücklich, hell und schwanzwedelnd kläffen: Mensch, Hund müßte man sein!

Kapitel 13
Sein oder Nichtsein, das ist hier die Frage

Das Für und Wider der Hundezucht und -haltung: Inzucht,
das Hundeverständnis mancher Hundezüchter, Politiker und
Juristen und die Voraussetzungen für eine artgerechte
Hundehaltung

Im Gegensatz zu uns machten unsere zweibeinigen Rudelmitglieder einen wenig glücklichen Eindruck und rochen nach Kummer. Die Kinder bettelten:»Bitte, bitte, laßt Julchen doch ihre Babys bekommen.« Die Antwort war:»Das hätten wir auch gerne, aber es geht leider nicht. Ihr wißt doch selbst, wieviel Arbeit Welpen machen. Und wir wollen im Sommer doch nach Dänemark fahren, wohin wir sie nicht mitnehmen können.«

Aus Welpen können nur gute Haushunde werden, wenn man sich in den ersten zehn Wochen intensiv mit ihnen beschäftigt. Nur so können sie lernen, mit ihrer Umwelt, den Menschen und anderen Hunden richtig umzugehen.

Die Besitzerin einer sehr aggressiv um sich beißenden Dackelhündin erzählte uns im Stadtpark, daß die Hündin erst mit acht Jahren zu ihr gekommen sei, als sie von ihrem Züchterehepaar getötet werden sollte, weil sie nach sieben Trächtigkeiten und dem Aufziehen von sieben Würfen»ausgedient« hatte. Dabei war sie lebenslang nur in einem Zwinger – mit ihren Welpen – gehalten worden. Welch ein Verhältnis entwickeln wohl solche Züchter zu ihren Tieren, was entwickeln sich da wohl für»Haushunde«? Und dieser Fall dürfte keine Ausnahme sein.

Welpen und Mutter brauchen eine echte Rudelgemeinschaft mit den Menschen. Die Zeit dazu hatten wir aber nicht. Und deshalb vereinbarten wir mit einer Tierärztin den Termin für eine Totaloperation von Julchen.

Unser Verstand hatte entschieden. Aber häufig ist man mit einer rein verstandesmäßigen Entscheidung unglücklich. Darum drehten sich unsere Überlegungen und Gespräche in der Folgezeit dauernd um die werdenden Welpen und Julchen und Tobias. Wir prüften Sinn und Unsinn von Hundezuchtnormen und diskutierten die Frage, welche Eigenschaften von den Welpen zu erwarten seien und wie sich die Eigenschaften von Julchen und Tobias wohl vermischen würden, vor allem aber, wie schädlich Inzucht bei Hunden sei. Wir lasen dicke Bücher über Hundezucht und fanden es erstaunlich, wie viele Hundebesitzer und Züchter die abenteuerlichsten Vorstellungen zum Beispiel vom idealen Aussehen eines Hundes entwickelt haben. Man fordert von Rassehunden, daß sie vorne höher als hinten sind, als ob Hunde die Lauf- und Sprungkraft aus den Vorderläufen nähmen. Die Bewegungsabläufe von Hunden zeigen doch, daß nur die Stärke der Hinterläufe über Schnelligkeit und Sprungkraft entscheiden. Logischerweise müssen daher gesunde Hunde hinten kräftiger und höher als vorne sein.

Wir empfinden es geradezu als Witz, daß Rassehündinnen manchmal von der Zucht ausgeschlossen werden müssen, weil sie von einem fremdrassigen Rüden oder Mischlingsrüden gedeckt worden sind. Mit so einem Fall hatte sich 1988/89 noch ein Zivilsenat des Oberlandesgerichtes Hamm zu befassen, weil ein Mischlingsrüde es doch tatsächlich gewagt hatte, sich liebesentbrannt an eine reinrassige Pon-Hündin heranzumachen und sie zu decken. Diese Rassehündin ließ das auch hundeartgerecht und ebenfalls liebesentbrannt zu. Wenn eine Hündin nicht gedeckt werden will, passiert nichts. Vergewaltigt werden sie in der Regel nur unter dem Zwang von Züchtern.

Das Pon-Züchterehepaar verlangte nun von dem Mischlingsrüden-Herrchen 20 000 Mark Schadenersatz, weil die Pon-

Hündin fünf Mischlingswelpen zur Welt gebracht hatte und »damit der Rassezucht verlorengegangen ist und damit auch ihr Stammbaum mit einem Makel behaftet« sei. »Allein der Verdacht einer Fehlbelegung verbiete in Zukunft ein Rassetier als Partner – so streng seien eben die Sitten der Hundezucht.« Als ob die Chromosomen als Träger der vererbbaren Eigenschaften durch einen Deckakt verändert werden könnten. Das vollbringen nur Unfälle in Atomkraftwerken, Röntgenstrahlen, die Gentechnologie oder sogenannte Spontanmutationen.

Diese Vorstellung von der Veränderlichkeit der Chromosomensätze einer Hündin durch einen Deckakt erinnert an die früher bestehende Überzeugung, daß Menschenkinder nicht von Ammen genährt werden sollten, um die Übertragung schlechter Ammeneigenschaften durch die Milch zu verhindern. Bei Kuhmilch hatte man seltsamerweise niemals solche Bedenken.

Wir warteten gespannt auf das zweifellos weise Urteil der hochrangigen Richter des Oberlandesgerichtes Hamm, die wissen sollten, daß es keine Vererbung erworbener Eigenschaften gibt. Die Klage wurde tatsächlich abgewiesen, zumal Bobby eigentlich Opfer »weiblicher Verlockungen« sei. Dazu hatte eine Sachverständige ausgeführt, daß der Liebestrieb unter Hunden keine Nachbarsgrenzen und Rasseunterschiede kennt. Bobby hatte trotz Anleinung sein Halsband durchbissen und den Zaun überwinden können. Wenn ein Rüde die Duftmarken der Weibchen gerochen habe, gebe es kein Halten mehr. Die Hündinnen müßten während der Läufigkeit im Hause belassen werden. Auch sei die Hündin wegen der Trächtigkeit körperlich nicht »zurückgeblieben«. Die Autorin glaubt an positive und negative Einflüsse der Erziehung auf die Entwicklung. Der Autor dagegen denkt als Mediziner mehr organ- und chromosomenbetont. Er meint, daß sich unabhängig aller Erziehungsversuche und Umwelteinflüsse letztlich ererbte Instinkte und Begabungen durchsetzen.

Einig waren wir uns aber darin, daß bei Menschen und Hunden gleichermaßen Geborgenheit und das Verständnis der Familie und des Rudels in der Präge- und Sozialisierungsphase für den Aufbau eines gesunden Selbstbewußtseins entscheidend sind. Und dieses ist wiederum Voraussetzung dafür, daß die Befähigungen, die in einem stecken, auch voll entfaltet werden können.

Empörend ist, daß Hunde juristisch als »Sache« gelten, was zeigt, wie sehr nach der durch formal denkende Juristen bestimmten Gesetzgebung am Leben vorbei Paragraphen geritten werden müssen. Unter AZ: 1 A 1250/86 stellte das Oberverwaltungsgericht in Münster als Berufungsinstanz sogar lapidar fest, daß ein Dackel, den sein Herrchen mit seiner Familie und seinen Möbeln beim Umzug in die USA selbstverständlich als Familienmitglied mitnehmen wollte, noch nicht einmal »zum Umzugsgut« gehört.

Unsere Hunde sind juristisch weitgehend ungeschützt. Als Hundebesitzer muß man sich fragen, wie glaubwürdig bei Politikern und Juristen die Ehrfurcht vor dem Leben und damit auch vor der Umwelt ist. Wird nicht statt dessen bei uns häufig eine verlogene Doppelmoral praktiziert, wenn in Biedermannmanier in Schauprozessen wie in Memmingen die Schutzbedürftigkeit ungeborenen Lebens scheinheilig demonstriert und andererseits tierisches Leben und die Umwelt so wenig geschützt und geachtet werden?

Aber zurück zu den Zuchtfragen. Was sind nun die notwendigen Voraussetzungen zur Hundezucht? Vor allem brauchen Züchter echten »Hundeverstand«, das Gespür für Hunde und das dazu notwendige Fachwissen. Sie müssen den Charakter und die individuellen Lebensbedürfnisse eines jeden Welpen fast wie ein Psychologe einschätzen können. Nur so können Hundezüchter die zu den Welpen passenden Herrchen und Familien ausfindig machen.

Lebhafte Hunde mit viel Bewegungsdrang brauchen viel Freiraum, viel Platz zum Auslauf und eine lebhafte, humorvolle Familie. Ruhige Hunde passen eher in eine ruhige Familie. Die Wesensart von Hund und Herrchen und deren Lebensumstände müssen also zusammenpassen. Das ist ebenso wichtig wie die von körperlichen und charakterlichen Eigenschaften von Hündinnen und Rüden.

Wieweit sich Hunde in ihren geistig-seelisch-sozialen Fähigkeiten entwickeln, hängt wie beim Menschen von ihren Möglichkeiten zum dauernden artgerechten Training ihrer Fähigkeiten ab. Auch ein noch so begabter Hund wird als Ketten- oder Zwingerhund geistig völlig abstumpfen und sich bei ursprünglich »gutem Charakter«, wie ihn nichtdegenerierte Hunde normalerweise haben, zu einem dummen, gemeingefährlichen Tier entwickeln, ebenso wie Hunde, die nur an der Leine geführt werden, sich nicht nach ihrem eigenen Bewegungsrhythmus körperlich austoben können und dadurch zudem am artgerechten Hirnleistungstraining, am Selbstbeschaffen von Geruchs-, Geschmacks-, Tast-, Seh- und Hörreizen und anderen Erfahrungen gehindert werden. Auch ein noch so großer Garten kann einen Hund bald nur noch langweilen und interessiert ihn nur, wenn sich darin etwas Ungewöhnliches tut. Denn er kennt dort bald jedes Geräusch und jeden Geruch und kann sich darin nicht mehr trainieren. Auch ein großer Garten ist also kein Ersatz für mehrfache Ausläufe in unbekannte Regionen.

Deshalb sollte sich jeder Mensch oder jede Familie vor der Anschaffung eines Hundes reiflich überlegen, ob sie bereit und in der Lage sind, dem Hund eine möglichst artgerechte Haltung und »reizvolle« Umgebung zu bieten. Ein Hund ist kein Gebrauchsgegenstand und kein Spielzeug, das man kauft und wiederverkauft oder verschrottet wie ein Auto. Ein Hund ist ein sehr differenziertes und in vieler Hinsicht dem Menschen ähnliches Wesen mit Ansprüchen, Wünschen und Gefühlen und sozialen Bindungen. Er braucht Auslauf, geistig-seelisches und körperliches Dauertraining, Zuwendung, Liebe und Geborgenheit wie ein Mensch. Seine menschlichen Genossen sollten über seine Eigenschaften informiert sein und ein Gespür dafür haben.

Ein Hund benötigt das Interesse seiner menschlichen Rudelgenossen für sein Verhalten, seine Nöte und Freuden – und fast soviel Zeit wie ein Kind. Selbst Urlaubspläne und andere Vorhaben müssen den Hund berücksichtigen. Nur so können sich Hunde zu echten, ernst zu nehmenden Begleitern, Freunden und Vertrauten entwickeln, bis zur Reaktions-, Kommunikations- und Einsichtsfähigkeit und auch intelligenter Eigenleistung aufgeweckter zwei- bis dreijähriger Kinder. Dieser Vergleich mag zwar auf den ersten Blick gewagt erscheinen, wird sich aber bei objektiver Beobachtung des Verhaltens von Kleinkindern als haltbar und auch objektivierbar erweisen.

Wohlgemerkt, der Vergleich stimmt nicht bei Ketten- und Zwingerhunden oder solchen armen schutzbedürftigen Kreaturen, die das Unglück hatten, an unsensible, herrschsüchtige und gewalttätige Herrchen zu geraten. Dasselbe Mitgefühl wie diesen Hunden gebührt aber auch den Ehepartnern, Kindern oder Untergebenen solcher »Herrchen«.

Einem Hundebesitzer aber, der seinen Hund artgerecht, freudig und glücklich als Partner mit sich leben läßt, wird dieser Hund als treuer Freund und Gefährte diese Freude und dieses Glück voll und ganz zurückschenken.

Der immer näher rückende Termin bei der Ärztin beunruhigte mich zunehmend. Denn wenn ich nachts wie immer vor dem Schlafzimmer meiner Herrchen lag, hörte ich ihren unruhigen Schlaf. Hoffentlich waren sie nicht krank.

Am nächsten Abend hörte und roch ich sofort, daß Herrchen sehr entschlossen nach Hause kam. Er sagte zu Frauchen: »Denkst du auch so wie ich – ich kann es und mag es den Hunden und uns nicht antun!« Was, brauchte er gar nicht zu sagen. Frauchen antwortete: »Ich doch auch nicht!« Und plötzlich waren beide schlagartig wie umgewandelt. So erleichtert und lustig hatten Tobias und ich sie schon seit Tagen nicht mehr gerochen. Sie hatten sich unabhängig voneinander gegen alle Vernunftsgründe entschieden: Die Operation wurde abgesagt.

In der nächsten Nacht schliefen Herrchen und Frauchen wieder ruhig und rochen für mich und Tobias wieder normal – und das beruhigte uns. Morgens waren selbst die Kinder nicht so muffig wie gewohnt, als sie in die Schule mußten. Sie jubelten vielmehr, nahmen mich und Tobias immer wieder in die Arme und riefen wiederholt:»Fein, Julchen, Tobias, fein, ihr bekommt jetzt eure Babys, stark, was!«, und sie erzählten es begeistert allen Freunden und Bekannten.

Am nächsten Morgen bereits wurde im Stadtpark von vielen Hundebesitzern die Entscheidung kritisch diskutiert: Ist das denn nicht Inzucht? Ja, warum denn nicht bei Julchen und Tobias, die können sich das bestimmt noch leisten! Schließlich werden nicht nur Erbschäden, sondern auch positive Eigenschaften nach den Mendelschen Gesetzen weitervererbt.

Kommen ähnliche oder dieselben Eigenschaften durch die Erbmasse des Vaters und der Mutter zusammen, werden die positiven und negativen Eigenschaften entsprechend positiv oder negativ verstärkt, summiert oder sogar potenziert. Es kann bei guten Eigenschaften zu größerer Lebenstüchtigkeit, bei negativen Eigenschaften zu Krankheit, Lebensunfähigkeit und Tod führen.

In der Natur werden nur Tiere ohne Erbschäden und Degenerationszeichen überhaupt vermehrungsfähig, weil die geschädigten Tiere meistens nicht lange überleben. Nur Menschen können schwerwiegende Degenerationszeichen und Erbschäden weitergeben und potenzieren. Nach Inzesten können aber auch positive Eigenschaften und Begabungen bei den Kindern stärker erscheinen. So wurden durch Inzucht – zumindest früher – menschliche Familien hochgezüchtet. In der Geschichte ist dafür das Herrschergeschlecht der Pharaonen ein klassisches Beispiel. Sie hatten über viele Generationen allein durch Inzucht ihre hervorragenden Eigenschaften erhalten und verstärkt und so besonders kluge und begabte Herrscher im alten Ägypten hervorgebracht.

Bei der Inzucht von Tieren kann Gutes und sogar Besseres erwartet werden, wenn die Elterntiere noch unter den Gesetzen der natürlichen Auswahl stehen und diese nicht allein nach geschäftlichen oder anderen Kriterien der Züchter erfolgt. Die natürliche Auswahl ist bei Wildhunden, Wölfen und auch vielen Mischlingen und Blendlingen gegeben. Wir meinten, daß das bei Tobias und Julchen auch so war. Ihre unterschiedlichen körperlichen und charakterlichen Eigenschaften ergänzen sich. Sie verstehen sich bestens, sind kerngesund, kräftig, schnell, geschickt. Sie zeigen gute Charaktere, sind menschen- und hundefreundlich, treu, aber nicht unterwürfig, wachsam, lustig, sensibel, mutig und lernbegierig. Zu Kindern sind sie geduldig, freundlich, verspielt und innerhalb ihrer Grenzen für Spaß zu haben. Und wenn es mit ihrem Gehorsam nicht immer zum besten gestellt ist, zeigt dies, daß sie auch wissen, was sie wollen. Das spricht doch bei Menschen auch für Charakter.

Sie brauchen nicht verstümmelt zu werden, um rassig zu wirken. Ihre ungestutzten Schlappohren und buschigen Schwänze können so herrlich ausdrucksstark bleiben, um ihre jeweiligen Gefühle und Stimmungen unmißverständlich anzuzeigen.

Welche Gedanken sich Frauchen und Herrchen auch immer über meine Trächtigkeit machten: Tobias schien, typisch Mann, mal wieder nichts kapiert zu haben. Er wurde dann eben nach 63 Tagen vor vollendete Tatsachen gestellt. Und ich hielt mich an das Motto eines bekannten Politikers: »Es gibt viel zu tun, sitzen wir's aus.«

Kapitel 14
Tobias wächst über sich selbst hinaus, und ich werde wie ein Mensch ärztlich überwacht

Flitterwochen werdender Hundeeltern, Schwangerschafts-gelüste und ultraschallüberwachtes Wachstum der Welpen

Im Gegensatz zu meiner ersten Trächtigkeit wurde die zweite für mich und meine Rudelgenossen ein schönes gemeinsames Erlebnis. Für Tobias waren die ersten vierzehn Tage eine Hoch-Zeit, Flitterwochen im wahrsten Sinne des Wortes. Er hatte ja nun mit mir seine »Frau Mutter«, die er verehren und den ganzen Tag über mit seiner Liebe umgeben konnte. Obwohl sein Ansturm manchmal umwerfend war, genoß ich seine zärtliche Fürsorge in vollen Zügen. Täglich leckte er mir liebevoll die Ohren aus, dann folgten Augenpflege und allgemeine Fellpflege. Nach getaner kosmetischer Behandlung schmiegte er sich schließlich zufrieden an mich, um sich von den Strapazen der Flitterwochen zu erholen. Wir konnten aber auch ungeheuer wild und fröhlich werden. Dann tobten, purzelten und sprangen wir bis zum Umfallen, das heißt, bis zum wohlverdienten Nickerchen. Tobias schlief wie als Baby fest an meinen Körper geschmiegt, und selbst während unserer täglichen Ausläufe wich er nicht von meiner Seite. Eifersüchtig, wie er war, vertrieb er jeden Rüden, und andere Hündinnen fanden plötzlich nicht mehr sein Interesse. Vor lauter Schmusen und Toben hatten wir kaum Zeit zum Fressen und nahmen entsprechend ab. Mir, dem »Dickerchen«, konnte das ja nur sehr recht sein. Ich glaube, wenn es nach Tobias gegangen wäre, hätte diese herrliche Zeit ewig dauern können.

Typisch Mann, ahnte er natürlich nicht, daß ich bereits Nachwuchs

Trotz allen Aufpassens passierte es doch: Tobias und Julchen wurden ein Paar.

Während der Flitterwochen schlief er am liebsten eng an sie gekuschelt.

mit mir herumschleppte und deshalb zunehmend mehr Schlaf brauchte. Äußerlich blieb ich in der ersten Hälfte meiner Trächtigkeit schlank, nur meine Zitzen wurden größer. Ich machte wie immer täglich meine drei Ausläufe mit Rennen und Jagen. Nur steigerte sich in mir zunehmend das Bedürfnis, in der Nähe insbesondere meines Leittieres Frauchen zu sein, die ich mehr als sonst auf Schritt und Tritt verfolgte. Bei ihr fühlte ich mich am sichersten. Ich suchte Frauchen, aber auch Herrchen und ersatzweise auch die Kinder noch mehr als sonst durch Nasenstoßen, Schwanzaufschlagen und tiefe Knurrlaute zum Streicheln zu bewegen, wobei ich mich jedesmal vor ihnen auf den Rücken warf.

Ab der vierten Schwangerschaftswoche wurde diese Anhänglichkeit an Frauchen so groß, daß ich abends, wenn Herrchen außer Haus war, nicht wie sonst am Fenster auf ihn wartete, sondern lieber den Duft des schlafenden Frauchens von außen durch die Türritze der Schlafzimmertür einsaugte. Kam dann Herrchen nach Hause, sprang ich ihm nicht wie sonst freudig entgegen, sondern blieb vor der Zimmertür liegen, schlug aber so lange mit dem Schwanz heftig auf den Boden, bis Herrchen meiner energischen Aufforderung folgte, sich zu mir auf den Boden setzte und mich kraulte. Dann stieß ich leise Freudengrunzer aus und versuchte ihm dafür zärtlich das Gesicht zu lecken.

Erst am Ende der fünften Schwangerschaftswoche begann mich der schwerwiegende Inhalt meines Bauches zu stören. Ich ließ mich auf Tobias' Aufforderungen zu Balgereien nicht mehr so willig ein. Das frustrierte den Ahnungslosen derart, daß er dann geduckt und mit eingezogenem Schwanz durchs Haus schlich oder sich mit abgewandtem Kopf in eine Ecke legte.

Zwischendurch kam er aber immer wieder besorgt zu mir gelaufen, um zu sehen, ob ich krank sei, und er leckte mich ab oder grunzte mich mit geschlossener Schnauze liebevoll an.

Beim Laufen durch Wald und Feld konnte ich mich erst ab der sechsten Woche nicht mehr wie gewohnt bewegen, denn die Luft wurde mir knapper und der Bauch schwerer. In dieser Zeit legte ich mich zu Hause oft hin, piepste leise vor mich hin, weil ich mich nicht mehr wohl fühlte. Dann kam mein treuer Sohnemann, legte sich neben mich und tröstete mich. Herrchen sagte, diese Beschwerden kämen daher, daß die Babys jetzt mit Macht wüchsen. Das wußte er von den Ultraschalluntersuchungen. Seit Beginn der Trächtigkeit war nämlich der Mittwoch sein großer Tag. Dann ließ ich mich von ihm willig rücklings auf einen Tisch legen. Er beschmierte mich mit einem schleimigen Kleister und fuhr dann begeistert mit einer Art kaltem Bügeleisen über meinen Bauch. Dabei starrte er angestrengt auf einen Fernsehschirm. Das Ganze nannte er Ultraschalluntersuchung. Das Bügeleisen nannte er Schallkopf. Daraus sausen, so erklärte er, auch für Hunde unhörbar schnelle Schallwellen durch den Bauch. Je nach Dichte des Gewebes und nach Wassergehalt der Organe werden diese schnellen Schallwellen unterschiedlich stark zurückgeworfen. Diese Schallwellen wiederum ergeben dann ein Bild auf dem Fernsehschirm.

Je nach der Richtung, in die die Hand den Schallkopf führt, entstehen Schnittbilder in Quer-, Längs- und Halbschrägebenen. Die Schnittflächen gleichen den Oberflächen von Brot- oder Wurstscheiben, die quer, längs oder halbschräg geschnitten werden. Da Jule vermehrt atmen mußte, verschoben sich aber dann diese schmalen Schnittebenen und änderten sich dauernd. Auf dem Fernsehschirm sah man also ein sehr bewegtes Bild.

Menschen müssen zur besseren Erkennbarkeit von Einzelheiten die Luft anhalten, um diese Überschneidungen auf dem Fernsehschirm zu vermeiden. Luftanhalten tat Jule aber einfach nicht, wenn es hieß:»Julchen, halt mal die Luft an«.

Auf den so entstandenen Bildern sah man dann in Schnitten tatsächlich die Haut, die Muskulatur, die inneren Organe wie Leber, Nieren und Blase, aber auch die kleinen Welpen in ihrer Eihaut, also in den Fruchtblasen. Reine Flüssigkeiten und sehr wenig dichtes Gewebe sehen auf dem Fernsehschirm ganz schwarz aus, während Kalk und Knochen die Schallwellen nicht durchlassen und total zurückgeworfen werden. Darum sehen Knochen und Kalk auf dem Bild ganz weiß aus. Nur die Organe und das Gewebe, die dichter als Wasser und weniger dicht als Knochen sind, erscheinen in verschiedenen Grauabstufungen. Auch die Bewegung des Darmes und selbstverständlich auch die der Babys konnte man genau verfolgen. Dieses bewegte Bild läßt sich am besten mit der Videokamera festhalten. Wir machten aber nur Fotos, die längst nicht alles so scharf erkennen lassen wie der Fernsehschirm, also nur verwackelte Schnappschüsse einer bewegten Szene.

Wir wollten durch die Untersuchung erfahren, wann man mit dem Ultraschall erstmalig eine Gravidität bei Hunden feststellen und einzelne Körperteile erkennen kann, wie schnell sich die Welpen entwickeln und wann sie sich erstmalig und wie sie sich bewegen und in welcher Körperlage sie liegen.

Bei den ersten Mittwochsuntersuchungen fuhr Herrchen noch langsam, sehr ernst und angespannt über meinen Bauch und schien viel zu suchen. Erst drei Wochen vor der Geburt meiner Kleinen wurde er ganz aufgeregt und sagte zu mir:»Du, Julchen, das ist ja toll. Deine Kleinen bewegen deutlich ihre Köpfe, Läufe und Schwänze.« Und dann rechnete er mir schnell vor, daß sie von Stirn bis Schwanzansatz so lang waren wie die Außenfläche eines Hühnereis von Spitze zu Spitze. Die esse ich ja so gern. Bei der nächsten Untersuchung, eine Woche später, und dann erst recht in der letzten Untersuchung, eine Woche vor der Geburt, fuhr er mir über den Bauch und rief dabei ganz aufgeregt:»Das kann doch wohl nicht wahr sein, Julchen! Deine Babys explodieren ja in der Größe, gehen auf wie Hefeklöße. Ist das nicht toll, Julchen?«

Hast du eigentlich Tomaten vor den Augen? Kannst du das in meinem Bauch nicht fühlen? Hast du etwa deine Augen, deinen Tast- und Realitätssinn einfach an einen Apparat abgegeben? Daß ich mit meinen Babys seit acht Tagen auch selbst wie ein Hefekloß aufgegangen bin und deshalb mich nur noch schwer bewegen kann, hat nicht nur Frauchen – ohne Technik –, sondern sogar Tobias als Mann gemerkt. Daß im Bauch getreten und geboxt wird, sieht und fühlt man auch.

Herrchen sollte doch einmal nachdenken: Wenn die Babys bei uns anfangs schneller wüchsen, würden wir Hundemütter auch viel früher unbeweglich. Wie sollen wir mit dickem Bauch noch jagen? Meine wildlebenden Vorfahren hatten eben noch nicht so liebe Rudelführer, die ihnen das Fressen heranschleppten. Die Bilder, die Herrchen von meinen Babys in meinem Bauch machte, hat er alle gesammelt. Einige von ihnen kann der Leser auf den folgenden Seiten betrachten. Herrchens Theater mit dem Ultraschall interessierte mich nicht mehr. Ich hatte Wichtigeres zu tun: Fressen, Schlafen, den Bauch schleppen, Graben und Scharren, und das bei der Junihitze. Es war brütend heiß geworden, und darunter litt selbst der nicht schwangere Tobias.

Ultraschallbefunde zur Trächtigkeit einer Hündin

14. Trächtigkeitstag:
Erkennbar sind in der Gebärmutter fünf bis sieben in einem Ballen zusammengelagerte, runde, flüssigkeitsgefüllte Fruchtblasen mit einem Durchmesser von je einem Zentimeter. Inmitten dieser Zysten liegen rhythmisch schlagende Punkte von einem Durchmesser von zwei Millimeter (Herzen).

21. Trächtigkeitstag:
Fünf flüssigkeitsgefüllte Fruchtblasen sind nunmehr voneinander gut trennbar, haben einen Durchmesser von je drei Zentimetern und zeigen Echostruktur, also sich verfestigendes Material.

28. Trächtigkeitstag:
Im Durchmesser drei bis fünf Zentimeter große Fruchtblasen mit Foeten, in denen neben den pulsierenden Herzen beginnende Verkalkungen und erste Teilstrukturen erkennbar sind.

35. Trächtigkeitstag:

Fünf Fruchtblasen mit einem Durchmesser von fünf bis sechs Zentimetern, in denen sich gut erkennbare Foeten in Rücken-, Bauch- und Seitenlage befinden. Die Länge der Foeten beträgt von Schwanz- bis Stirnansatz etwa 5,5 Zentimeter. Man erkennt Köpfe mit Augenhöhlen, Schnauzen, die Vorder- und Hinterläufe sowie die Wirbelsäulen.

42. Trächtigkeitstag:

Die fünf Foeten in den ovalen Eiblasen sind geringfügig gegenüber der Voruntersuchung auf sechs Zentimeter Länge von Schwanz- bis Stirnansatz gewachsen. Die Köpfe und Läufe der Foeten führen jetzt aber langsame Bewegungen durch. Gegenüber der Voruntersuchung sind nunmehr aber Läufe, Wirbelsäule, Schwanz und der Kopf mit Schnauze und Augenhöhlen deutlicher differenzierbar.

49. Trächtigkeitstag:

Die Foeten machten seit der letzten Untersuchung einen enormen Wachstumsschub durch, so daß nur noch bei verkleinertem Maßstab die gesamte Körperansicht erfaßt werden kann. Die Foeten nehmen unterschiedliche Körperhaltungen wie schlafende Hunde ein und befinden sich dabei in Kopf- und Steißlage. Sie bewegen sich kräftig und öffnen und schließen ihre Mäuler. Der Schädeldurchmesser allein beträgt bereits vier Zentimeter.

56. Trächtigkeitstag:

Gegenüber der Voruntersuchung in der Vorwoche machten die Foeten einen weiteren deutlichen Wachstumsschub durch. Nur Einzelteile der Foeten sind im Ultraschallbild erfaßbar. Die Länge der Foeten von Stirn- bis Schwanzansatz beträgt nunmehr vierzehn Zentimeter. Sie bewegen ihre Körper sehr lebhaft.

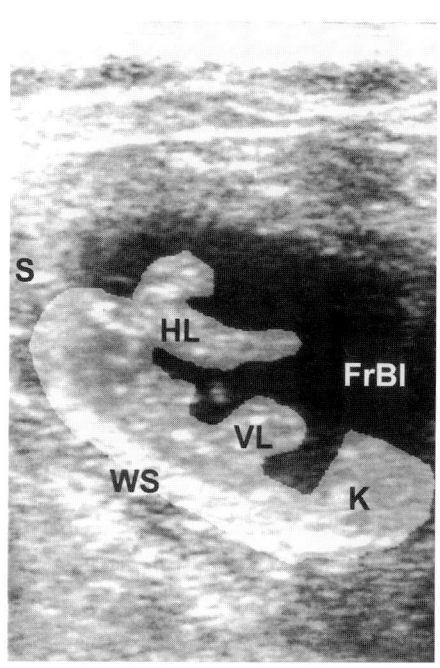

Schmaler Längsschnitt durch einen in der Fruchtblase lie-genden 35 (links) und 42 Tage (unten) alten Hundefoetus.

FrBl: Fruchtblase
K: Kopf
HL: Hinterlauf
VL: Vorderlauf
WS: Wirbelsäule
S: Schwanz

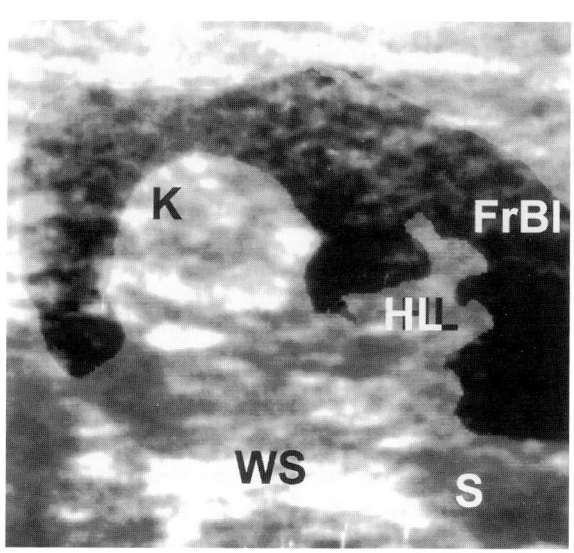

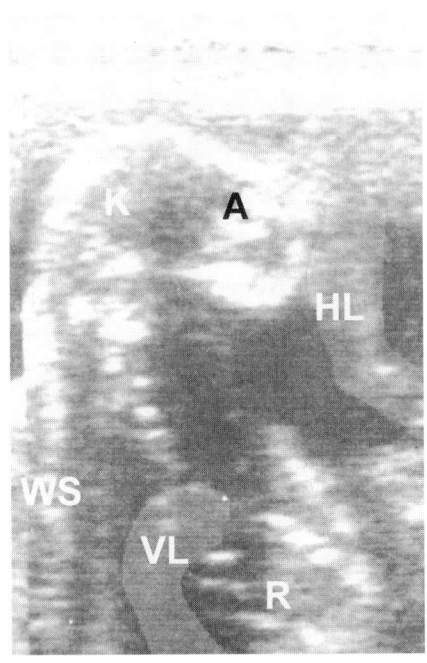

Längsschnitt durch einen 49 Tage alten Hundefoetus in Steißlage (von links oben nach rechts unten).

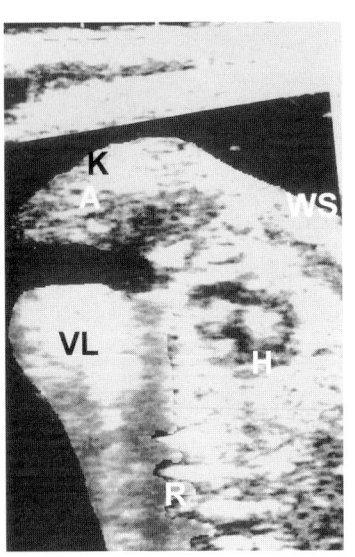

Längsschnitt links der Mittellinie durch den aufrechten Oberkörper eines 56 Tage alten Hundefoetus.

A: Augenhöhle
H: Herz
HL: Hinterlauf
K: Kopf
R: Rippen
VL: Vorderlauf
WS: Wirbelsäule

Frauchen schien mich den ganzen Tag über zu beobachten, und mein Sohnemann Tobias erwies sich in diesen Tagen als wahrer Kavalier. Anstatt bei unseren Spaziergängen loszustürmen und wie gewohnt durch den Wald zu rasen, trottete er geduldig an meiner Seite durch den Stadtpark, um mich im Notfall gegen aufdringliche Rüden verteidigen zu können.

Erstaunlich wurden ab der sechsten Woche meine Freßgelüste. Frauchen und Herrchen sagten, das sei genauso wie bei schwangeren Frauen mit ihren besonderen Gelüsten. Jeden Tag kochte mir Frauchen einen Topf Suppenfleisch, und zusätzlich suchte ich mir Gras, und von Frauchen erbettelte ich mir massenhaft Möhren und Paprikaschoten, was ich früher und auch später nie getan habe. Die schmeckten mir auf einmal köstlich und taten mir richtig gut. Für diesen Grünfraß hatte Tobias nur einen verächtlichen Blick übrig. Er war ja auch nicht hochschwanger und konnte sich die Vitamine schenken.

Von klein auf war ich an gebratenes und abgekochtes Fleisch gewöhnt, rohes Fleisch ließ ich immer liegen. Jetzt fühlte ich plötzlich, als mein Herrchen einen Rehrücken vorbereitete, einen Heißhunger auf rohes Fleisch. Ich versuchte, was ich bisher sonst nie getan hatte, durch Hochspringen an das Fleisch heranzukommen und mir etwas zu stibitzen. Herrchen warf mir darauf zum erstenmal rohe Fleischstücke zu. Als er merkte, wie sie mir schmeckten, wurde er sehr großzügig bei der Präparation des Rehrückens. Tobias saß ganz verwundert daneben und wiegte nur bedächtig seinen Kopf nach rechts und links.

Ich habe nach der Geburt meiner Welpen nie mehr Appetit auf rohes Fleisch gehabt. Herrchen hatte mich also glücklicherweise nicht ungewollt auf den Geschmack gebracht. Wie er nämlich nachträglich von einem Forstmann erfuhr, sollte man uns Hunden nie rohes Fleisch geben, weil wir dann, auf den Geschmack gekommen, Tierkadaver oder sogar Fleisch von lebendigen Tieren fressen wollen und so gefährlich werden können. Der Förster nannte das »Wild anschneiden«.

Ab der siebten Woche konnte ich nachts mein Wasser nicht mehr halten. Das war mir sehr unangenehm, denn ich mußte mehrmals ein Bächlein in der Wohnung machen. Vorher hatte ich aber immer an der Schlafzimmertür von Frauchen und Herrchen gekratzt, damit sie mich in den Garten lassen konnten. Die hatten das nur nicht mitgekriegt, kapierten das aber mit der Zeit und ließen mich seitdem auch mitten in der Nacht hinaus.

Schon vorher, am vierzigsten Schwangerschaftstag, jubelte Herrchen. Jeden Tag hatte er meinen Bauch sorgfältig mit seinen Ohrenschläuchen untersucht. Er hörte jetzt erstmalig die Herztöne meiner Babys an fünf Stellen im Bauch.

Er rief die Familie zusammen, und alle mußten sich sein Stethoskop ins Ohr stecken und sich die Töne mit verklärtem Blick anhören. Die Mädchen schienen aber mehr Sinn für laute Popmusik zu haben.

In den letzten zwei Wochen vor der Niederkunft ließ ich Frauchen und Herrchen oft mit Tobias allein ihre Spaziergänge machen. Die Sommerhitze setzte mir böse zu. Ich konnte mich nur noch langsam bewegen, hechelte und fiepste, besonders, wenn meine Babys sich heftig bewegten.

Tobias schien sich ernsthafte Sorgen um mich zu machen. Er dachte, ich sei krank, und versuchte, mich durch Lecken und Schmusen zu trösten, legte mir seinen Kopf auf den Bauch und seine Vorderpfoten um den Hals.

Kapitel 15
Die Lage ist ernst

Gebärmuttersenkung und Höhlenbau, Geburt des zweiten Wurfes, Ausschluß eines lebensunfähigen Welpen, Depression und Aggression des zur Zeit überflüssigen Hundevaters

Als zukünftiger Vater konnte Tobias doch auch glücklich sein, aber er war es nicht. Er reagierte oft depressiv und empfindlich, manchmal geradezu beleidigt, ganz besonders dann, wenn sich alle im Rudel mehr als sonst um mich kümmerten. Wenn er sich vernachlässigt fühlte, legte er sich allein auf die Treppe, beobachtete stumm das Treiben auf der Straße und drehte seinen Kopf weg ohne jede Reaktion auf eine noch so freundliche Ansprache.

»Wie ähnlich sich doch Hunde und Menschen sind«, bemerkten Frauchen und Herrchen. Freudiges Rennen und Springen unterblieben völlig, wenn er traurig gestimmt war, und die Bewegungsarmut, zu der ich ihn durch mein langsames Laufen zwang, staute in ihm Aggressionen an. So stürzte er sich, was er noch nie getan hatte und auch bisher noch nicht wiederholt hat, nach einem Spaziergang aus einem Waldstück auf einen Müllmann, der gerade krachend eine Mülltonne entleerte, und zwickte ihm ins Bein.

Ich konnte allerdings nicht sehen, ob der Müllmann den anrennenden Tobias nicht getreten hatte. Frauchen besänftigte den wütenden Mann dann mit einem Geldschein. Diese kleinen komischen Papierchen scheinen bei Menschen eine überwältigende Wirkung zu haben. Dabei kann man die ja noch nicht einmal fressen.

Tobias zeigte eine typische »Aggression«. Das ist bei Hunden nicht anders als bei Menschen. Auch Kinder, Jugendliche und sogar erwachsene Menschen machen manchmal die schlimmsten Dinge, wenn sie ihre Bedürfnisse und Instinkte nicht befriedigen und ihre überschüssigen Kräfte und Fähigkeiten nicht loswerden können. Aus so einem Konflikt entsteht dann, als Ablenkhandlung, ein Angriffsverhalten gegen Menschen, Hunde und Gegenstände, um die durch den Konflikt gesteigerte Aggression abzubauen.

Fünf Tage vor der Geburt meiner Babys konnte ich mich dann wieder besser bewegen. Etwas in meinem Bauch war heruntergerutscht, das spürte ich deutlich. Herrchen stellte bei seinen täglichen Untersuchungen fest, daß das die berühmte »Gebärmuttersenkung« gewesen war, wie das menschliche Geburtshelfer nennen.

Nun mußte ich mich darum kümmern, ein kühles Plätzchen zu finden, an dem ich ungestört, trotz der sommerlichen »Wahnsinnshitze«, die Geburt meiner Welpen erledigen konnte.

Schon in den letzten Tagen hatte ich, wie schon vor meinem ersten Wurf, überall Löcher gegraben. Herrchen kommentierte, daß ich das instinktiv erledigte und damit meine wildlebenden Artgenossen unvollkommen nachahmte, die sich in der freien Natur für ihre Welpen immer eine Höhle bauen. Da ich das aber selbst nie gesehen hatte und auch selbst nicht in einer Höhle großgeworden war, sei wohl die Anlage zu dieser Fähigkeit in mir noch als Relikt vorhanden.

Das dachte Herrchen aber nur. Denn dieses Mal wußte ich plötzlich aus einem Urinstinkt: Ich brauchte eine ganz große, tiefe Höhle, in der ich meine Kinder trocken und geschützt vor Unruhe, fremden Einflüssen und der Hitze zur Welt bringen konnte. Diese Höhle sollte alle meine bisherigen Erdlöcher in ihrer Größe übertreffen. Ich ging trotz meiner Schwäche heimlich in unserem Garten ans Werk und grub sie tagelang in einen Hang halbschräg hinein, bis an die Wurzeln von Sträuchern, die ich mühselig durchbeißen mußte. Dann war es soweit. Ich merkte: Sie war wohl groß genug für eine Hundefamilie. Nur Tobias hatte meine Bau- und Scharrtätigkeit bemerkt. Bei jeder sich bietenden Gelegenheit verschwand ich jetzt im Garten in meiner Höhle, die einen halben Meter hoch und etwa einen Meter lang im Hang unter dem großen Busch lag.

Diese Höhle war mein ganzer Stolz. Keine Macht der Welt sollte mich dort herausholen. Nur der Hunger trieb mich ab und zu ins Haus. Zu meinem großen Entsetzen ließen mich Frauchen und Herrchen aber bald nicht mehr in den Garten, »um mich besser beschützen zu können«, wie sie meinten. Am neunundfünfzigsten Schwangerschaftstag tastete Herrchen bei der Untersuchung zwei Hundebabys mit dem Kopf nach unten senkrecht nebeneinander, darüber drei Körper, davon zwei nebeneinander, eines links, mehr oder weniger schräg seitlich nach oben, und eines rechts. Die Herztöne dieses rechts oben liegenden Babys machten ihm Sorgen, weil sie schwächer als die der übrigen Kleinen waren.

Die Nächte gefielen mir ab jetzt besonders, weil ich nun bei Frauchen und Herrchen im Bett schlafen durfte. Noch mehr beglückte es mich, als Frauchen sogar in mein Hundezimmer umzog und auf einer Matratze neben mir schlief, wo für die Babys schon ein Lager bereitet war.

Ich wurde immer unruhiger und besessener von dem Bedürfnis, zu graben und zu kratzen. Da sie mich nicht in den Garten ließen, scharrte ich auf Teppichen, Sesseln, auf dem Sofa und überall. Wenn sie mich doch nur noch einmal in den Garten lassen würden, dachte ich sehnlichst. Und prompt fiel Frauchen morgens auf meine flehenden Hundeblicke herein, ließ mich laufen, und schon war ich vom Erdboden verschluckt. Ich hörte tief aus meiner Höhle heraus, wie mich mein menschliches Rudel aufgeregt im ganzen Garten suchte und Herrchen sagte: »Heute ist der zweiundsechzigste Tag – ob's wohl losgeht? Wo mag nur Julchen sein?«

Plötzlich lachte er auf. »Tobias«, fragte er, »warum sitzt du denn mitten im Rosenbeet wie ein Zinnsoldat? Das tust du doch sonst nie?«

Da war ich entdeckt. Tobias hatte treu vor meiner Höhle unter dem Busch Wache geschoben und mich dadurch völlig ungewollt verraten.

Herrchen schlug den Busch zurück und sah mein wunderbares Bauwerk. Ganz tief hinten sah er in der Dunkelheit nur meine beiden glänzenden Augen. Mit einer Hartnäckigkeit, wie sie nur Menschen

155

eigen ist, bestanden Herrchen und das hinzugerufene Frauchen darauf, daß ich meine einmalige Höhle verließ.

Mir ging es gar nicht gut, denn es war furchtbar heiß. Schlapp und auch willensgeschwächt, wie ich nun einmal war, gab ich schließlich ihrem Wunsch nach und trottete traurig wieder mit ins Haus. Frauchen und Herrchen schienen aber sehr erleichtert, und Frauchen schlief in dieser Nacht wieder neben meinem Lager.

Das war gut so, denn gegen Morgen, als es kühler wurde, spürte ich ein immer stärkeres Ziehen im Bauch.

Frauchen stoppte mit ihrer Uhr die Dauer der Wehen und holte Herrchen schließlich aus dem Bett. »Warum denn nur um alles in der Welt um fünf Uhr morgens?« knurrte er schlaftrunken. Na logisch, weil es dann am kühlsten ist, hätte ich am liebsten gereizt zurückgeknurrt. Ich war aber mit Wichtigerem beschäftigt.

Das Ziehen und Pressen wurde immer heftiger. Bei der ersten Geburt hatte ich meine Babys im Liegen bekommen. Jetzt hockte ich mich einfach auf meine Hinterläufe, damit die Geburtswege nach vorne unten freilagen. Ich brauchte keine Geburtshilfe wie beim ersten Wurf mehr durchzuführen, denn alles war ja schon von der ersten Geburt her geweitet.

Es machte nur flutsch: »Fünf Uhr zehn, ein Rüde, grau, genauso aussehend wie Tobias als Neugeborener«, notierte mein Herrchen freudig. Ich leckte diesen kleinen Jungen ab, massierte ihn und ließ ihn in Richtung Zitze krabbeln. Dort fühlte ich ihn bereits kräftig saugen. Als ich mich daran erfreute, kam unter Preßwehen die Nummer zwei heraus. »O Schreck!« hörte ich die aufgeklärten Kinder flüstern, die auch endlich wach geworden waren. »Der ist ja fast weiß, wo hat Julchen denn den her?« Dumme Frage, wunderte ich mich, was die für Probleme haben, es darf doch wohl die Münsterländer Urgroßmutter mal wieder durchkommen.

Dann konnte ich zum Glück etwa eine Stunde während meiner Wehenpause schlummern. Dann war Numero drei an der Reihe: »Weiblich, schwarz, äußerst lebhaft, bester Biotonus. Besonderes Kennzeichen: weiße Pfote, sieht fast genauso aus wie Julchen als Baby«, notierte Herrchen wieder aufgeregt.

Geburtsprotokoll

	Bommel ♂	Anton ♂	Juliette ♀	Pünktchen ♂	Charly Brown ♂
Geburtsstunde	5.10 Uhr	5.40 Uhr	6.58 Uhr	8.00 Uhr	10.14 Uhr
Geburtsgewicht	300 g	330 g	290 g	240 g	210 g
Länge+	16 cm	17 cm	16 cm	16 cm	16 cm
Biotonus++ nach der Geburt	2	1–2	1	2	3–4
Biotonus+++ am Abend des 2. Tages	1	1	1	1–2	eingeschläfert
Geburtslage	Kopf	Kopf	Steiß	Steiß	Steiß
Fellfarbe bei der Geburt	grau-schwarz	weiß mit grauen Flecken	schwarz mit weißer Pfote	weiß mit schwarzen Flecken	braun getigert
Gewicht am Abend des 2. Tages	380 g	390 g	380 g	400 g	–
Aussehen im Vergleich	wie der Vater als Welpe	neu!	wie die Mutter als Welpe	neu!	wie Charly Brown aus dem 1. Wurf
Erkennbares Erbe vom	Vater	Groß-mutter väterlicher-seits	Mutter	Groß-mutter väterlicher seits	Groß-vater väterlicher-seits

♀ weiblich ♂ männlich
+ *Länge* = cm von der Stirn bis zum Schwanzansatz
++ *Biotonus:* definiert nach Trummler,»Mit dem Hund auf Du«:
1. Krabbelt bereits in den Eihäuten und sucht nach Eihautentfernung sofort nach der Milch-quelle (Zitzen).
2. Bleibt nach Entfernung der Eihäute eine Weile liegen, wird dann sehr aktiv und säuft kräftig.
3. Strebt nach dem mütterlichen Körper, findet aber selbständig keine Zitze und muß angelegt werden.
4. Inaktiver Welpe, der auch nach Anlegen nicht säuft.
+++ *Biotonus am 2. Tag:*
1. Saufen kräftig, nahmen stark an Gewicht zu und kriechen kräftig.
2. Saufen kräftig, nahmen stark an Gewicht zu, kriechen aber weniger kräftig.

157

Während ich das schwarze Mädchen noch leckte, beriet die Familie über den Namen, und am Rande bekam ich mit, daß sie das schwarze»Würstchen«Juliette nannten, wie man mich in der Carmargue genannt hatte. Ich war froh, wieder eine etwa einstündige Ruhepause zu haben, um dann Numero vier herauszupressen. »Der ist ja auch weiß, und mit einem runden schwarzen Flecken auf dem Rücken!« riefen sie erstaunt. Wenn der Pünktchen heißen muß, dann ist der andere weiße mit den dunklen Flecken Anton, hörte ich jemanden sagen. Aber das war mir reichlich egal, denn inzwischen war es wieder heiß, und ich wollte nur eines: schlafen. Das wohlbekannte Ziehen im Bauch riß mich wieder aus dem Schlummer, und der fünfte Welpe meldete sich. Mich wunderte, daß er sich trotz meiner Zungenmassage zunächst nicht bewegte und nur ganz schwach atmete. Er roch auch so eigenartig. Deshalb ließ ich ihn einfach liegen. Er konnte auch nicht allein zur Zitze kriechen. Und als Frauchen ihn besorgt an die Zitze legte, saugte er auch nicht. Mir war das aber egal. Ich hatte nur einen fürchterlichen Durst, und ich trank begierig aus dem Napf, den Frauchen mir hinhielt. Dann schlief ich zufrieden und schlapp nach sechsstündiger Schwerstarbeit ein.

Es muß wohl Mittag gewesen sein, als ich wieder aufwachte, denn ich hörte die Kinder kommen. Die konnte ich jetzt am wenigsten gebrauchen und knurrte sie böse mit gefletschten Zähnen an. Dieses Knurren und Fletschen galt aber auch Tobias, der sich nur ganz scheu bis zur Tür unseres Geburtszimmers wagte. Flüsternd erzählte Frauchen den Kindern, daß mein fünftes Baby nicht lebensfähig gewesen sei und Herrchen ihm eine Spritze geben mußte. Dafür fühlte ich die vier Lebenden um so stärker saugen.

Da war sie nun, meine Brut: ein grauer (wie Tobias), eine schwarze (wie ich als Baby), zwei weiße mit Flecken, wie vielleicht die Münsterländer Großmutter von Tobias, also ihre Urgroßmutter. Das fünfte Baby, das dann tot war, hatte genauso braun-schwarz getigert ausgesehen wie Charly Brown aus dem ersten Wurf. Ist das nicht toll, was in Mischlingen für Überraschungen stecken?

Herrchen liebt ja Tests und Tabellen. Alle Babys wurden von ihm entsprechend beschrieben, gewogen und ihr Biotonus bestimmt. Er stellte dabei fest, daß die Hitze von 30 Grad Celsius wohl den Welpen bei der Geburt kräftig zugesetzt hatte, denn bereits am nächsten Tag hatten die leichtgewichtigen Welpen (Juliette und Pünktchen) im Vergleich zu den Geschwistern das verminderte Geburtsgewicht durch besonders kräftiges Saugen ausgeglichen und waren inzwischen ebenso kräftig und schwer wie die beiden Erstgeborenen. Meine vier Kleinen wogen da bereits zwischen 380 und 400 Gramm. Alle tranken sie um die Wette, denn sie waren alle gleich kräftig und kämpften stark um die hinteren vollen Zitzen. Keiner der vier lebenden Welpen ließ sich seine Milch von der Zitze nehmen.

Herrchen benotete dann auch ihren »Biotonus«, die Saugkraft, ihre Bewegungen und Vitalität, nur bei Pünktchen mit eins bis zwei, bei allen anderen drei Welpen mit eins.

Glücklich war ich, daß alle vier überlebenden Babys sofort meine Zitzen fanden. Stolz bin ich, daß sie den angeborenen Instinkt hatten und wußten, wie man säuft und wieviel Milch man braucht, wenn man ausgetrocknet ist.

Wichtig für mich war, wie meine Welpen rochen. »Charly Brown II« hatte krank gerochen. Aber die anderen rochen so, wie Babys riechen müssen, nämlich am ganzen Körper verschieden; anders am Kopf, am Schwanz, am Rücken, am Bauch.

Weil Charly Brown nicht normal roch, ließ ich sie liegen, denn ich wußte ja, daß aus dem Mädchen keine gesunde Hündin werden konnte. Hätte man sie irgendwie mit Fläschchen großgezogen, wäre sie vielleicht eine kränkliche Hündin geworden. In freier Wildbahn kommen solche Tiere meistens um.

Die Laute, die die Welpen nach der Geburt ausstießen, klangen gut wie bei gesunden menschlichen Neugeborenen. Falsche Töne stören mich genauso, wie es Herrchen stört, wenn jemand falsch singt oder musiziert.

Meine Welpen schienen gut geraten, so daß ich endlich einschlafen konnte. Aber das war nur die Ruhe vor dem Sturm!

Julchen wird erneut Mutter. Und diesmal ist »Sohnemann« Tobias der stolze Vater.

Charlie Brown aus
dem ersten Wurf.
So braungetigert sah
auch ein Mädchen
aus dem zweiten
Wurf aus, leider war
sie nicht lebensfähig.

160

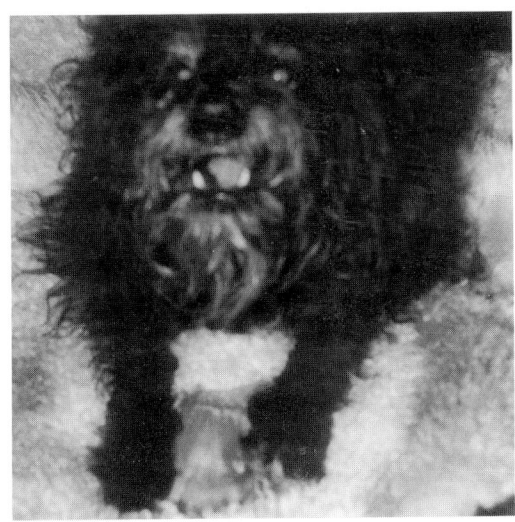

*Auf ihre vier Kleinen
hat Julchen gut auf-
gepaßt ... Niemand
durfte dem Welpenla-
ger zu nahe kommen.*

*Und das
sind sie:
Anton,
Pünktchen,
Bommel und
die kleine
Juliette.*

Kapitel 16
Die ersten sieben Wochen mit den Welpen

Aufgabenverteilung der Hundeeltern bei Welpenschutz, Fürsorge und Erziehung, die vegetative, Übergangs- und Prägephase und das selbständige Fressen der Welpen

Ich kann mich nur noch daran erinnern, daß meine Welpen in ihren ersten Lebenstagen fast unentwegt an meinen Zitzen hingen und tranken, daß ich außerdem das Lager dauernd sauberhalten und ängstlich darauf bedacht sein mußte, daß meinen Kleinen nichts geschah. Beim kleinsten Geräusch schreckte ich aus dem Schlaf, um meine Babys notfalls verteidigen zu können.

Jeder, der meinem Lager zu nahe kam, wurde – zumindest in den ersten Tagen – böse warnend angeknurrt, selbst Frauchen und Herrchen. Besonders mißtrauisch war ich, wenn Herrchen mir täglich einmal einen Welpen nach dem anderen kurz wegnahm, um sein Gewicht zu messen und dieses in eine Tabelle einzutragen, als ob das interessant wäre. Jedenfalls beobachtete ich dann mit Argusaugen, ob er die Welpen wieder sofort zu mir zurücklegte.

Selbst Vater Tobias durfte nicht zu nahe an das Lager herankommen. Deshalb lief er nur noch traurig mit eingezogenem Schwanz im Haus und um das Geburtszimmer herum, ohne zu verstehen, weshalb ich nun keine Zeit mehr für ihn hatte. Armer Hundemann! Er besann sich dann aber doch noch auf seine Vaterpflichten und bewachte sorgsam das Geburtszimmer und ließ bei jedem Geräusch am Haus ein drohendes Warnknurren hören. Er traute sich nur zu uns, wenn Frauchen und Herrchen mitkamen. Dann beäugte er ängstlich und neugierig seine große Hundefamilie.

Tagsüber war es fast hochsommerlich heiß, und so brauchte ich jede

Stunde frisches Wasser. Meine wildlebenden Artgenossen bekommen ihren Nachwuchs im Winter. Also Geburtenplanung war das bei mir nicht gerade. Zum Glück stellte Frauchen außerdem noch gekochtes Rindfleisch an mein Lager. Sobald niemand in der Nähe war, schlang ich die Fleischstücke hastig hinunter und soff Wasser und Milch napfweise.

Meine Kleinen waren genauso gefräßig. Sie hatten bereits zwischen dem vierten und sechsten Tag ihr Geburtsgewicht verdoppelt. Trotz meiner Sorge um sie drückte mich naturgemäß gelegentlich auch ein »hündisches Rühren«. Dann mußte ich meine Babys kurz allein lassen. Ich raste ganz schnell hinunter, um im Garten in Windeseile ein Häufchen und Wasser zu lassen und noch mal nach meiner verwaisten Höhle zu schauen. Wenn ich bei meiner eiligen Rückkehr an meinem Menschenrudel vorbeikam, sprang ich jeden erfreut über das Wiedersehen blitzschnell an, leckte sie hektisch und sauste sofort wieder nach oben zu meinem Welpenlager, um mich wieder meiner Brut zu widmen.

Meine Welpen krochen, wenn sie nicht tranken oder schliefen, anfangs in kleinen, dann in immer größer werdenden Halbkreisen um mich herum und fiepsten dabei.

Einige Tage später suchten sie sich trotz ihrer geschlossenen Augen schon ein gemütliches Schlafplätzchen, wenn ich mit Frauchen oder Herrchen auf einem Stadtparkspaziergang meine Geschäfte erledigte. Sonst schmiegten sie sich an meinen Körper. Ab dem fünften Tag konnte ich es schon wagen, meine Welpen für eine halbe Stunde allein zu lassen, sehr zur Freude von Tobias, denn dann hatte er mich wenigstens kurzfristig für sich.

An seinen Welpen schnupperte oder leckte er inzwischen gelegentlich ganz zaghaft und vorsichtig, um danach wieder seine Stellung auf der Treppe zu beziehen und eifrigst Wache zu schieben. Er fühlte sich jetzt, wie menschliche Väter auch, oft überflüssig, beobachtete das Treiben seiner Babys zunehmend kritisch.

Wenn ich von meinen dauernden Pflichten sehr geschafft war und Herrchen oder die Kinder kamen, um nach uns zu sehen, stellte ich mich mit gesträubten Haaren, entblößtem Gebiß, gekräuselter Stirn und geradeweg gestreckter Rute über meine Babys und ließ mein bestes Warnknurren oder Knurrbellen hören. Fremde wagten es erst gar nicht, ins Zimmer zu kommen. Meine Unfreundlichkeit Frauchen und Herrchen gegenüber tat mir leid. Ich warf mich dann zu ihrem Trost auf den Rücken, versuchte, sie entschuldigend zu lecken, und sie sagten dann immer verständnisvoll: »Ist ja gut, Julchen, du mußt ja auch auf deine Babys aufpassen.« Und dann streichelten sie mich zärtlich.

Aber so genervt von meinen mütterlichen Pflichten, insbesondere von dem ewigen Saugen der Welpen, war ich nur in den ersten sieben Tagen nach der Geburt. Dann ließ ich mich immer öfter von Frauchen, Herrchen und den Kindern besuchen, sogar zwischen meinen Welpen fotografieren. Nur Menschen, die nicht zum Rudel gehörten, ließ ich noch nicht an mein Lager heran. Später konnte ich es mir dann auch schon erlauben, mich von Frauchen zu den geliebten Autofahrten mitnehmen zu lassen, selbstverständlich auf meinem Stammplatz, dem Beifahrersitz, wie es mir erst recht als stolze Hundemutter gebührte.

Wie staunte ich, als ich Bommel erstmalig außerhalb des Lagers herumkriechen sah. Herrchen schien ganz baff zu sein, und er rechnete in Windeseile, daß dies ja doch erst der achte Tag war. Wieviel größer war erst die Freude, als sich am zwölften und dreizehnten Tag die Augen der Kleinen öffneten. Damit nahmen die Geschwister auch untereinander Kontakt auf. Die Übergangsphase von der vegetativen zur Prägephase hatte begonnen.

Ab dann kam Leben ins Hundelager. Nach vierzehn Tagen konnte sich Bommel schon auf den Hinterbeinen halten, und nun begannen auch die tolpatschigen Raufereien der Kleinen.

Alle zweibeinigen Rudelmitglieder hatten ihre Freude daran, denn es sah zu putzig aus. Bei ihren Ringkämpfen liefen sie erst gegeneinander wie die Ritter bei ihren Ritterspielen und fielen dann gemeinsam um.

Bommel war als Erstgeborener der stärkste Rüde und hatte auch als erster den Bogen raus. Er nahm einen gewaltigen Anlauf mit Kläffen, Knurren und Bocksprüngen, um dann seinen Gegner mit seinem ganzen Gewicht zu rammen.

Seine zarteren Geschwister fielen um wie die Pappkameraden, wenn er sich ins Getümmel stürzte, und schon kugelte, quiekte und raufte der ganze Haufen.

Plötzlich war dann wieder Ruhe. Vorbei war die Kugelei, und der ganze »Verein« lag erschöpft und schlummernd herum – übereinander, untereinander und abseits.

Hier muß ich lobend erwähnen, daß Frauchen und Herrchen mir durch einen Trick Ruhe vor den Quälgeistern verschafften, die sich bisher immer beim Schlafen an meinen Körper geschmiegt hatten.

In unserem Lager hatten sie inzwischen eine gewebte Felldecke ausgebreitet, in die sich meine Kleinen einkuschelten und sich offenbar einbildeten, bei mir zu liegen, auch wenn die langen Haare nicht echt waren. Jedenfalls konnte ich mich ruhig entfernen, wenn jeder seinen Kuschelplatz gefunden hatte, und oft sogar einen ruhigen Platz außerhalb des Lagers suchen.

Wenn ich mich zwischen sie legte, wurden sie sofort munter, und es begann der Wettlauf nach der besten Zitze. Dem Saugen folgte wieder das Toben, dann das Schlafen, und so ging es munter weiter. Wenn man bedenkt, daß die Welpen nach etwa drei Wochen immerhin ein Gewicht von etwa 1300 Gramm auf die Küchenwaage brachten, so halte ich dies für alle Beteiligten für eine stramme Leistung. Ich war heilfroh, daß die Kleinen so prächtig gediehen, und Frauchen und Herrchen waren mächtig stolz auf den »Haufen«. Immerhin war die erste Entwicklungsstufe geschafft, und darauf konnten meine Kleinen nun prächtig aufbauen.

Ab dem achtzehnten Tag krabbelten sie schließlich alle auf wackeligen Beinchen durch das Geburtszimmer, und Bommel und Juliette reagierten bereits eindeutig auf Laute und Töne.

Bald schon hatten wir eine lange gemeinsame Reise vor uns. Ich und Tobias ahnten ja schon längst, daß sich da etwas zusammenbraute. Große Ereignisse warfen ihre Schatten voraus, in diesem Fall die Koffer von Frauchen und Herrchen. Ich verfolgte ihre Aktivitäten wieder mal mit wachsender Unruhe.

Als dann eines Morgens alles in Frauchens Käfer verstaut wurde, sprang ich sofort unaufgefordert hinein und war fest entschlossen, mich von keiner Macht der Welt wieder herauslocken zu lassen. Frauchen redete beruhigend auf mich ein: »Du kommst doch mit, Julchen, aber wo sind deine Babys?« Von der Angst, nicht mitgenommen zu werden, und der Pflicht, meine Babys nicht allein lassen zu dürfen, wurde ich hin- und hergerissen und hüpfte unruhig im Auto herum. Aber ich hätte das Auto ums Verrecken nicht mehr verlassen, trotz der Babys. Frauchen, die meine Qual nachempfinden konnte, eilte schließlich selbst ins Haus und kam zum Glück mit den vier zappelnden Bündeln zurück.

Sie wurden hinter den Sitzen auf weiche Decken gelegt, und während ich auf Gabrieles Schoß thronte, ging die Reise los. Herrchen folgte in seinem Auto mit Tobias. Wir durften alle mit, welch ein Glück! Wohin, war mir letztlich ziemlich egal.

Die Fahrt dauerte lange. Zwischendurch machten wir Rast, und plötzlich waren Herrchen und Tobias auch bei uns. Die Kleinen wurden angelegt, und die fremden Leute auf dem Rastplatz standen rundum, wobei ich Bemerkungen wie »verrückt« oder »wie süß« aufschnappte.

Während der Weiterfahrt krabbelten meine Kleinen munter unter den Sitzen herum. Gabriele fischte sich immer den unruhigsten heraus, spielte und knubbelte ihn und bekam dabei manch Bächlein ab. Jedenfalls hatte sie den Verein fest im Griff, so daß Frauchen und ich uns aufs Fahren konzentrieren konnten.

Als der Käfer seine Fahrt verlangsamte, ahnte ich bereits, wo es hinging. Durch den Lüftungsschlitz hatte ich wieder das Heu, die Kühe und den Mist in wohlbekannter Mischung gerochen, die nur zu unserer Kate in Schleswig-Holstein paßten. Dann hielten wir vor dem alten Haus, das so eigenartig nach Rauch roch und in dem es Mäuse, Katzen und Spinnen zu jagen gab. Tobias und ich durchstöberten es gleich bis unter das Reetdach, und vor lauter Jagdeifer vergaß ich fast meine Kleinen. Aber um die hatten sich Frauchen und Herrchen zum Glück schon gekümmert.

Unter der alten Kirchenbank lagen alle vier auf weicher Unterlage und fühlten sich offenbar wohl. Von der Bank hing eine Decke herunter, hinter der sie sich verkriechen konnten, und vor dem Lager waren Zeitungen ausgebreitet.

Am einundzwanzigsten Tag ließ sich dann morgens eines der Kleinen von der Schaumgummimatte des Lagers auf die Zeitung herabfallen, um sein Geschäft erstmalig außerhalb des Lagers zu erledigen. Sofort folgte ein Welpe nach dem anderen, um es dem ersten nachzutun. Nach vollbrachtem Werk krabbelten sie wieder auf das Schaumgummilager zurück. Herrschen war außer sich vor Begeisterung und notierte gleich: einundzwanzigster Tag, Beginn der Prägephase.

Unter Prägephase versteht man die Zeit von der vierten bis zur siebten Lebenswoche der Welpen. In dieser Zeit wird der kleine Hund auf den Menschen und seine Geschwister geprägt, und er entfaltet seine Kontaktfähigkeit Menschen und anderen Hunden gegenüber. Er verläßt das Lager und beginnt, die Umwelt auf eigene Faust neugierig zu erkunden. Er knabbert an seinen Körperteilen und denen seiner Geschwister und zweibeinigen Rudelgenossen und an sonst allem herum.

Ich mußte aufpassen, daß sich die Kleinen nicht verletzten, indem sie zum Beispiel einen scharfen kleinen Knochen verschluckten. Sie hatten jetzt zu lernen, sich immer geschickter zu bewegen, vorsichtig auf Laute zu reagieren, auch Vorsicht und Furcht anzuzeigen und sich durch Bellen, Kläffen, Knurren bemerkbar zu machen.

Über solche Selbstverständlichkeiten schien sich Herrchen komischerweise mehr zu freuen als über einen guten Knochen. Erstaunt notierte er auch beim abendlichen Wiegen: Trotz der langen Fahrt Gewichtszunahme von Bommel um 180 Gramm, von Anton um 140 Gramm und Pünktchen um 110 Gramm. Juliette, die am Reisetag nicht an Gewicht zugelegt hatte, wog dafür am folgenden Tag 180 Gramm mehr.

Zum Glück stellte Frauchen den Kleinen neuerdings täglich einen Fleisch-Haferflocken-Brei hin, über den sich als erster Bommel hermachte, um seinen Bärenhunger zu stillen. Er war offensichtlich ein intelligenter Bursche. Juliette, aber auch die zwei anderen Welpen waren beim Fressen zuerst einmal unkonzentriert und ungeschickt und ließen sich von allem, besonders von den Geschwistern, ablenken. Sie rauften dann oft in der Nähe des Napfes, und mitunter fielen sie ganz in den Brei hinein. Das war eine Schweinerei. Am einundzwanzigsten Tag waren sie schließlich soweit, friedlich gemeinsam aus einem Napf fressen zu können. Nur Pünktchen trat manchmal noch ins Freßnäpfchen und schlidderte dann wie auf Schmierseife mit Fettpfoten durch die Gegend.

Ich war unendlich froh, daß ich entlastet war, denn die spitzen Zähne der Kleinen taten mir inzwischen beim Säugen weh. Ich spürte auch, daß ich ihnen jetzt, nach vier Wochen, nicht mehr soviel Milch bieten konnte, wie sie brauchten. Da half mir wieder einmal mein Instinkt weiter. Ich fraß gekochtes Fleisch und brach es wie meine wildlebenden verwandten Wolfsmütter als Speisebrei meinen Kleinen vor, sehr zum Erstaunen meiner Herrchen.

Später, nach der sechsten Woche, als die Babys schon recht munter und hell bellend durch unsere Bauernkate stromern konnten, verschmähten sie mehr und mehr meinen Brei und gingen zur direkten Methode über, indem sie Tobias und mir einfach ein Stück Knochen oder Fleisch stibitzten, es zu ihrem Lager schleppten und dort daran herumlutschten. Manchmal artete dies richtig in Arbeit aus. Man merkte ihnen an, daß sie immer mehr Kondition gewannen.

Selbstverständlich sahen wir Eltern den Beutezügen unserer Kleinen nicht immer wohlwollend zu. Ich knurrte dann, wenn ihr Treiben zu dreist und ich selbst beim Fressen gestört wurde. Tobias knurrte ebenfalls, kniff die Kleinen, so daß sie sich fürchterlich schreiend auf den Rücken warfen. Juliette war besonders begabt im Theaterspielen.

Manchmal ließen wir die Kleinen aber auch fressen und verzogen uns währenddessen mit einem Leckerbissen auf einen erhöhten Platz, wo die Welpen uns nicht stören konnten.

Gegen Ende der fünften Woche fraßen die Kleinen praktisch alles, mit Vorliebe Blutwurst, Leber und gekochtes Fleisch. Damit war ich zu meiner großen Erleichterung von der Brutpflege entlastet.

Es ging mir von Tag zu Tag besser, was man leider von dem gestreßten Hundevater nicht berichten kann. Sollten Männer etwa doch schlechtere Nerven haben?

Kapitel 17
Weitere Wochen voller Turbulenzen

Rollenkonflikte des Welpenvaters und Sohns, Entwicklung der Laut- und Körpersprache, unterschiedliche Charaktere und Handlungsprogramme der Welpen und artgerechte Hundehaltung

In der Tat hatte Tobias nach der Geburt seiner Welpen einen ausgesprochen komplizierten Familienstand, denn er ist ja nicht nur Julchens erstgeborener Sohn, sondern dazu ihr Mann, also ihr Sohnemann geworden. Damit war er nicht nur Vater, sondern zugleich Halbbruder seiner Welpen. Das war wohl auch für ihn des Ungewöhnlichen zuviel. Wen wundert's, daß sein Seelenzustand getrübt war. Er wirkte depressiv und war eifersüchtig auf die Kleinen, weil Julchen sich mehr um sie als um ihn kümmerte. Er beleckte sie zwar gelegentlich, ging ihnen dann aber auch bald aus dem Weg und verschwand an einen ruhigen Ort.

Am 23. Tag versuchte er erstmalig mit den Babys zu spielen, indem er sie auffordernd anknurrte, dann zurückwich oder zur Seite sprang, um sie zur Verfolgung aufzufordern. Oder er stupste sie an und warf sie auf den Rücken, wenn sie auf ihn zugelaufen kamen. Bei guter Laune hockte er sogar zwischen seinen Kleinen und ließ sich angreifen. Juliette, seine einzige Tochter, war bereits Ende der vierten Woche bellend auf ihn zugegangen. Sie hatte offenbar einen besonders guten Draht zu ihrem Vater. Gegen ihre stürmische Art schien er inzwischen immer machtloser zu werden. Zu seinem Leidwesen hielt sie sich immer mehr an ihn als an ihre Mutter, und er ließ sie großmütig – oder wehrlos – gewähren.

In der fünften Woche waren die Bewegungen der Welpen bereits recht schnell, sicher und geschickt. Sie liefen jetzt mit Vorliebe in beiden Wohnstuben herum. Am 29. Tag verließ Juliette als erste auch diese und spazierte mutterseelenallein durch die Diele, allerdings ohne den Rückweg zu finden. Typisch für die tollkühne Juliette.

Draußen mußte ich achtgeben, daß Juliette nicht unkontrolliert auf die Straße lief, die drei anderen Kleinen hielten sich streng an die Reviergrenzen. In freier Wildbahn wäre die leichtsinnige Juliette wahrscheinlich umgekommen, und wir Hundeeltern hätten ihr nicht helfen können. Zum Glück übernahmen Frauchen und Herrchen unsere Arbeit und holten Juliette immer wieder zurück.

Pünktchen führte uns erstmalig am 29. Tag einen für ihn beachtlichen Sprung vor. Im Wohnzimmer lag eine gepolsterte Fußbank, an der sich Bommel, Juliette und Anton hinaufzogen und wieder hinunterfallen ließen. Pünktchen nahm Anlauf, sprang hinauf und wieder hinunter und landete dabei auf allen vieren. Von da an übte er pausenlos und systematisch seine Sprünge, die ihm offensichtlich riesigen Spaß machten.

An manchen Tagen war es trotz des Hochsommers so kühl, daß in der Stube geheizt werden mußte. Die Kleinen schienen manchmal in der Diele zu frieren. Am 31. Tag wußten sie sich bereits zu helfen: Sie verließen ihr Lager unter der Kirchenbank und legten sich alle vier zusammengekauert an die Heizung auf eine Decke, die sie sich von dem daneben stehenden Sessel vorher heruntergezogen hatten. Auf diesem warmen Platz schliefen sie dann häufiger, er schien ihnen in Julchens Abwesenheit Schutz und mütterliche Wärme zu ersetzen. Die Ersatzfunktion dieser Heizung wurde ganz augenfällig, als Julchen einmal in der sechsten Woche sehr aufgeregt bellend aus dem Haus lief. Denn die Welpen folgten ihr nicht, sondern flüchteten statt dessen blitzschnell an die Heizung, um sich dort in Sicherheit zu bringen.

Von da an erlebten wir immer öfter, daß die Kleinen selbständig auf fremde Geräusche reagierten und Schutz suchten, selbst unter Herrchens Auto.

Je mobiler die Kleinen wurden und je mehr sie sich im Wohnzimmer breitmachten, desto mehr litt Tobias. Er schien den Aufenthalt in der Wohnstube als sein und Julchens Privileg anzusehen, das jetzt durch die Babys in Frage gestellt wurde.

So konnte es passieren, daß er unvermittelt Juliette biß, so daß seine Tochter erschrocken quiekend wegrannte. Als wir ihn deshalb energisch tadelten, kroch er sehr schuldbewußt zu Kreuze und bat uns in gewohnter Art um Vergebung. Zwei Seelen wohnten offensichtlich in seiner Brust. Häufig ging er den Welpen vorsichtshalber aus dem Weg, indem er entweder auf ein Sofa oder auf einen Stuhl sprang, wo ihn die Babys nicht erreichen konnten. Oder er verließ klein, mit eingezogenem Schwanz, traurig die Wohnräume und verzog sich über eine schmale Treppe hinauf auf den Heuboden und legte sich dort resigniert in eine Ecke. Oder er starrte zum Fenster hinaus. Er hätte ein gutes Titelbild für ein Buch über Depressionen abgegeben.

Er fühlte sich offensichtlich von den Welpen aus seinem Paradies vertrieben. Sie wurden immer mehr zu Konkurrenten um Julchens Gunst und die von Frauchen, Herrchen und den Kindern.

Mit Julchen war ja auch wirklich nichts mehr los. Zum gemeinsamen Spiel war sie nach den Strapazen der Geburt, dem ewigen Säugen und Nahrungbeschaffen zu schlapp. Tobias wirkte nicht mehr wie der erwachsene Hund und Vater, sondern er spielte wieder den kleinen Jungen von damals.

Wir bemühten uns redlich um ihn. Wenn er alleine auf dem Heuboden lag, setzten wir uns neben ihn, baten ihn, wieder zum Rudel zurückzukommen, und versicherten, ihn doch immer noch zu lieben. Wir redeten auf ihn ein wie auf einen lahmen Gaul. Tobias aber drehte ostentativ den Kopf weg und starrte zum Fenster hinaus, als ob er taub sei. Das gute Zureden konnte manchmal zehn Minuten dauern, bis er sich dazu bewegen ließ, langsam – und offensichtlich widerwillig – aufzustehen und zu uns zurückzukehren.

Eines Tages, während wir über seine offensichtliche Regression in die ödipale Phase diskutierten, war er wieder mal verschwunden. Bald darauf hörte man Frauchens entsetzte Stimme, denn Tobias hatte doch tatsächlich wie ein Welpe den Riemen ihrer geliebten Sandaletten zerbissen. Frauchen schimpfte temperamentvoll los, während Tobias auf der Bank am Gartenfenster trotzig hinausstarrte, dabei aber leicht mit dem Schwanz wedelte – konzessionsbereit? –. Dann siegte aber das schlechte Gewissen über den Trotz. Er zitterte auf seiner Bank am ganzen Körper, und erst auf freundliche Ansprache und Tätscheln sprang er entschuldigend am Herrchen hoch, um ihn abzulecken.

Katastrophen und Kataströphchen gab es bei unserer Brut in der Prägephase selbstverständlich auch. Gott sei Dank haben auch wir Hunde unsere Sprache, mit der wir einander warnen, rufen und um Hilfe bitten können.

In den ersten Tagen ihrer Ausflüge stießen die Welpen helle Piepser aus, so daß wir Eltern immer hörten, wo die Kleinen waren. Hatten sie sich mal im Garten, im Gebüsch, auf abschüssigem Gelände, in einem Beet oder Steingarten verlaufen und wußten nicht zurückzufinden, riefen sie regelrecht um Hilfe. Ich rannte dann sofort hin und führte sie auf den richtigen Weg zurück. Saßen sie irgendwo fest, packte ich sie mit meiner Schnauze und befreite sie.

Am Morgen ihres 44. Lebenstages durften Tobias und ich gerade gemütlich bei Frauchen und Herrchen im Bett liegen, als ich einen fürchterlichen Lärm hörte. Alle Babys jaulten schrecklich, und eines schrie jämmerlich. Ich raste hin. O Schreck! Das schwere, 45 Zentimeter lange Absperrbrett des Lagers war auf Anton gefallen und klemmte ihn ein. Meine vier waren offensichtlich darauf herumgeturnt. Ich selbst konnte Anton nicht befreien. Glücklicherweise aber hatten Frauchen und Herrchen ebenfalls den Lärm mitbekommen und halfen Anton. Es war nichts passiert. Anton war mit dem Schrecken davongekommen, aber er mußte von uns allen noch lange getröstet werden.

Ein anderes Mal klemmte sich eines meiner Babys zwischen Schrank und Wand ein und schrie jämmerlich. Ich raste hin, kam aber nicht an das Baby heran und konnte es nicht befreien. Frauchen und Herrchen hatten nichts von dem Unglück bemerkt. Ich hätte sie holen können, aber ich wollte das Kleine nicht allein lassen. Da heulte ich wie ein Wolf: laut, durchdringend und in kurzer Lautfolge, bis Frauchen und Herrchen heranliefen und meinen Welpen befreiten.

Leider trübte sich die Freude an unserer Kate und Schleswig-Holstein bald: Nachbarn, mit denen uns ein sonst freundschaftliches Verhältnis verbindet, die aber Jäger sind, bemerkten sehr kritisch, daß zumindest die Jagdpächter über unsere »artgerechte Hundehaltung« nicht erbaut seien und dafür absolut kein Verständnis hätten. Hunde gehörten eben an die Kette oder Leine und hätten sich den Menschen zu fügen.

Immerhin sollen in der alten BRD jährlich 45 000 Hunde von sogenannten Jägern abgeknallt worden sein, die wohl meinen, sich mit dem Erwerb eines Jagdscheins und einer Pacht auch Naturverständnis erworben zu haben.

Verständlicherweise dürfen Hunde in Wäldern nicht frei laufen und Wild beunruhigen. Aber was ist, wenn Hundebesitzer wie wir ganz bewußt Wiesengelände und Bachläufe aufsuchen? Bei vielen – nicht allen – Jagdpächtern gibt es da selbstherrlich kein Pardon: Revier ist Revier.

»Wo dürfen denn Hunde nach eurer Meinung überhaupt noch leben und ihren angeborenen Bewegungsdrang austoben?« fragten wir völlig verständnislos.

»Überall, nur nicht da, wo Wild ist!« war die Antwort. Kunststück, auf dem Land, mitten in Schleswig-Holstein, dabei haben sie doch noch nie – auch nicht annähernd – ein Tier zu packen gekriegt, es sind eher Stöberhunde.

Hunde sind wie andere Tierarten im Gegensatz zu uns Menschen so ausgerüstet, daß sie mit der Kraft der Läufe und ihrer Zähne nur solche Tiere erjagen können, die auf Grund von Krankheiten und ererbten Degenerationen in freier Natur lebensunfähig sind. Die Nachbarn ließen aber nicht locker und nervten Frauchen mit sicherlich gutgemeinten Vorschlägen. Sie solle uns neben sich am Fahrrad laufen lassen, rieten sie, das mache Hunde glücklich. Ja, vielleicht Rennhunde wie Setter, aber bestimmt nicht uns. Denn wir sind keine Lauftiere, sondern Nasentiere. Frauchens Stimmung sank von Tag zu Tag, schließlich stellte sie vor uns. Es blieb alles beim alten, und wir durften dort laufen, wo wir keinen Wald erreichen und dennoch unsere Freude am Schnuppern ausleben konnten.

Hundebesitzer, die ihre Tiere als vollwertige Familienmitglieder artgerecht leben lassen wollen, können sich nur wünschen, daß alle Jagdpächter, Politiker, Beamte, Richter so viel von der Natur wüßten wie ein Richter in Essen. Dieser stellte (Aktenzeichen 56 (168/87)), gestützt auf eine Sachverständigenaussage, fest, daß ein Bußgeldbescheid wegen »Nichtanleinens eines Hundes in einer (Grün)Anlage« (der Hund war Robbin, ein großer irischer Wolfshund) nicht rechtens war, weil die entsprechende Verordnung der Stadt rechtswidrig und unwirksam ist, da sie gegen höherrangiges Bundesgesetz, gegen das Tierschutzgesetz, verstößt, das eine artgerechte Tierhaltung vorschreibt. »Zur artgerechten Hundehaltung gehört ausreichend Bewegungsfreiheit und Auslauf ohne Leine.« Soweit der Richterspruch.

Es ist auffällig, daß Hunde, die von klein auf, wenn möglich, ohne Leine laufen, wesentlich friedlicher mit Artgenossen umgehen und außerdem keine Wege verunreinigen, weil sie sich artgerecht in die Büsche schlagen können.

Während Frauchen immer noch mit diesem Reizthema beschäftigt war, gab sich Herrchen lieber der Beobachtung meiner Hundefamilie hin. Schon nach vier Wochen charakterisierte er meine vier Welpen.

Am augenfälligsten war Juliette. Sie war fast immer nervös und hektisch, draufgängerisch und neugierig, kurz: ein kleines schwarzes »Teufelchen«, das, ungewöhnlich für Hunde, Reviergrenzen und Gebote permanent mißachtete. Sehr unangenehm war ihr heftiges Beißen und Zwicken, mit dem sie Menschen und Geschwister ständig auf Trab hielt. Obwohl sie erst 1900 Gramm wog, überwand sie hohe Türschwellen. Ihre Spezialität war, die friedlich schlafenden Brüder durch Fauchen und Zwicken zu wecken, bis die schönste Rauferei im Gange war, auch mitten in der Nacht. Dann war sie glücklich, und letztlich unterlag sie nur ihrem etwas älteren Bruder Bommel, weil er mehr »Gewicht«, mit inzwischen 2120 Gramm, und Bedachtsamkeit ins Schlachtgetümmel werfen konnte. Eines war schon früh klar: Sie durfte in keine Familie mit kleinen Kindern, und sie brauchte liebevolle, aber strenge und konsequente Herrchen, wenn aus ihr noch einmal ein guter Haushund werden sollte.

Bommel dagegen schien mit vier Wochen viel ruhiger, gelassener, bedächtiger und gutmütiger zu sein als Juliette. Wenn ihm die Balgereien zuviel wurden, trollte er sich einfach und schlief irgendwo in einer Ecke weiter. Er glich nicht nur äußerlich, sondern auch im Wesen sehr Tobias, der sich als Welpe ebenso verhalten hatte. Ansonsten beobachtete er alles vor Beginn seiner Aktionen und erlernte viele Fertigkeiten vor seinen Geschwistern. Er ließ auch gern mit sich schmusen, aber dann nur kurz, nicht unentwegt wie Juliette. Dann zog er sich zurück, ganz wie sein Vater. Er hatte ein selbstbewußtes Distanzverhalten.

Gerade für Bommel mußte man eine sehr liebevolle menschliche Familie möglichst mit Kindern suchen, die bereit war, sich viel mit ihm zu beschäftigen und vor allen Dingen seinen Bewegungsdrang zu stillen.

Pünktchen, der jüngste Rüde, war schwarzweiß gefleckt. Er erwies sich als ein stiller, friedlicher Vertreter, der nicht so wesensstark schien und nur dann raufte, wenn die anderen über ihn herfielen. Wenn es kühler wurde, zitterte er schnell und suchte sich ein warmes Plätzchen. Seine Spezialität war das Hochspringen, und er trainierte diese Fähigkeit unermüdlich. Auch liebte er es außerordentlich, auf den Arm genommen, gestreichelt und gedrückt zu werden. Für Pünktchen wiederum brauchte man eine eher ruhige Familie, und es war schon abzusehen, daß er mit friedlichen Kindern sicherlich gut auskommen würde.

Anton dagegen, der zweitgeborene Rüde mit den braunen Flecken auf weißem Fell, zeichnete sich durch besondere körperliche Schnelligkeit und Wendigkeit aus. Er schien so wesensstark wie Juliette und Bommel zu sein, liebte das Raufen und knabberte neugierig an allem herum. Er zeigte ausgesprochene Liebesbedürftigkeit, ließ sich unendlich gerne von Julchen lecken und von Frauchen, Herrchen und den Kindern streicheln.

Er war ausgesprochen kontaktfreudig und sozial. Ganz klar: Für ihn brauchten wir eine sehr sensible Familie, möglichst mit Kindern, die auch gerne mit ihm seinen Bewegungsdrang austobten.

Liebesbedürftig waren sie eigentlich alle vier. Wenn ich mit dem Lecken nicht nachkam, holten sie sich ihre Streicheleinheiten bei unseren menschlichen Rudelgenossen. Zum Glück waren inzwischen auch die Kinder, Gabriele, Ina, Anke und ihre Cousine Vera, bei uns in der Kate eingetroffen. Sie befaßten sich pausenlos mit uns. Es war sicherlich sehr wichtig für meine Kleinen, daß sie mit den Kindern so gute Erfahrungen machten.

Seitdem die vier Kinder zu uns gestoßen waren, war richtig Leben in der Bude, und alle fühlten sich noch wohler. Die Kinder kümmerten sich nicht nur um die Welpen, sondern ganz bewußt auch um Tobias. Es schien ihm gutzutun, denn jetzt begann er auch mit den Kleinen im Garten zu spielen. Sie strolchten um die Kate und später im ganzen Garten herum, krochen durch das Gras und unter die Büsche.

Tobias ließ sich von ihnen jagen, saß auch oft in ihrer Mitte und leckte sie. Auch in der Kate konnten die Kleinen überall frei herumlaufen. Bommel schaffte es natürlich als erster, an dem 45 Zentimeter hohen Brett hochzuklettern, das zwischen dem Schlaflager und der Diele aufgerichtet stand. Auf der einen Seite zogen sie sich hoch, und auf der anderen Seite ließen sie sich mehr oder weniger in die Diele herabfallen. Das war jedoch nicht ungefährlich, da der Boden mit Ziegelsteinen gepflastert ist. Also entfernte Herrchen das Brett kurzentschlossen und ließ ihnen freien Lauf.

So vergingen die vier Wochen in der Kate wie im Flug. Schon beobachtete ich wieder das Packen und Schleppen, ein sicheres Zeichen dafür, daß wieder eine Reise bevorstand. Und richtig: Eines Morgens versprach mir Frauchen:»Julchen, du kommst ja mit, und deine Babys auch!« Sie schien meine Panik wohl bemerkt zu haben und beruhigte mich vorsorglich.

Sogleich bezog ich den Beifahrersitz in Frauchens Käfer, der nur mir zusteht. Ina, Anke und Vera stiegen mit den Welpen dazu, und los ging's!

Zum Glück übernahmen die Kinder die Bändigung der Kurzen, so daß ich mich wieder aufs Fahren konzentrieren und Frauchen als Kopilotin dienen konnte. Tobias spielte wieder Kopilot bei Herrchen und genoß es, mit ihm allein zu fahren. Er thronte in dessen Auto wie ein Badewannenkapitän. Doch beim Wiedersehen auf einem der Rastplätze war er wieder ganz außer sich vor Freude.

Noch mehr freute ich mich, als ich durch den»Riechschlitz« wieder die gewohnten Düfte unserer Heimatstadt roch. Als wir in die Straße mit den hohen Bäumen einbogen, stimmte ich das reinste Freudengeheul an. Endlich waren wir wieder hier: in unserem Revier. Wie sagen die Sauerländer?»To hus is to hus.«

Die Aufzucht der Welpen war in erster Linie Julchens Aufgabe. Doch gelegentlich schaltete sich auch Tobias als Erzieher ein.

Er spielte mit den Kleinen im Garten, tobte mit ihnen herum und ließ sich jagen.

Kapitel 18
Unsere Welpen werden selbständig

Fremdel- und Sozialverhalten der Welpen und Auswahl von
menschlichen Bezugspersonen

Ich und Tobias waren glücklich, wieder in unserem angestammten Revier zu sein, so schön es in unserer Kate auch gewesen war. Hier waren wieder die Zeitungsfrau, der Postbote, der Eiermann, unser Stadtpark und unsere Hundefreunde, unsere täglichen Autotouren und Ausläufe, unsere Pflichten, unser Streß. Und alles roch so vertraut.

Nach unserer Ankunft rasten wir erst einmal glücklich durch Haus und Garten und zeigten durch lautes Kläffen unseren Nachbarn an, daß ab jetzt wieder mit uns zu rechnen war.

Die Welpen wirkten dagegen ganz verunsichert und heimatlos. Als sie von Frauchen und Herrchen in ihr Geburtszimmer gebracht und auf ihr Lager gelegt wurden, quietschten sie aufgeregt durcheinander und liefen schnüffelnd durch den Raum. Als erstes versuchten sie, das 50 Zentimeter hohe Brett, das ihr Zimmer von den anderen Wohnräumen abtrennte, zu überwinden. Sie schienen an diesen Raum, in dem sie geboren, ihre ersten achtzehn Lebenstage mit Saufen, Schlafen und Herumkriechen verbracht hatten, keine Erinnerung mehr zu haben. Dabei hatten sie hier angefangen zu sehen, zu hören und etwas zu raufen.

Wir alle waren von der Reise total geschafft. Darum ergaben sich unsere Welpen auch schnell in ihr Schicksal, krochen schließlich auf ihrem Lager eng zusammen und schliefen bald ein.

Dies war ein aufregender 47. Tag für die Welpen gewesen,

die in der Kate so viel gelernt hatten. Sie wußten jetzt, was zu fressen war und was nicht. Sie hatten Respekt vor ihren Eltern und Revierverhalten gelernt, Zutrauen zu uns zweibeinigen Rudelgenossen gefaßt und schon individuelle Charaktereigenschaften gezeigt.

Bevor ich vor dem Schlafzimmer von Frauchen und Herrchen einschlummerte, sprang ich noch einmal schnell zu ihnen über das Brett. Sie waren ausreichend mit Futter und Wasser versorgt, aber vorsorglich brach ich ihnen für die Nacht – für alle Fälle – noch einmal Fleischbrei vor.

In der ersten Nacht jammerten die Kleinen manchmal ängstlich in dieser ihrer »fremden« Umgebung. Wenn wir zu ihnen kamen, um sie zu beruhigen und zu streicheln, war Julchen schon zur Stelle. So wurden die Kleinen mit vereinten Kräften beruhigt.

Morgens war der erste Gang von uns und den Kindern zu den Welpen. Alle spielten mit ihnen. Der Herr des Hauses räumte das beschmutzte Zeitungspapier weg, alles wurde gereinigt und neu ausgelegt. Kein Wunder, daß die Kleinen sich schnell in die alte neue Umgebung einlebten und sich auch wohl fühlten.

Mit der achten Lebenswoche beginnt für Hunde ein wichtiger Lebensabschnitt, die »Sozialisierungsphase«. In dieser Phase haben sich die Welpen in die Umwelt einzufügen, auch aktive Aufgaben zu übernehmen. Ab jetzt müssen sie lernen, sich selbst zurechtzufinden, sich von Jule und Tobias abzulösen und sich in ein neues Rudel einzugewöhnen. Als gute Haushunde müssen sie sich an ihre neuen Frauchen und Herrchen sowie andere zweibeinige Rudelmitglieder nicht nur gewöhnen, sondern zu ihnen eine persönliche Beziehung aufbauen und sie als Lebensgefährten annehmen. Wird ein Welpe in dieser Phase von der achten bis zur zwölften Lebenswoche nicht auf Menschen geprägt, wird er zeitlebens Probleme haben, ein echter Partner und Freund des Menschen zu werden. Dazu gehört auch das Erlernen der »Sprache«. Darunter verstehen wir nicht nur das Knurren, Bellen, Heulen und andere Lautgebungen, sondern die Körpersprache und die Fähigkeit, Gefühle, Sympathie und Antipathie, Liebe, Angst, Trostbedürftigkeit und Mitgefühl, Freude und Trauer zeigen zu können. Wie bei Menschen drückt auch bei Hunden all dies oft mehr aus als das, was verbal bzw. durch Laute geäußert wird.

Frauchen und Herrchen wollten alles tun, damit aus unseren Welpen ideale Haushunde und Hundefreunde werden. Aus diesem Grund durften sie auch tagsüber durch alle Zimmer des Hauses laufen und bei gutem Wetter jederzeit in den großen Garten. Häufchen und Pfützen wurden von den Herrchen immer sofort wort- und klaglos entfernt. Ich brauchte mich jetzt kaum noch um meine quirligen Kleinen zu kümmern. Die Futterversorgung, die Reinigung und Sauberhaltung ihres Schlafraumes übernahmen Frauchen und Herrchen.

Auch zum Kräftemessen und Raufen suchten sie immer öfter menschliche Sparringspartner. Wenn sie sich im Eifer des Gefechtes zu heftig festbissen, schrien die zweibeinigen Rudelmitglieder manches Mal laut auf und schüttelten die Kleinen dann am Nackenfell. Wenn sie nachließen, wurden sie dafür gelobt. So sollten die Kleinen lernen, daß man Menschen nicht so fest wie die Geschwister beißen durfte, weil sie nicht ein so dickes Fell wie Hunde haben. Sie lernten sogar die Bißstärke entsprechend der unterschiedlichen Empfindlichkeit der menschlichen Spielgefährten zu dosieren. Herrchen konnte viel mehr ab als Anke und raufte viel wilder mit ihnen. Beißen gehört bei uns Hunden eben zum Spiel, auch zum liebevollen. Damit wollen wir unseren Freunden ja nicht weh tun. Nur meine schwarze, wilde Juliette fand da bis zu ihrem Weggang nicht das richtige Maß.

Mit Vorliebe knabberten die Kleinen an den Fingern, Ohrläppchen und Nasen der Menschen. Als Spielzeug eigneten sich auch Schuhe, Strümpfe und Zehen der menschlichen Rudelmitglieder. Schnürsenkel lösten bei den Welpen Begeisterungsstürme aus, sie zerrten so lange an ihnen, bis möglichst der Schuh vom Fuß abfiel.

Beim Raufen lernen die Welpen das Zerren,
Kämpfen und Jagen.

Mehr als die anderen mußte Juliette lernen, wer der Stärkere ist ...

Wenn sich der Schuhträger fortbewegte, waren sie ein herrliches Fangobjekt.

Unsere Welpen rasten immer sicherer durch Haus und Garten. Dabei konnten sie bald die Treppen bewältigen.

Unser Garten fällt ziemlich steil ab, wobei das erste Drittel terrassenförmig angelegt und durch Bruchsteinmauern abgestützt ist. Da standen sie dann unvermittelt am Rand einer solchen Mauer und wußten nicht, nach unten zu kommen. Gelegentlich fielen sie erschrocken aufjaulend hinunter, aber ihre »Gummiknochen« fingen jeden Sturz ab. Am liebsten hielten sie sich an ihrer Rutschbahn auf, nämlich dem kleinen Schwimmbecken im Garten, aus dem das Wasser abgelassen war. An dessen Wänden rutschten sie immer wieder begeistert hinunter und stupsten sich gegenseitig dabei. Beim Hochkriechen an der glatten Wand zogen die Kleinen mit Vorliebe ihre Geschwister, die den Beckenrand schon erklommen hatten, am Schwanz wieder zurück in die Tiefe – das war ein lustiges Spielchen. Zwischendurch tobten und jagten sie durch den ganzen Garten, und Vater Tobias war oft dabei und spielte den Anführer.

Je mehr ich mich jetzt wieder mit Tobias beschäftigen konnte, desto freundlicher wurde er seinen Kindern gegenüber. Mein mütterliches Interesse an den Kleinen ließ nach, je selbständiger sie wurden. Schon zu Beginn der achten Woche schlossen sich die einzelnen Welpen den zweibeinigen Rudelgenossen an und entwickelten darüber hinaus eine besondere Bindung an die, die sich am meisten um sie kümmerten, denn jeder zweibeinige Rudelgenosse hatte seinen Lieblingswelpen. Gabriele liebte besonders die wilde Juliette, Ina das Pünktchen, Anke und Herrchen den Anton und Frauchen und Herrchen den Bommel. Schwanzwedelnd und freundlich kläffend liefen da die Welpen auf »ihre« Freunde zu, sprangen an ihnen hoch und wollten auf den Arm genommen werden. Kamen aber fremde Menschen in unser Revier, flüchteten sie und kauerten sich ängstlich in einer geschützten Ecke zusammen.

Sie fremdelten etwa ab dem 51. Tag. Menschliche Kinder tun in einer bestimmten Entwicklungsphase etwas ganz Ähnliches: das sogenannte Acht-Monats-Fremdeln.

Die Welpen lernen beim gemeinsamen Spiel. Hier unterwirft sich sogar der stärkere Anton dem schwächeren Pünktchen.

Das leere Planschbecken im Garten wurde eine herrliche Rutschbahn.

Protokoll der Größe*, des Gewichts und der Entwicklungsstadien der Welpen

Lebens-tag	Phase	Bommel ♂	Anton ♂	Juliette ♀	Pünktchen ♂
2.	vegetative	380 g	390 g	380 g	400 g
3.	Phase	430 g	410 g	420 g	430 g
4.		510 g/23 cm	480 g/21 cm	480 g/22 cm	500 g/23 cm
5.		580 g/23 cm	510 g/23 cm	590 g/23 cm	520 g/23 cm
6.		690 g/23 cm	590 g/22 cm	610 g/24 cm	610 g/23 cm
7.		700 g/24 cm	650 g/24 cm	690 g/25 cm	710 g/24 cm kriecht außerhalb des Lagers
8.		780 g	740 g	740 g	720 g
10.		850 g	860 g	840 g	880 g
12.	Übergangs-	980 g	1000 g	940 g	1040 g
	phase		*Augen öffnen sich*		
14.		1220 g/25 cm	1180 g/25 cm	1180 g/25 cm	1240 g/26 cm
			Beginn des Raufens		
16.		1380 g/27 cm	1420 g/29 cm	1270 g/27 cm	1400 g/26 cm
18.		1520 g	1540 g	1480 g	1510 g
		Beginn des Hörens. Herumkrabbeln im Geburtszimmer			
20.		1810 g/29 cm	1740 g/32 cm	1640 g/27 cm	1690 g/30 cm
21.	Prägungs-	*Erstmaliges Sauberhalten des Lagers*			
24.	phase	2120 g/34 cm	2120 g/34 cm	1900 g/34 cm	2100 g/33 cm
28.		*Wesensmerkmale lassen sich individuell festhalten.*			
29.		*Erste Selbständigkeiten in Haus und Garten.*			
31.		*Fressen gesittet aus einer Schüssel, erkennen einzelne*			
35.		*Familienmitglieder. Suchen Spiel mit dem Vater.*			
		Schutzsuche auf Warnlaute.			
42.		*Selbständige Reaktion auf Fremdlaute.*			
46.					
50.	Sozialisie-	*Freudige Begrüßung bestimmter Familien-*			
	rungsphase	*mitglieder, dazu »Fremdeln«*			
		5400 g/46 cm	5000 g/45 cm	4200 g/44 cm	5000 g/43 cm
51.		*Scharren, Löcher graben. Ab jetzt wilde Jagd-*			
56.		*und Zerreißspiele. Mitverteidigung des Reviers.*			
		Selbständiges Zurechtfinden in Haus und Garten			
61.		*Begrüßung heimkehrender Familienmitglieder.*			
62.		6400 g/53 cm	6000 g/54 cm	5000 g/49 cm	6000 g/51 cm
63.		*Eifersuchtsverhalten gegenüber den Geschwistern.*			

* Körperlänge von Stirn bis Schwanzlänge

Sie schmiegten sich ebenso furchtsam aneinander bei fremden Geräuschen oder wenn Tobias und ich Fremde an der Haustür verbellten.

Zur selben Zeit begannen sie auch schon, sich eigene Kuhlen im Garten zu scharren, in die sie sich dann wohlig hineinkuschelten.

Am Ende der achten Woche verteidigten ich und Tobias einmal wieder laut kläffend unser Revier gegenüber dem Briefträger. Die Kleinen krochen wie gewöhnlich ängstlich zusammen, bis auf Anton, der mutig zu uns an die Tür gelaufen kam, sich zwischen Tobias und mich stellte und kräftig mitbellte. Zwei Tage später standen wir zu sechs Hunden an der Tür und verteidigten lautstark unser Revier.

Seitdem wurden auch alle heimkommenden zweibeinigen Rudelgenossen gemeinsam an der Tür empfangen, umtänzelt, freudig kläffend und schwanzwedelnd begrüßt und angesprungen. Noch gab es keinen Streit bei der Begrüßung.

Vom 63. Lebenstag an begannen meine Kleinen Eifersucht zu zeigen. Jeder Welpe wollte bei der Begrüßung »seines« Herrchens oder Frauchens der erste sein. Die Geschwister wurden angeknurrt und angefletscht oder gar weggebissen. Kuschelte sich Anton abends an Herrchen und kam Bommel angeflitzt und sprang Herrchen spielauffordernd an, gab es bald ein wildes Geraufe und Geknurre zwischen beiden. Es war nur Herrchens Geschicklichkeit zu verdanken, daß beide, der eine rechts, der andere links von Herrchen, zu seinem Recht kam.

Eines Morgens genossen wir gerade gemeinsam mit Frauchen und Herrchen unten im Eßzimmer das Frühstück. Da hörten wir ein leises Getrappel auf der Wendeltreppe, darauf ein energisches Gekratze an unserer Wohnzimmertür, unterstützt durch ein forderndes Gekläffe. Beim Öffnen der Tür stürzte Anton herein und sprang glücklich an uns hoch, um uns einen guten Morgen zu wünschen. Der Bursche hatte als erster die Absperrung des Geburtszimmers überwunden, um sich am morgendlichen Zeremoniell zu beteiligen. An den kommenden Tagen schlossen sich ihm die drei anderen Welpen an. Seitdem war das Absperren des Schlafraums während der Nacht witzlos geworden.

Kapitel 19
Auch Hunde können – pädagogisch geführt – Selbstbewußtsein entwickeln

Hundeeltern scheint ein Erziehungsprogramm entsprechend der Narzißmustheorie angeboren

Eine Begebenheit aus der achten Lebenswoche der Welpen zeigt, wie wir Menschen die Erziehung der Welpen durch falsches Verhalten negativ beeinflussen können. Wie so oft raufte ich als ihr Herrchen mit ihnen, indem ich an der Seite eines Fells zog, während die gesamte Welpenschar sich am anderen Ende festgebissen hatte. Ich wirbelte die Welpen durch die Luft und zog sie durch das Zimmer. Immer wieder stürzten sie sich auf das Fell, rasten damit weg, bis sie wieder von mir eingefangen wurden. Als ich dann vom Spiel genug hatte, machten die Kleinen unbeirrt mit dem Fell weiter. Schließlich stürzten sie sich sogar auf mich, meine Frau und die Kinder und zerrten enthemmt an Kleidung, Strümpfen, Zehen und Fingern weiter. Ihre Wildheit war nicht mehr zu bremsen, und immer wieder schrien wir geplagten Zweibeiner auf und bekamen manch kleine blutende Wunde ab.

Das hatte ich zweibeiniger Rudelgenosse nun von meiner unausgewogenen Erziehungsmethode. Mit Julchen und Tobias hätten sie das nicht machen dürfen. Ihre Eltern hätten das Spielchen rechtzeitig durch Zubeißen unterbrochen, bevor es so ausgeufert wäre.

Auch menschliche Kinder können derart über die Stränge schlagen. Manche Eltern dürfen sich wirklich nicht wundern, wenn ihre Kinder zu Haustyrannen werden, weil ihnen keine Grenzen gesetzt werden. Tobias verhielt sich als erziehender Vater instinktiv viel klüger als ich als Mensch. Er ließ die Kleinen nicht nur sich gegenseitig jagen, raufen und Tücher und Felle zerreißen, sondern schaltete sich in das Spiel voll ein. Alle stürzten dann auf ihn und nahmen ihren riesengroßen Vater begeistert in ihre Spielrunde auf. Tobias schleppte treu Tücher, Felle, Plastiktöpfe, Stöcke heran und animierte sie zur Jagd darauf. Er ließ sich von den Kleinen einholen und sich sogar nach einem Scheinkampf diese Herrlichkeiten aus dem Maul reißen. Wenn sich die Welpen kampfesmutig auf ihren Vater stürzten, ließ er sich von ihnen umwerfen, so daß sie sich alle mit Hurra auf den »besiegten« Vater stürzen konnten. Auch gab er ihnen beim Zerren an einem Fell oder Stock nach.

Man sah den Welpen richtig an, wie stolz sie auf ihre vermeintliche Stärke waren, darauf, daß sie sogar ihren kräftigen Vater besiegen konnten. Allerdings hatte dieses »Selbstüberschätzungsspiel« dann auch ein Ende. Denn die Kleinen sollten sich nicht übermäßig selbst überschätzen. Deshalb wurde das Spiel durch Tobias plötzlich mit einem Warnknurren beendet. Ließen die Kleinen nicht sofort ab, biß er kräftig zu und wirbelte sie heftig zu Boden. Schließlich mußten sie lernen, Machtverhältnisse richtig einzuschätzen.

Als Bommel – am 51. Tag – das Warnknurren seines Vaters nicht beachtete, biß Tobias kräftig zu. Bommel quiekte erschrocken auf und warf sich auf den Rücken. Seitdem hat er das Warnknurren seines konsequenten Erzeugers nie mehr überhört oder mißachtet.

Weiterhin bereiteten sie ihre Welpen auf den »Ernst des Lebens« nach einer Hundeart vor, die uns fast entsetzte, obwohl wir genau wissen, daß das gegenseitige Imponiergehabe unter nicht degenerierten oder frustrierten Hunden, ihr Zähnefletschen, ihre Prestigekämpfe, ihre Kämpfchen im

Stadtpark, auch ihre Beißereien letztlich nur ungefährliche Schaukämpfe sind.

So stürzten sich Julchen und Tobias zum Beispiel plötzlich auf eines ihrer Kleinen und standen böse knurrend und mit gebleckten Gebissen gemeinsam über dem Welpen, der sich sofort erschrocken auf den Rücken warf und untertänig mit dem Schwanz wedelte.

Das müßte für den kleinen ja lebensgefährlich wirken: diese riesengroßen Beißer über ihm. Aber unser Welpe wußte, daß sie ihm nichts antaten, sobald er sich unterwarf. Eine wichtige Erkenntnis für seinen weiteren Lebensweg. Man nennt das »abhärten«.

Am meisten aber erstaunte uns, daß sich Vater Tobias im Spiel von seinen Welpen so großmütig besiegen ließ – das muß ihm als »Erziehungsprogramm« angeboren sein.

Auch gute menschliche Eltern heben ihre kleinen Kinder hoch über ihre Köpfe und rufen begeistert: »Oh, wie groß bist du!« Sie lassen sich auch etwas von ihren Kindern im Spiel wegnehmen oder sich im Kampf umstoßen und besiegen. Warum auch nicht? Nur wenn sie sich immer im Spiel besiegen lassen und nicht auch mal zeigen, wer wirklich der Stärkere ist, wird schließlich aus dem guten Spiel ein böser Ernst: Plötzlich entwickeln sich die Kinder zu Haustyrannen, die schreien, kratzen und toben, weil man sie gewähren läßt.

Das endet oft in einer psychologischen Beratungsstelle, wo man diesen Eltern erklärt, welche Fehler sie gemacht haben. Eine mögliche Erklärung bietet die Narzißmustheorie. Sie besagt folgendes: Für Hunde- und Menschenkinder sind die Eltern und Herrchen unvorstellbar stark und unfehlbar. Sie wissen und können alles, sind also ein »allmächtiges Objekt«. Dagegen sind die Kinder zunächst einmal ein Nichts und können kein Verliebtsein in ihre Person, keine Selbstbestätigung, Selbständigkeit und kein Leistungsstreben, also insgesamt keinen »Narzißmus« entwickeln.

Erst durch den Trick der Eltern, sich von ihnen auch besiegen zu lassen, erleben die Kleinen ihr »Größenselbst«. So merken sie schon früh, daß auch ihre Eltern und Herrchen »reale Objekte« mit Fehlern und Schwächen sind. Das durch die Eltern erlebte »Größenselbst« muß dann aber noch zum »realen, wirklichkeitsgetreuen Selbst« weiterentwickelt werden, indem Eltern und Herrchen den Kleinen auch ihre Grenzen zeigen, so wie Tobias es getan hat. Sie müssen merken, daß sie noch viel zu tun haben, um groß und klug zu werden. Viele Hunde- und Menschenkinder können das »Größenselbst« durch ihre Eltern oder Herrchen leider nie erfahren. Manche Väter und Mütter lassen sich eben von ihren Kindern nicht umstoßen, ja, die Kinder dürfen nicht einmal albern oder ausgelassen sein. Oder Herrchen zwingen ihre Hunde nur zu Gehorsam und Unterordnung. Solche Hunde- und Menschenkinder können sich nicht zu richtigen Persönlichkeiten mit einem »realen Selbst« entwickeln, weil sie die notwendige Zwischenstufe des »Größenselbst« nicht durchlaufen konnten.

Hunde und Menschen ohne »reales Selbst« schwanken oft ein Leben lang zwischen Anmaßung und Angeberei einerseits und Minderwertigkeitskomplexen, Schuldgefühlen und Unterwürfigkeit andererseits.

Möglicherweise kommen sie zu einem unrealistischen Narzißmus, zu einem übersteigerten Ich-Erleben und zu einer Ich-Bezogenheit, die sie partnerschaftsunfähig für andere Menschen oder Hunde macht. Das fehlende Selbstwertgefühl läßt sich an Eitelkeit, an arroganten und selbstherrlichen Verhaltensweisen erkennen.

Menschen und Hunde, die an so unverständige Eltern oder Herrchen geraten sind, werden nie oder nur schwer ein inniges, vertrauensvolles und partnerschaftliches Verhältnis zu anderen Hunden oder Menschen aufbauen können. Mensch oder Hund haben nicht gelernt, die Eltern oder Herrchen mit all ihren Stärken und Schwächen zu achten und zu lieben.

Kapitel 20
Unsere Welpen nehmen Abschied von uns

Die Verantwortung der Hundezüchter für die Auswahl der passenden Familien für die Welpen und die Reaktion der Hundeeltern auf den Weggang der Welpen

Als für die Welpen verantwortliche Herrchen wollten wir die mutmaßlichen zukünftigen Besitzer erst einmal kennenlernen, um die Welpen in eine gute und ihnen gemäße Obhut entlassen zu können. Hund und Mensch müssen fast so gut zusammenpassen wie Ehepartner.

Als erste fand ausgerechnet die ungestüm freche Juliette eine Familie, die den Eindruck machte, daß sie mit diesem schwer erziehbaren Kind fertigwerden könnte. Dafür würde schon der alte energische Kater der Familie sorgen. Kleine Kinder gab es nicht in der Familie, das hätte vielleicht die eine oder andere Katastrophe bedeutet.

Schon während unserer Ferien in der Kate war die Familie aus Hamburg zu uns gekommen und hatte sich spontan in Juliette verliebt. Ihre Lebhaftigkeit gefiel der blonden Frau, »denn ich mag keine Langweiler«, meinte sie. Auch die erwachsenen Kinder schlossen sich der Ansicht ihrer Mutter an und spielten intensiver mit Juliette. Die energische und tiererfahrene Großmutter verbürgte sich dafür, daß sie Juliette streng und konsequent zu bändigen verstehe.

Die Familie brachte einen duftenden Eierlikörkuchen und Hundebiskuits mit. Zur Freude des ganzen Rudels. Und in der zehnten Woche erschien die sympathische Hamburgerin tatsächlich im Sauerland, brachte wieder einen Riesenkuchen mit, packte schließlich Juliette in ihr Auto und holte sie nach Hamburg.

Juliette schien es recht zu sein, uns allen auch. Erstmals konnten die drei anderen Welpen in der kommenden Nacht durchschlafen, und es trat eine wohltuende Ruhe im Rudel ein.

Nur Tobias schien Juliette zu vermissen, denn gerade sie hatte sich viel an ihren Vater gehalten, und er hatte sie als sein »Lieblingskind« akzeptiert. Sie hatte in den letzten Tagen sogar nachts an seiner Seite schlafen dürfen, auf seinem Schlafplatz.

Übrigens kam Juliette gut in Hamburg an, inspizierte sofort neugierig Haus und großen Garten und schloß sich offenbar ohne Heimweh der neuen Familie und auch dem Kater an, den sie fortan beherrschte.

Bald schon interessierte sich eine andere Familie lebhaft für unseren Anton. Ein ruhiges, sehr freundliches Ehepaar und eine dreizehnjährige Tochter. Anton hatte sich zu einem fröhlichen, neugierigen Kerl voller Tatendrang entwickelt. Als er dann bei uns von seiner neuen Familie abgeholt wurde, waren alle im Rudel sehr traurig und still.

Er lebt jetzt in einem Nachbarort.

In seinem neuen Revier jammerte er erst einmal mehrere Nächte uns allen nach, so daß die neuen Herrchen schlaflose Nächte bei ihm verbrachten. Dank ihrer Liebe und Fürsorge wurde er aber schnell wieder fröhlich und gewöhnte sich als Familienmitglied voll in sein neues Rudel ein.

Für das schwarzgefleckte Pünktchen mußten wir länger ein geeignetes Zuhause suchen. Das gutmütige und schmusiganhängliche Kerlchen wurde dann an eine freundliche nette Frau mit einem kleinen Jungen und Mädchen verschenkt. Das neue Herrchen von Pünktchen hatten wir leider nicht kennengelernt. – Merkwürdigerweise, sagten wir damals. Hatte er etwa kein Interesse an einem Haushund, hätten wir uns besser fragen sollen.

So ging ein Welpe nach dem anderen, und es wurde immer stiller im Revier. Zuletzt war nur noch Bommel übrig. Der kleine Kerl hatte nach deren Weggang verzweifelt nach seinen Geschwistern gesucht und zwei Tage lang keinen Laut, kein Bellen oder Knurren mehr von sich gegeben. Sein Schwanz wedelte nicht mehr fröhlich, sondern hing traurig zwischen seinen Hinterläufen. Natürlich fehlten ihm seine Geschwister beim Schlafen, so daß er sich ausdauernd seinen Eltern anschloß und eng an sie gedrückt auf Julchens Schlafplatz schlief. Nur zum Wasser- und Häufchenlassen rannte er noch in sein Geburtszimmer.

Erst nach drei Tagen bellte und kläffte er wieder und jagte mit durch Haus und Garten und besonders gerne hinter seinem Quietscheball her, den wir ihm zum Trost geschenkt hatten. Julchen und Tobias rauften und spielten sehr viel mit ihm, bis sich eine Familie aus der Nachbarschaft spontan und begeistert entschloß, ihn zu sich zu nehmen. Sie suchten schon länger einen Hund, und Bommel schien ihnen genau der Richtige zu sein. Der dreijährige Sohn freute sich auf den zukünftigen Spielgefährten. Und wir meinten, daß der gutmütige, kluge und wesensstarke Bommel auch mit dem kleinen Jungen bestimmt klarkommen würde.

Der Abschied war eigenartig. Als sein zukünftiges menschliches Rudel kam, um ihn abzuholen, zwängte er sich zwischen zwei schwere Ledersessel und drückte sich dort flach auf den Boden, als ob er sich bei uns festkrallen wollte. Weder sein zukünftiges Herrchen noch sein neues Frauchen und der kleine Junge konnten ihn trotz aller Mühen hervorlocken. Wir waren alle ratlos. Dabei äußerte sich Bommel doch eindeutig. Schließlich nahm ihn der fremde Mann liebevoll auf den Arm und trug ihn in sein neues Revier.

Tobias und Julchen waren nach seinem Weggang ebenso wie wir sehr traurig. Als er endgültig weg war, suchten Julchen und Tobias intensiv ihren Sohn.

Zur gleichen Zeit waren auch in unserer Nachbarschaft Welpen aufgewachsen. Ihr Jaulen ließ Julchen immer wieder glauben, daß ihre Babys nach ihr riefen. Deshalb verließ sie mehrfach Haus und Garten, einmal sogar mitten in der Nacht, um ihnen zu Hilfe zu eilen, fand sie aber nicht. Voller Verzweiflung lief sie immer wieder los – vergeblich! Am Abend durfte Julchen noch einmal auf die Straße vor dem Haus. Da erschnupperte sie Bommels Spur, die schließlich zu unserer Haustür zurückführte. Ihr Geruchssinn ist erstaunlich, wenn man bedenkt, daß etwa 24 Stunden vorher Bommel dort zuletzt gelaufen war und es in der Zwischenzeit ununterbrochen in Strömen geregnet hatte.

Als Frauchen uns am nächsten Morgen wieder, wie gewohnt, durch den Stadtpark laufen ließ, durchzuckte es plötzlich heftig meine Nase. Da war doch zwischen all den Spuren unverwechselbar der typische Geruch meines kleinen Bommels. Wie wild verfolgten ich und Tobias diese Spur. Sie endete an einer Gartentür abseits unseres Auslaufs, zu der wir bisher noch nie gelaufen waren. Wir jaulten laut und kratzten an dieser Tür. Aber Bommel tauchte nicht auf, wohnte aber tatsächlich im Haus.

Seitdem rannten Tobias und ich sofort, wenn uns Frauchen im Stadtpark von der Leine gelassen hatte, zu diesem abseits liegenden Gartentor, um nach Bommel zu schnuppern.

Er lebte also ganz in unserer Nähe, und wir trafen uns dann auch öfter. Dann rasten wir drei freudig, hellkläffend und schwanzwedelnd aufeinander zu, jagten uns gegenseitig und spielten wild miteinander. Frauchen, Herrchen und die Kinder wurden vor Wiedersehensfreude von Bommel fast aufgefressen. Wenn wir dann auseinander mußten, war es auch gut. Wir zogen mit unserem, Bommel mit seinem neuen Herrchen zufrieden los. So ging es einige Zeit, bis Bommel größer wurde, an die Leine genommen wurde und »Gehorsam« lernen mußte.

Da sahen wir ihn immer seltener, später merkwürdigerweise überhaupt nicht mehr, soviel Tobias und ich, Frauchen, Herrchen und Kinder auch nach ihm Ausschau hielten. Frauchen und Herrchen begannen sich allmählich Sorgen um ihn zu machen.

Ein wichtiges Erziehungsprinzip: Imponiergehabe. Bangemachen gilt nicht.

Hier sind sie noch in trauter Dreisamkeit. Nur wenig später verließ uns Bommel.

Wenn Julchen und Tobias rauften, mischte Bommel sich immer mutig ein.

Obwohl er ein erstaunliches Selbstbewußtsein entwickelte, fiel ihm der Abschied von seinem Rudel sehr schwer.

Nachdem Juliette, Anton und Pünktchen uns verlassen hatten, trauerte
Bommel sehr und suchte seine Geschwister überall. Er vermißte natürlich
seine Spielgefährten. Seitdem schlief er immer bei Julchen.

Kapitel 21
Wie die Alten grummen, so knurren auch die Jungen

Ererbte körperliche und charakterliche Anlagen lassen sich nachweisen; der Zusammenhang von Fellfarbe und Reizbarkeit bei Hunden

Als wir die Wesensmerkmale der Welpen von Julchen und Tobias aus dem zweiten Wurf und die der fünf Welpen aus dem ersten Wurf, mit dem Vater Pollux, analysierten und mit den Eigenschaften Julchens und der beiden Väter verglichen, wunderten wir uns, wie sehr sich alle nahe verwandten Hunde voneinander charakterlich und körperlich unterschieden.

Trotzdem entdecken wir bei allen Körper-, Wesens- und Verhaltensmerkmale von Julchen und den Vätern Pollux und Tobias wieder, manche in Reinform und andere gemischt und in unterschiedlicher Kombination. Jeder von den Hunden war einmalig. Das ist bei Hunden nicht anders als bei Menschen.

Die unterschiedliche Kombination von Eigenschaften ergibt immer neue Wesensarten, wobei gute und weniger gute verstärkt oder abgeschwächt werden. Letztlich kommt es immer auf die richtige Mischung an.

Wie die Menschen auf ihren 46 Chromosomen, so besitzen Hunde auf ihren 78 Chromosomen unvorstellbar viele Merkmale und geben sie an ihre Nachkommen weiter. Hinzu kommen Erziehung und die Prägung durch Familie und soziales Umfeld. Dazu entdecken sie Fähigkeiten an sich selbst, die sie dann weiter ausbauen können. Was und wieviel gelernt werden kann, ist im Erbgut festgelegt.

Die Erbanlagen bestimmen darüber, ob ein Mensch höhere Mathematik begreift oder ob er ohne jegliches Zahlenverständnis ist. Ebenso gibt es begnadete Musiker mit absolutem Gehör und Musikalität, die richtige Tonfolgen produzieren und in sich tragen, und andere, die – völlig unmusikalisch – nicht einmal zwei richtige Töne herausbringen. Leider läßt sich so etwas nicht lernen oder nachträglich einbauen. Und so ist das auch bei Hunden. Wenn ein Hund keinen Jagdtrieb hat, dann fehlt ihm diese Anlage. Dafür eignet er sich vielleicht als aufmerksamer Wach- oder Hütehund. Es gibt fleißige, lernwillige und träge Hunde, wie es auch solche Menschen gibt. In der freien Natur überleben können aber nur solche, die die zum Überleben notwendigen Eigenschaften vererbt bekommen haben und diese dann auch an ihre Welpen weitergeben können. Die Verteilung der Erbanlagen der Eltern auf ihre Nachkommen erfolgt nach bestimmten natürlichen Gesetzmäßigkeiten, die in den Mendelschen Gesetzen formuliert wurden. Danach gibt es dominante und rezessive Erbmerkmale, Merkmale also, die entweder immer bei den Kindern durchschlagen oder nur dann, wenn sowohl Vater als auch Mutter sie an die Babys weitergeben, ohne daß man sie ihnen vorher unbedingt ansehen muß; diese Eigenschaften können auch heimlich in ihrem Erbgut schlummern.

Aber zurück zu unseren Welpen: Viele Eigenschaften konnten wir durch Beobachtung schon ziemlich genau nach vier Wochen Lebenszeit feststellen, und eine erneute Bestandsaufnahme nach etwa neun Wochen bestätigte die erste Merkmalanalyse.

Ich und meine beiden Männer Pollux und Tobias können zum Beispiel auf unsere eindrucksvollen buschigen Ruten besonders stolz sein. Eigentlich müßte man denken, daß auch alle unsere Welpen diese Schönheit mitbekommen haben, weil ja beide Elternteile sie besitzen.

Aber weit gefehlt, denn aus dem ersten Wurf kam für Mira, aus dem zweiten Wurf sowohl für Juliette als auch für Bommel leider nur ein kurzhaariger Schwanz heraus. Da sieht man mal wieder, was da versteckt (rezessiv) in mir und Tobias ruhen muß, fast wie in einer Wundertüte. Auch intelligente und ansehnliche menschliche Eltern bekommen nicht nur intelligente und hübsche Kinder.

Während Jule einen mehr gedrungenen, kräftigen Körperbau und einen breiten Kopf mit kürzerer Nase an ihre Babys zu vererben hatte, konnte Pollux und damit auch von der Erbmasse her Tobias (rezessiv) einen schlanken, hochbeinigen Körper mit schmalem Kopf und schlanker Nase an die Nachkommen weitergeben. Komischerweise erbte ausgerechnet Tobias, der sonst seinem Vater in seiner Wesensart weitgehend ähnelt, Julchens Körperbau und ihren breiten, kurzschnauzigen Kopf, während alle anderen Welpen des ersten und zweiten Wurfes den schlanken Körper und den schmalen Kopf des Großvaters erbten.

Von den Körpereigenschaften insgesamt sind selbstverständlich die Ausdauer und Schnelligkeit für einen richtigen Hund wichtig. Alle Welpen erbten die Schnelligkeit von ihren Eltern, darüber hinausgehend ausdauernd und »nicht totzukriegen« wie Großvater Pollux sind aber nur Charly Brown, Mira und Löckchen aus dem ersten und Bommel und Anton aus dem zweiten Wurf geworden.

Für die Kontrollierbarkeit der Körper- und Gemütsbewegungen sowie der Reaktionen scheint die vererbte Ausstattung des zentralen und peripheren Nervensystems wichtig zu sein. Während der braune Pollux und sein braungrauer Sohn Tobias, als Vater des zweiten Wurfes, ruhige, konstante Bewegungen zeigen, neigt die schwarze Jule mehr zu einem fahrigen, nervösen, weniger geordneten Bewegungsablauf. Genauso ist es bei allen ihren rein schwarzen Welpen, also den vier Töchtern. Die ruhigen, koordinierten Bewegungen von Pollux und Tobias erbten vier der Welpen, die auch alle ein nichtschwarzes Fell haben. Die Fellfarben waren braun, grau oder weiß mit braunen Punkten. Berni mit seinem schwarzen, dabei braungepunkteten Fell erwies sich als Mischtyp.

Das bestätigt die Beobachtung Trumlers, daß schwarze Tiere allgemein temperamentvoller, spontaner, wilder und unberechenbarer sein sollen als nichtschwarze.

Aber was hat die Fellfarbe mit dem Nervensystem und damit mit Gemüts- und Körperbewegungen und -reaktionen zu tun? Was haben Gehirn und Nerven mit der »äußeren Schale« gemeinsam?

Die These Trumlers scheint tatsächlich aus dem Entwicklungsvorgang von Foeten plausibel erklärbar. Hund wie auch Mensch entstehen aus der Vereinigung einer weiblichen und einer männlichen Zelle. Diese Zelle teilt sich wieder und wieder. Aus zwei Zellen entstehen so vier, aus vier Zellen, die sich wieder teilen, acht, aus denen 16, aus denen wiederum 32 usw.

Aus Anhäufungen von Ursprungszellen entsteht dann die Anlage für Organsysteme wie zum Beispiel das Herz-Kreislauf-System, den Magen-Darm-Trakt und die Leber. Und aus denselben Mutterzellen entsteht so einerseits die Haut, daraus wiederum das Nervensystem, also das Gehirn und die Nerven, die den ganzen Körper regulieren und dirigieren. So sind also Haut und »Nervenkostüm« eng miteinander verwandt. Deshalb kann auch ein Arzt gewisse Rückschlüsse auf den Zustand der Magenschleimhaut ziehen, wenn er sich die der Magenschleimhaut verwandte Zungenoberfläche eines Patienten ansieht.

Wir stellten fest: Alle schwarzen Rudelmitglieder hatten ein reizbareres Nervenkostüm als die nichtschwarzen Nachkommen geerbt, sprangen entsprechend über Tische und Bänke, waren unruhig, hektisch, spontan und oft unüberlegt wie Julchen, ihre schwarze Mutter.

Im Gegensatz zu den schwarzen lassen sich die nichtschwarzen Hunde nicht so schnell reizen. Da sie weniger auffallen und auf die Nerven gehen, werden die braunen dann auch öfter gelobt als die schwarzen. Dadurch können sie wiederum leichter ein gesundes Selbstbewußtsein entwickeln. Sie sind deshalb auch nicht so schmusig, anlehnungs- und auch lobbedürftig wie die schwarzen Rudelgenossen und können selbstbewußt ein größeres »Distanzverhalten«, ein eigenes »Ich« entwickeln.

Neben Eigenschaften wurden auch Verhaltensprogramme in Reinform vererbt, zum Beispiel bei Entschuldigungen bzw. Begrüßungen. Sieben Welpen sprangen die zweibeinigen Rudelgenossen an und leckten sie ab, wie Pollux und Tobias. Die anderen drei dagegen warfen sich wie Julchen auf den Rücken und schlugen mit dem Schwanz auf, um sich streicheln zu lassen.

Die Verteilung der leicht erkennbaren Erbanlagen von den Eltern auf ihre Welpen sind auf den folgenden Tabellen ablesbar.

Entscheidend ist, daß Tobias von seiner Mutter erkennbar nur Kopf- und Körperform, vom Vater Pollux bzw. zumindest seiner Münsterländer Großmutter alle anderen Merkmale geerbt hat. Beim zweiten Wurf hat nur die schwarze Tochter, Juliette, mit Ausnahme der Kopf- und Körperform, der Begrüßungs- und Unterwerfungsart und einem größeren Selbstbewußtsein alle Eigenschaften von Jule geerbt, während der erstgeborene Bommel fast alle registrierten Merkmale von Tobias mitbekam.

Von Jule, der schwarzen Mutter, scheinen mehr instinktive Fähigkeiten und Verhaltensprogramme an die schwarzen Welpen vererbt worden zu sein. Sie ist eben noch mehr ein »Urviech« mit Wildhundeigenschaften geblieben, was man bei Tobias und den ihm ähnlichen Geschwistern und Kindern nicht so deutlich erkennen kann. Sie machen den Mangel dadurch wieder wett, daß sie sinnvolle Verhaltensweisen besser als Jule erlernen oder auch selbst entdecken können.

Ebenso wie bei Menschen werden bei Hunden sogar kleine

Wesensart und Fellfarbe der Welpen beider Würfe nach Mutter, Vater oder als Mischtyp

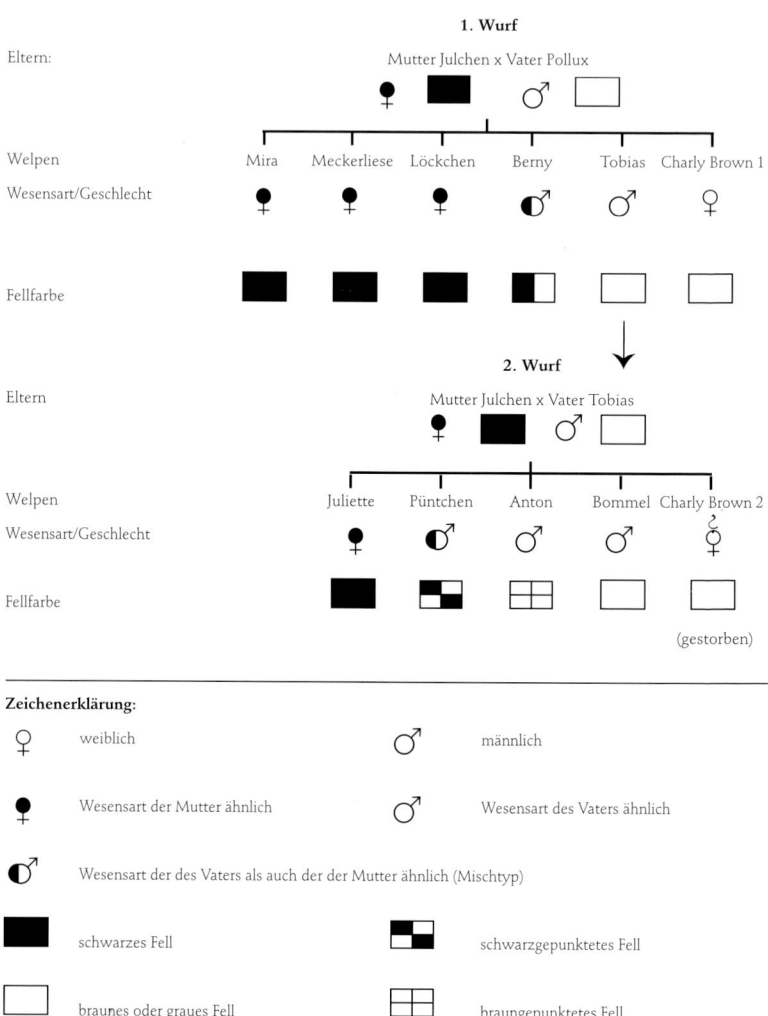

1. Wurf

Eltern: Mutter Julchen x Vater Pollux

Welpen: Mira, Meckerliese, Löckchen, Berny, Tobias, Charly Brown 1

Wesensart/Geschlecht

Fellfarbe

2. Wurf

Eltern: Mutter Julchen x Vater Tobias

Welpen: Juliette, Püntchen, Anton, Bommel, Charly Brown 2

Wesensart/Geschlecht

Fellfarbe

(gestorben)

Zeichenerklärung:

♀ weiblich   ♂ männlich

♀ Wesensart der Mutter ähnlich   ♂ Wesensart des Vaters ähnlich

♂ Wesensart der des Vaters als auch der der Mutter ähnlich (Mischtyp)

▉ schwarzes Fell   ▚ schwarzgepunktetes Fell

☐ braunes oder graues Fell   ⊞ braungepunktetes Fell

Bemerkung: Mutter Julchen muß wohl heterozygot schwarz/braun sein, ebenso Pollux trotz seines braunen Fells. Tobias dagegen scheint homozygot braun zu sein. Anders läßt sich die Verteilung der Fellfarbe auf die Welpen nicht erklären. Schwarz ist gegenüber braun dominant.

Augenfällige vererbte Merkmale von der Mutter und den Vätern, bzw. dem Großvater

	1. Wurf Julchen x Pollux						2. Wurf Tobias x Julchen				
Eltern: / Welpen:	1. ♀	2. ♀	3. ♀	4. ♀	5. ♂	6. ♂ To-bias	1. ♀	2. ♂	3. ♂	4. ♂	
Merkmale der Mutter:●											**Merkmale des Vaters Großvaters: +**
körperliche Merkmale											**körperliche Merkmale**
- lebhafte Körperbewegungen	●	●	●	+	□	+	●	+	+	+	- ruhige, konstante Körperbewegungen
- weniger ausdauernd	+	+	●	●	+	●	●	+	●	+	- ausdauernd
- buschige Rute	b	b	k	b	b	b	k	k	b	b	- buschige Rute
- gedrungener Körperbau	+	+	+	+	+	●	+	+	+	+	- schlanker Körperbau, hochbeinig
- breiter Kopf	+	+	+	+	+	●	+	+	+	+	- schlanker Kopf
- schwarze oder schwarz gepunktete Fellfarbe	●	●	●	+	□	+	●	+	⊙	• ✚	- braunes, graues oder braun gepunktetes Fell
Wesensmerkmale:											**Wesensmerkmale:**
- sehr lebhaft, unruhig, nervös	●	●	●	□	□	+	●	+	□	+	bedachtsam, ruhig, abwartend, geduldig, gutmütig
- sehr spontan, instinktbetont	●	●	●	+	□	+	●	+	□	□	- überlegen wirkend
- anschmiegsam, schmusig, geringe Individualdistanz	●	●	□	+	+	+	●	+	□	□	- scheuer, größere Individualdistanz
- ausgeprägter Jagdinstinkt	●	+	●	+	+	+	●	+	+	●	- weniger Jagdinstinkt
- weniger selbstbewußt	●	●	+	+	●	+	+	+	□	+	selbstbewußt
- Unterwerfung, Begrüßung: auf den Rücken legen, Schwanz aufschlagen	●	●	+	+	+	+	+	+	●	+	- Unterwerfung, Begrüßung: anspringen, ablecken
- Wiedererkennen der Züchter: keine wesentliche Erinnerung	●	+	+	●	●	+	●	+	+	+	- Wiedererkennen der Züchter Wiedersehensfreude
gemeinesame Eigenschaften beider Eltern:											**gemeinsame Eigenschaften beider Eltern:**
- Schnelligkeit	ϴ	ϴ	ϴ	ϴ	ϴ	ϴ	ϴ	ϴ	ϴ	ϴ	- Schnelligkeit
- Wachsamkeit	ϴ	ϴ	ϴ	ϴ	ϴ	ϴ	ϴ	ϴ	ϴ	ϴ	- Wachsamkeit
- gutes Orientierungsvermögen	ϴ	ϴ	ϴ	ϴ	ϴ	ϴ	ϴ	ϴ	ϴ	ϴ	- gutes Orientierungsvermögen

♀	weiblich	♂	männlich
●	Merkmale der Mutter	+	Merkmale des Vaters/Großvaters Pollux
b	buschiger Schwanz	k	kurzhaariger Schwanz
⊙	schwarzgepunktet	•	braungepunktet
ϴ	vererbte gleiche Merkmale von Vater und Mutter	✚	Mischtyp

205

Gesten vererbt, die für einen Elternteil typisch sind. So hatte aus dem ersten Wurf nur Tobias die Eigenschaft mitbekommen, sich auf die Hinterbeine zu setzen, wenn Menschen mit ihm sprechen, sie dann mit seinen großen Augen interessiert anzusehen und dabei bedächtig seinen Kopf von rechts nach links zu wiegen, als ob er das Gehörte sorgfältig, bedächtig und kritisch bedachte. Genauso macht es nur der erstgeborene Sohn aus dem zweiten Wurf, Bommel, der seinem Vater fast wie einem eineiigen Zwillingsbruder, zumindest als Welpe, glich.

Auch Kinder zeigen auffällige Gesten, Körperhaltungen oder Eigenarten, die man nur vom Großvater oder Urgroßvater kennt. Plötzlich tauchen sie beim Enkel oder Urenkel wieder auf, ohne daß sie Groß- oder Urgroßvater je gesehen haben.

Dazu gehört vielleicht auch die Fähigkeit von Tobias, den Schwanz rotieren zu lassen, wie wir dies bei halbwild lebenden Hunden in der Westtürkei und bei Bobtails beobachteten.

Angeboren scheinen bei allen auch Verhaltensmuster, die sie in bestimmten Situationen zwar unterschiedlich, aber auch sinnvoll zeigen. Dazu gehören Imponiergehabe, Revierverteidigung, Angriffs-, Abwehr- und Sexualverhalten, das Zeichen von Angst, Sympathie und Antipathie, von Entschuldigung und Unterwerfung.

Die Menschen machen bei ihrem Imponiergehabe und ihren Drohgebärden, die denen der Hunde sehr ähneln, auch keine bessere Figur. Nur lassen sie sich dadurch oft mehr bluffen als Hunde. Sie lassen sich von »Leithammeln« beeindrucken, die intellektuell und rhetorisch zum eigenen Vorteil jeden x-beliebigen Standpunkt begründen und als Wahrheit verkaufen und so Mitmenschen mit Scheinargumentationen und Ideologien gegen jede Vernunft fanatisieren können.

Hunde lassen sich nicht indoktrinieren, weil sie menschliche Großhirnakrobatik nicht verstehen können und sich deshalb auf ihre Instinkte und ihr »Gespür« verlassen müssen, was »richtig« und »echt« ist.

Zumindest in unserem Kulturkreis wird in der Erziehung einseitig dem Training der Großhirnrinde Wert beigemessen, und das Training der unterhalb der Großhirnrinde gelegenen Regionen, wie des limbischen Systems, wird absolut vernachlässigt, obwohl es für die Speicherung von Lebenserfahrungen, Erkenntnissen, Gewissen, Vernunft und Weisheit entscheidend ist. Mensch, Hund müßte man sein.

Kapitel 22
Wie Hunde leben möchten und was sie leisten können

Artgerechte Erziehung, erworbene Verhaltensprogramme und Reaktionen auf Schlüsselreize

Wir Menschen versuchen als Hundebesitzer oft, deren angeborene Verhaltensprogramme um »angelernte oder andressierte« zu erweitern. Wir wollen ihnen beibringen, »bei Fuß« zu gehen, »Pfötchen zu geben« und »aufs Wort« zu gehorchen, auch wenn das Gehorchen nur der eitlen Freude der Herrchen dient.

Unsere artgerecht erzogenen Hunde lassen sich auf solchen »Unsinn« gar nicht erst ein. Auch kleine Kinder wollen nicht jeder Tante und jedem Onkel die Hand geben, wenn sie sie nicht kennen oder unsympathisch finden. Liebe und Zuneigung kann man nicht antrainieren. Auf sinnvolle Befehle zu hören, müssen aber alle Hunde von Eltern und Herrchen lernen.

Ich freue mich, wenn Frauchen und Herrchen uns liebevoll und geduldig Spiele und Kunststücke beibringen, wie auf den Hinterpfoten tanzen, Ballspielen oder durch den Reifen springen, weil wir gerne spielen und lernen. Das sollen Menschen ruhig machen, weil wir Freude daran haben.

Aus pädagogischer Sicht darf Erziehung kein dauerndes Ermahnen und Erlauben sein, sondern statt dessen ein vorbildliches Vorleben der Erzieher. »Übernommene Handlungen« sind besser als eingetrichterte.

Ich will euch Menschen das erklären. Wenn ein anderer Hund auf uns zuläuft, um uns kennenzulernen, oder vielleicht auch mal imponieren will, schreien Frauchen und Herrchen ihn und uns nicht hysterisch an wie manche andere, sondern sprechen energisch, aber leise mit uns und dem anderen Hund. So beruhigen sie uns, statt uns durch ihr Geschrei erst richtig wild zu machen. Zum Glück bekommen wir auch ruhige und leise Befehle. Wenn wir angeschrien werden, reagieren wir automatisch wie auch jeder Mensch: Lärm und Gebrüll können nur Wut und Aggression auslösen, zumal wir ja unvergleichlich besser hören als die fast tauben Zweibeiner.

Wir freuen uns immer ganz besonders über das Lob von Frauchen und Herrchen und tun deshalb alles, um ihnen Freude zu machen. Denn wir sind ja von Natur aus friedliche und freundliche Tiere. Wenn Hunde unfreundlich und unfriedlich sind, sind sie es meist aufgrund der »Zucht« oder durch die sogenannte Erziehung der Menschen geworden.

Ich und Tobias kämen niemals auf die Idee, unsere Herrchen oder andere Menschen anzufallen, sie beißen oder gar töten zu wollen. Das tun nur Hunde, die entweder degeneriert oder von unverständigen Herrchen mit Prügel und Strenge zu Dingen gezwungen wurden, die wir Hunde nicht mögen und nicht entsprechen.

Tobias hat von mir viele Verhaltensweisen übernommen. Zum Beispiel warte ich immer am Fenster der Wendeltreppe, wenn Frauchen und Herrchen nicht zu Hause sind. Tobias könnte sich dann wie gewöhnlich in seine Lieblingsecke unter den Mänteln legen und schlafen. Er liegt aber immer treu eine Stufe über mir und leistet mir beim Warten Gesellschaft.

Ein anderes Beispiel: In Dänemark sah und hörte ich erstmalig bei drei Hunden Wolfsheulen. Sie waren vor einer Kirche festgebunden, weil ihre Herrchen diese allein besichtigen wollten. Ich merkte sofort: Dieses Geheul drückte genau mein Gefühl der Einsamkeit aus. Obwohl ich damals schon zwei Jahre alt war, war ich auf diese Ausdrucksmöglichkeit von mir aus noch nicht gekommen. Ich stellte mich neben die drei Hunde und heulte plötzlich genauso gekonnt mit. Das war ein tolles Feeling, weil auch meine Herrchen im Begriff waren, mich allein zu lassen, um die vergammelte Kirche zu besichtigen.

Seitdem heule ich immer so, wenn Herrchen oder ein anderes Rudelmitglied zurückkommt, während Frauchen weg ist. Tobias stellt sich dann neben mich und heult mit. Inzwischen heulen wir auch, wenn Herrchen in der zehnten Lage Geige spielt, Doppelgriffe übt oder andere Hunde oder Sirenen heulen.

Meinen Haß auf ganz bestimmte braun-schwarze Schäferhunde hat Tobias ohne irgendeinen eigenen Grund von mir übernommen. Als Welpe wurde ich von so einem Hund überfallen und gebissen. Und seitdem hasse ich alle so aussehenden Schäferhunde. Frauchen und Herrchen nehmen mich immer an die Leine, wenn ein solcher Schäferhund in Sicht kommt, sonst flippe ich aus. Es kann passieren, daß ich auch den friedlichsten Schäferhund aggressiv anbelle oder wegbeiße. Als mich einmal in Dänemark ein Schäferhund liebevoll schwanzwedelnd beschnuppern wollte, weil ich heiß war, biß ich sofort kräftig zu. Er rannte fassungslos jaulend zu seinem Herrchen. Da hatte ich doch ein schlechtes Gewissen und warf mich sofort schuldbewußt auf den Rücken.

Mensch und Hund sind durch solche erworbenen Verhaltensprogramme mehr oder weniger festgelegt. Diese laufen auf entsprechende Schlüsselreize fast automatisch ab. Dabei scheinen die genetischen Programme weniger anfällig gegenüber mißbräuchlicher Nutzung durch »Hacker« zu sein als die im Lauf des Lebens erworbenen und anerzogenen Programme. Diese können schon auf ähnliche oder nur Teilreize auch dann abgerufen werden, wenn der Ablauf eines Reaktionsprogrammes der Situation nicht angemessen oder sogar sinnlos ist. So können leider Menschen und Tiere auf geruchliche, wortgewaltige, optische und andere Reize reagieren wie Affen, denen man gezielt in bestimmten Hirnzentren Elektroden eingesetzt hat, so daß sie dann wieder und wieder auf einen bestimmten Reiz stereotyp ihre Hose herunterlassen und lustvoll ihren inzwischen altersgeschrumpften Hintern entblößen.

Viele unverständliche Reaktionen von Menschen und Tieren müssen so erklärt werden. Wer weiß nicht aus eigener Erfahrung, daß ein ganz spezifischer Geruch oder andere optische, lautliche, taktile Reize eine genaue Erinnerung einschließlich der damit verbundenen Gefühle und Stimmungen an längst vergessen geglaubte Ereignisse wieder entstehen lassen. So läßt sich auch erklären, warum uns bei der Begegnung mit fremden Menschen spontan das Gefühl der Sympathie oder Antipathie mit entsprechender positiver oder negativer Reaktion überfallen kann. Eben weil die andere Person vielleicht durch eine bestimmte Gestik, ihren Blick, die Art der Körperbewegung oder ihren Stimmklang an Menschen erinnert, mit denen wir früher einmal gute oder schlechte Erfahrungen gemacht haben. An diese Personen selbst können wir uns meistens nicht mehr erinnern, aber der von der fremden Person ausgehende Reiz läßt in uns ein bestimmtes Gefühlsprogramm automatisch ablaufen, das der Persönlichkeit des Fremden oft in keiner Weise gerecht wird.

Auch bei Hunden lassen sich spontane Sympathie- und Antipathieäußerungen gegenüber fremden Hunden und Menschen vielleicht durch denselben Mechanismus erklären.

Tobias bellt ohne Grund niemanden an. Ich tue es manchmal, weil ich weniger Selbstvertrauen als Tobias habe, also rein vorsorglich. Da ich die Ranghöhere bin, macht Tobias mir das sofort nach. So hat er von mir auch schlechtes Benehmen übernommen.

Auch Menschen machen oft Platitüden von Vorgesetzten oder »Stars« nach und lachen untertänigst über abgeleierte Kalauer von Vorgesetzten, Bundeskanzlern, Präsidenten, Kirchenräten oder Kardinälen.

Hunde ohne Degenerationszeichen besitzen eine Aggressionshemmung gegenüber anderen Hunden und Menschen, insbesondere gegen Welpen und Weibchen. Der Schäferhund, der Jule anfiel, war vermutlich entweder degeneriert oder vor dem Überfall zu Hause frustriert worden. Da er es nicht wagte, sich gegen den Verursacher seiner Frustration zu wehren, stürzte er sich in seiner Wut ersatzweise auf Julchen, die mit der Sache nichts zu tun hatte.

Auch Tobias wurde einmal im Stadtpark von seinem großen Freund Ben, dem Rottweiler, unvermittelt unterworfen und gebissen. Sein Frauchen erzählte dann, daß sie sich momentan intensiv um ein Baby kümmerten, von dem sie Ben natürlich weitgehend fernhielten. »Ben fühlt sich vernachlässigt und ist tief beleidigt.« Er reagierte sich so ab.

Neulich erzählte das Frauchen von Löckchen eine ähnliche Geschichte: Auf einem Spaziergang wurden Löckchen und ihre Ersatzmutter Tobi von einem kräftigen Dobermann, der sich losgerissen hatte, wütend angegriffen. Dabei wurde die Hündin Tobi unterhalb der Kehle arg gebissen. Nur einige Männer hatten den Dobermann wegreißen können. Tobi und Löckchen schrien vor Angst.

Als der Dobermann dingfest gemacht war, biß das zu Tode erschrockene, aber unverletzt gebliebene Löckchen erstmalig auch noch ihre verletzte Ersatzmutter – völlig sinn- und kopflos.

Bei der Heimkehr vom Tierarzt biß dann wiederum plötzlich die stark verbundene Tobi erstmalig ihren alten Boxerfreund, der ihr schwanzwedelnd entgegenkam und auf den Angriff völlig starr ohne Gegenwehr reagierte. Als das Herrchen des Boxers seinen Hund trösten wollte, biß der Boxer sein Herrchen völlig frustriert ins Gesicht …

Eine echte Kettenreaktion von »Ersatzhandlungen«. Solche »Ersatzhandlungen« sind bei Menschen an der Tagesordnung. Wenn zum Beispiel der Chef Ärger zu Hause hat, läßt er seine schlechte Laune an der daran völlig unbeteiligten Sekretärin aus, und die gibt dann ihren Frust an andere Mitarbeiter weiter usw. usw.

Wenn Tobias und ich etwas Unrechtes getan haben oder nicht wissen, wie wir mit einer Situation fertigwerden sollen, machen wir es ebenso wie die Menschen in solchen Situationen: Wir kratzen uns verlegen, obwohl es gar nicht juckt, oder wir lecken unser Fell, obwohl es gar nicht schmutzig ist; wie Menschen, die ihre ordentliche Frisur glattstreichen.

Als Tobias nicht wußte, was er mit den Kühen anfangen sollte, tat er so, als ob er sie gar nicht bemerkt hätte, fraß plötzlich Gras oder lief ins gegenüberliegende Feld, um dort einen gar nicht vorhandenen Hasen zu jagen. Auch Menschen entwickeln oft völlig unsinnige Aktivitäten, die nichts mit den Problemen zu tun haben, die sie eigentlich lösen müßten. Durch Zufall können Hunde Verhaltensweisen entdecken, die zweckmäßig sind. Sie merken vielleicht, daß sie besonders gut im Springen sind oder auf den Vorderpfoten laufen können, oder wie Tobias, daß er Kätzchen ein Stück auf Bäume verfolgen kann. Die »selbstentdeckten Fähigkeiten« entwickeln sie dann bis zur Perfektion und werden deshalb von allen bewundert, was ihr Selbstbewußtsein stärkt und ihrer Eitelkeit guttut. Auch Menschen entdecken manchmal die komischsten Fähigkeiten und steigern sie noch, um möglichst im Guinnessbuch der Rekorde verewigt zu werden.

Meine nichtschwarzen Kinder haben von sich aus wenig Interesse am Spurensuchen. Sie haben zwar die Anlage dazu mitbekommen, aber erst unter meiner Anleitung konnten sie gute Stöberhunde werden. Ohne mein Vorbild wäre diese Fähigkeit vielleicht verlorengegangen.

Wenn ich uns, mich, Tobias und unsere Brut, insgesamt beurteile, selbstverständlich in aller gebotenen Bescheidenheit, dann können wir uns doch wirklich stolz mit unseren Pfoten auf die Schultern klopfen.

Wir warnen unsere Rudelgenossen vor drohender Gefahr, bewachen und verteidigen sie unermüdlich, sind jederzeit weckbar und informieren sie durch unsere Lautgebung über vorbeigehende Fremde. Diese Eigenschaften machten schließlich schon vor Jahrtausenden Hunde für die Menschen unentbehrlich.

Wir würden unseren zweibeinigen Rudelmitgliedern auch gerne als Heizkissen dienen, wie dies zum Beispiel Dingos bei den Ureinwohnern in Australien gemacht haben sollen. Auch die Inkas sollen eigens fellose Hunde gezüchtet haben, die sie wärmten. Wenn die Herrchen das doch auch bei uns zuließen! Leider ziehen sie es jedoch vor, ohne uns zu nächtigen. Ihre herrlich weichen Betten sind leider warm genug. Schade!

Ich muß noch erwähnen, daß wir auch fröhliche Unterhalter und einfühlsame Gesellschafter einsamer und alter Menschen, fast unermüdliche Spielgefährten unserer Herrchen und immer begeisterte Wandergefährten sind.

Daß sie so vielseitig sind, liegt aber nicht nur daran, daß sie als Hunde im Rudel leben wollen, sondern auch daran, daß sie durch uns menschliche Rudelgenossen in den ersten drei wichtigen Monaten ihres Lebens liebevoll als Hausgenossen angenommen, geprägt und dann auch sozialisiert wurden. Nur so können sie uns Menschen echte Partner und Freunde werden.

Kapitel 23
Es gibt auch Menschen, die Hunde und ihre Besitzer nicht lieben

Der Hund als Nutztier und Gefährte des Menschen seit etwa 13 000 Jahren und wie die Einstellung des Menschen zum Hund durch kulturelle und regionale Gegebenheiten, hundefeindliche Lebensräume und Zeitgenossen geprägt ist

Aus der Sicht eines Hundes, der »nur tun kann, was er tun darf« (Konrad Lorenz), muß der Mensch als ein Naturgeschöpf unter vielen, zum Beispiel Kühen, Pferden, Katzen, Mäusen usw., zuerst eingeschätzt werden. Ein Hund muß sich auf die besonderen Fähigkeiten, Merkmale und Verhaltensweisen des Menschen wie anderer Lebewesen einstellen. Trotzdem darf sich der Mensch der besonderen Freundschaft der Hunde sicher sein; seit etwa 13 000 Jahren sind sie seine Gefährten. Knochenfunde in Oberkassel bei Bonn und Mallaha in Palästina lassen darauf schließen, daß Hunde bereits vor mehr als 10 000 Jahren zusammen mit Menschen bestattet wurden. Die vermutlich ältesten Rassen – Mastiff, Wolfshund, Greyhound und Pointer – dienten wohl zunächst zur Ernährung, wurden dann aber im Verlauf der Jahrtausende Jagdgefährten, Blindenführer, Schlittenhunde, Rettungshunde, Rauschgiftschnüffler, treue Wächter und sogar Kunstobjekte. Der Mensch machte sich den Hund zunutze oder untertan, liebte oder verachtete ihn. Zur Zeit der Pharaonen avancierte er zur Kultfigur. Im Mittelalter diente er der höfischen Oberschicht in Mitteleuropa als Statussymbol.

Vor der industriellen Revolution wurden Hunde in Arbeitsprozesse eingebunden, wo sie als Motorenersatz Laufräder

sowie auf Bauernhöfen Buttermaschinen und Weißkohlschneider antreiben mußten.
Technischer Fortschritt und Tierschutz beendeten die Tortur unserer Vierbeiner. Bereits 1850 wurde der »Hamburgische Verein gegen Tierquälerei« urkundlich erwähnt.
Fortan traten andere Aufgaben in den Vordergrund: der Hund als Retter für Verschüttete, als Schlitten-, Hüte- oder Wachhund. Und in den letzten Jahren beachtet man mehr und mehr den therapeutischen Effekt, den der Umgang mit Hunden besonders für Kinder, alte Menschen, gestreßte Zeitgenossen und »Schreibtischtäter« hat.
Wie die sehr informative Ausstellung in Hamburgs Altonaer Museum zum Thema »Hund 1995« zeigte, wird der Hund heute auch von Film- und Fernsehproduzenten vermarktet (Susi und Strolch, Lassie, Dalmatiner, Rex u. a.). Als Werbeträger und Konsument von Futter, Snacks und Accessoires (Leinen, Halsbänder, Futter, Schmuck, Regenwesten) hat er heutzutage eine nicht unerhebliche wirtschaftliche Bedeutung.
Aber zurück zur Kameradschaft zwischen Mensch und Hund. Echte Freunde können nur die werden, die ähnliche Interessen, Prinzipien und Verhaltensweisen sowie Verständigungsmöglichkeiten untereinander haben, die zum sozialen Kontakt, zur Einfühlsamkeit, Loyalität, Treue, ja, Liebe und Toleranz befähigen. Diese sozialen Verhaltensweisen können Hunde erwerben, oder sie sind in ihren genetischen, also ererbten Verhaltensprogrammen festgelegt. Welche dieser Eigenschaften zwischen Hund und Mensch wirksam werden, hängt nicht vom Hund, sondern wesentlich von der ethischen Prägung des Menschen ab.
In unserem Kulturkreis ist das Selbstbild des Menschen und das sich daraus ergebende Verhalten gegenüber der Umwelt durch das Christentum bzw. manche Theologen geprägt.
Aus dem Glauben, das Ebenbild Gottes zu sein, und der Aufforderung, sich die Welt untertan zu machen, wird – fälsch-

lich – unsere besondere Rolle als Mensch in der Natur bestimmt. Die ebenfalls christliche Forderung nach ethisch verantwortlichem Handeln tritt in ihrer Bedeutung zurück. Es wird sich oft nur noch der Natur »bedient«, ohne Verantwortungsgefühl für sie und zukünftige Generationen.

Im Islam wiederum wird die Einstellung des Menschen zur Tierwelt durch dieses Weltbild bestimmt: Der Mensch ist der Herr der Schöpfung, und die Einstellung zu den Tieren bestimmt sich weitgehend nach ihrer Nützlichkeit für den Menschen. Die verschiedenen Tierarten werden unterschiedlich bewertet, wobei Kuh, Maulesel, Katze, weniger der Hund, oft »als unrein« eingeschätzt werden, während das Schwein sogar als tierisches Gegenstück zum bösen Menschen als verabscheuungswürdig gilt.

Ganz anders ist die Einstellung zur Natur im Buddhismus, Hinduismus und bei den Indianern. Der Buddhist glaubt an die Seelenwanderung nach dem Tod. Ein Mensch kann als Tier wiedergeboren werden, ein Tier in einem Menschen weiterleben. Daher sind Tiere absolut schutz- und liebesbedürftig. Daraus resultiert eine enge, auch gefühlsmäßige Bindung an Tiere, wobei der Mensch als höchste Inkarnationsform angesehen wird. Bei sehr strengen Buddhisten geht diese positive Grundeinstellung zur Tierwelt so weit, daß sie Mund- und Nasentücher tragen, um nicht ungewollt Kleinlebewesen einzuatmen und zu töten.

Auch im Hinduismus durchwandert jedes Wesen, je nach guten und schlechten Taten, als Tier, Mensch oder gar Gott den ewigen Kreislauf der Welt. Die Schonung alles Lebendigen ist im Hinduismus höchstes Gebot. Es besteht deshalb strenger Vegetarismus.

Die Hindus haben eine Reihe von Haupt- und Nebengöttern. Letztlich wird jeder Stein, jedes Tier und jede Pflanze als eigene »Gottheit« gesehen.

Aus dieser Auffassung resultiert ihre große Tierliebe. Selbst Mäuse werden im Tempel mit Nahrung versorgt, ebenso füttert man Fische in den Flüssen, statt sie zu angeln. Sofern wirtschaftlich möglich, werden viele Haustiere liebevoll in der Familie gehalten. Da der Hinduismus mit seinem Götterglauben viele Mythologien kennt, werden bestimmte Tiere, wie Rinder und Affen, als heilige Tiere verehrt. Auch der Hinduismus führt also zu einem äußerst schonenden Umgang mit der belebten und unbelebten Natur.

Indianer begreifen sich ebenfalls als einen Teil der Natur, der wie die anderen Tiere auf Lebens- und Arterhaltung bedacht ist – aber auch nicht mehr – und sich keine menschlichen Sonderrechte zugesteht, wenn auch ihre Vorfahren vor etwa 10 000 Jahren bei der Besiedlung Amerikas noch viele Tierarten ausrotteten. Die Erde ist für Indianer »Mutter«, nicht nur für die Menschen, sondern für die ganze Natur, so daß alles Leben der Welt über diese Mutter geschwisterlich verbunden ist.

Diese Weltanschauungen bestimmen wesentlich die Einstellung des Menschen zur Natur und damit auch zum Hund. Diese wird zusätzlich beeinflußt durch regionale Faktoren wie Lebensbedingungen und soziale Verhältnisse.

Auf unseren Rundreisen durch Jütland, bei den wohl zu Recht als tolerant geltenden Dänen, wurden wir bei der Quartiersuche nie abgewiesen, weil wir unsere Hündin mitbrachten. In Süddeutschland, auf Rügen und Usedom wurden wir mit unseren Hunden freundlich in Eßlokale eingelassen, ja, den Hunden wurde sogar ungefragt oft ein Napf mit Wasser hingestellt. Auch in Südfrankreich erlebten wir eine verständnisvolle Einstellung gegenüber unseren Hunden, die meist angstfrei und ohne Ressentiments war.

Bestätigt wurden unsere Erfahrungen durch eine Statistik der schon genannten Altonaer Ausstellung über die Anzahl der Hunde pro 100 Einwohner in den verschiedenen Ländern. In Frankreich gibt es danach 16,9 Hunde (nur übertroffen von den USA mit 21,6 Hunden), in Australien 15,2 Hunde (wildlebende Dingos eingeschlossen?) und in Dänemark 13,3

Hunde pro 100 Einwohner. Am Ende der Tabelle liegt Deutschland mit 5,5, nur noch unterboten von Japan mit 3,9 Hunden pro 100 Einwohner. Uns würde interessieren, wie sich die 5,5 Hunde pro 100 Einwohner auf die verschiedenen Bundesländer Deutschlands verteilen.

Auf unseren Reisen erlebten wir, daß sich unsere Hunde auf das Verhalten der dort lebenden Menschen einstellten und entweder friedfertig oder mit Angst und Aggressivität reagierten. Aber auch noch so wohlmeinende, fürsorgliche Hundebesitzer können durch unvorhersehbare Ereignisse in die Lage kommen, ihrem treuen Begleiter nicht länger hundegerechte Lebensbedingungen bieten zu können; der Umzug in die Stadt ist so ein Umstand. Jede Stadt ist ein hundefeindlicher Lebensraum, denn dort haben die Lebensbedürfnisse der Menschen Priorität. In diesem Zusammenhang müssen auch die vielen ausländischen Mitbürger erwähnt werden, die wie zum Beispiel Türken aufgrund ihrer religiösen Erziehung oft tiefe Abscheu und echte Furcht vor Hunden haben. So kann es passieren, daß sich eine türkische Mutter und ihr Kind, schreiend und zitternd vor Angst, aneinanderklammern, weil einer unserer Hunde freundlich schwanzwedelnd vor ihnen steht – eine Situation, die oft von Passanten aufgegriffen wird, um Hunde und Hundebesitzer wüst zu beschimpfen. Da hier meist kein gutes Zureden fruchtet, sollte man diese Situationen umgehen, indem man sich die Mühe macht, die Hunde mehrmals am Tag ins Auto zu setzen und in stadtnahe ländliche Gebiete zu fahren, wo freier Auslauf problemlos möglich ist. Da reicht eben der Ausflug ins Grüne am Sonntag und bei schönem Wetter nicht. Sicherlich kostet dies viel Zeit, und dem Auto bekommen nasse, stinkende Hunde auch nicht gerade gut. Aber letztlich hat der so gestreßte Hundebesitzer auch in dieser Situation einen nicht zu unterschätzenden Nutzen: die Vorfreude der

laut kläffenden Vierbeiner im Auto zu erleben, Bewegung bei
Wind und Wetter zu haben, nette Kontakte zu anderen Hundebegleitern, ein nettes Pläuschchen hier und da, den Gedanken während des Rundgangs nachhängen zu können, zu planen und das Tagwerk zu ordnen.

Diese gesundheitlichen und sozialen Aspekte sind nicht zu
unterschätzen, wie inzwischen durch viele Untersuchungen
belegt wurde. Erst kürzlich stand in unserer Tageszeitung:
Hundebesitzer leben länger!

Die individuelle Einstellung zur belebten Natur wird zusätzlich durch persönliche Eigenschaften wie Einfühlungsvermögen, Partnerschaftsfähigkeit, Lern- und Einsichtfähigkeit
bestimmt sowie die unterschiedliche Befähigung und Charakterstärke, durch Erziehung und Indoktrination einprogrammierte unbegründete Vorurteile und Aversionen gegenüber Tieren – und bestimmten Menschen – abzubauen, sich
selbst also sinnvoller zu programmieren.

Woran erkennt man solche Menschen, die von dem einmal
gelernten Programm nicht abweichen wollen oder können?
An Aussprüchen wie: Das tut man nicht! – Was sollen die
anderen von uns denken? – Das hat es bei uns noch nie gegeben. Aber auch an vielen unreflektierten Reaktionsabläufen.

Als Beispiel sei angeführt, was wohl jede Hundebesitzerin
gelegentlich erlebt: Sie läßt auf einem Spaziergang ihren
Hund frei laufen. Ein Spaziergänger oder Jogger begegnet ihr,
regt sich vielleicht nur aus fehlendem Verständnis für Hunde
auf, daß »man« einen Hund frei laufen läßt, und hat dazu
Angst (unbegründet) vor dem auf ihn zulaufenden Hund, der
dabei mit dem Schwanz wedelt und eventuell sogar freudig
kläfft, um den Spaziergänger kennenzulernen.

Weil der nichts über Hunde weiß, Körper- und Lautsprache
nicht versteht und darüber nie nachgedacht hat, läuft automatisch folgendes Reaktionsprogramm ab: Er wird böse,
aggressiv, wird den freundlichen Hund grob abwehren, so
daß auch der aggressiv reagiert. Da das Tier ihm gegenüber

nicht nachgibt und dazu erkennen läßt, daß er ihm »als Köter« in Reaktionsfähigkeit und Schnelligkeit weit überlegen ist und ihn nicht mehr respektieren kann, fühlt der Spaziergänger sein anerzogenes Selbstverständnis als starkes und allem, besonders den »Kötern«, überlegenes Geschlecht »durch die Realität« in Frage gestellt.

Das schlimmste ist: Seine Hilflosigkeit, seine mangelnde Einsicht und sein körperliches Unvermögen werden ausgerechnet von einer Frau und Vertreterin des bei ihm wiederum als »schwach« angesehenen Geschlechtes beobachtet. Er reagiert nicht anders als ein bei einer Schwäche ertapptes Pavianmännchen: Er kompensiert diese völlige Infragestellung seiner Stärke mit der Aggression gegenüber der Frau, weil nach seinem gleichzeitig ablaufenden Programm »Mann« einer Frau ja zeigen muß und nicht oft genug zeigen kann, wer eigentlich Herr im Hause ist.

Begegnet der Spaziergänger oder Jogger aber unter denselben Bedingungen dem Hundebesitzer, verhält er sich nicht nur dem Hund gegenüber zurückhaltender und friedlicher, was den Hund wiederum auch friedlich reagieren läßt, sondern auch gegenüber dem Besitzer des Hundes meist so, wie man es von einem einsichtsfähigen Homo sapiens erwartet. Denn, so sein programmgemäß ablaufendes Verhaltens- und Denkschema: Männer wissen ja, was sie tun. Wenn er den Hund frei laufen läßt, ist der bestimmt auch nicht gefährlich, und wir Männer brauchen einander nichts vorzumachen. Und wer weiß: Der andere Geschlechtsgenosse könnte sogar überlegen sein. Dieses Programm führt also zu einer Aggressionshemmung über den Schlüsselreiz »Mann ist Mann«. Solche Reaktionsabläufe sind über Ideologien, nicht verarbeitete Erlebnisse, über Erziehung und Kultur von Eltern und Erziehern und sogar über die Programme der Eltern, die diese wiederum von ihren Eltern übernommen haben, vermittelt.

Kapitel 24
Hund und Herrchen – und was aus unseren Welpen wurde

Persönlichkeitsentwicklung und Bindungsfähigkeit des Hundes an den Menschen in Abhängigkeit von der Auswahl der richtigen menschlichen Partner und das Für und Wider von Hundezucht und -haltung

Alle Welpen unseres ersten Wurfes fanden verständnisvolle menschliche Rudel und leben glücklich und zufrieden. Ihre menschlichen Familien sind heute fest davon überzeugt, mit ihrem Hund ein Unikat zu besitzen.

Ob es nun dem Glück und Zufall zu verdanken ist oder gar unserem ungewöhnlichen Geschick, dank guter Hunde- und Menschenkenntnis »Richtiges« zusammengefügt zu haben, bleibt dahingestellt.

Von einem waren wir als »Züchter« überzeugt: Bommel, Pünktchen und Anton hatten alle guten Haushundanlagen von Jule und Tobias mitbekommen, während wir uns bei der wilden, unberechenbaren Juliette Sorgen machten. Deshalb telefonierten wir nach ihrem Weggang oft mit ihrem neuen Frauchen in Hamburg. Das, was wir von ihr hörten, war zuerst nicht sehr ermutigend.

Juliette fühlte sich dort sofort als Herrin des Reviers, das sie gegen Fremde energisch verteidigte. Das war gut! Den großen alten Kater bestaunte sie anfangs verwundert und versuchte, ihn wie ihren Vater Tobias immer und immer wieder mit einer unendlichen Ausdauer zum Spiel zu animieren, indem sie ihren Oberkörper vor ihm auf den Boden drückte und ihn dann ansprang. Der Kater schien über die neue Hausgenossin anfänglich nicht glücklich und versuchte, sich ihren Spielaufforderungen zu entziehen. Erst als er der vorwitzigen Juliette mit seinen Pfoten energisch über die Schnauze fuhr, warf sie sich erschrocken und mit dem wohlbekannten Klageschrei auf den Rücken. Als sie aber merkte, daß der Kater ihr nicht ernsthaft genug die Grenzen zeigte, wurde sie ihm gegenüber immer frecher. Der Kater flüchtete schließlich oft vor ihr, und die kleine Juliette verfolgte ihn. Auch die Familienmitglieder biß sie häufig und unvermittelt im Spiel, oder wenn sie ihren Willen nicht bekam. Selbst die Aufzeichnungen ihres Frauchens über ihre Entwicklungsschritte fraß sie eines Tages auf. Andererseits wurden ihr ihre Untaten wegen ihrer Anhänglichkeit und Schmusigkeit, und weil sie so putzig, aufmerksam und unternehmungslustig war, verziehen. Nur der Großmutter gegenüber zeigte sie Respekt und Benehmen, weil die sich sehr konsequent, streng und dazu mit viel Geduld um sie kümmerte.

Daß Juliette ohne Hemmungen in jedes Haus und jeden fremden Garten hineinrannte, brachte den Frauchen verständlicherweise manchen Ärger ein.

Doch dann ging es mit Juliette immer besser. Als wir unseren Urlaub wieder in unserer Kate, in der wir die Welpen großgezogen hatten, verbrachten, fuhr plötzlich ein Hamburger Auto in unseren Vorgarten. Heraus sprang als erste eine hochgewachsene, schlanke Hündin mit glattem, schwarzglänzendem Fell. An der weißen Pfote erkannten wir sie sofort: Es war unsere Juliette. Selbstbewußt und freundlich schwanzwedelnd lief sie Julchen, Tobias und uns entgegen, ließ sich von den Eltern beschnuppern und von uns streicheln.

Juliette schien uns nicht mehr zu kennen, auch nicht die Kate, in der sie wichtige Wochen ihres Lebens verbracht hatte. Sie durchstöberte das Bauernhaus neugierig von oben bis unten. Auf jeden kleinsten Laut und jede kleinste Bewegung reagierte sie sofort aufmerksam.

Während der vier Stunden, die wir zusammen verbrachten,

lief sie ununterbrochen herum und sprang an den Fenstern hoch, um von dort aus die Umgebung zu beobachten. Nicht für eine Minute legte sie sich hin. Nur wenn sie gestreichelt wurde, verhielt sie sich kurzfristig ruhig. Wir machten auch gemeinsam einen langen Auslauf. Juliette blieb immer in der Nähe ihres Frauchens. Als Stadtkind verhielt sie sich bei Pferden und Kühen erstaunlich zurückhaltend, obwohl sie mit diesen Tieren keine schlechten Erfahrungen gemacht hatte. Zu dem Kater hatte sie inzwischen ein gutes Verhältnis, weil der ihr das Regiment überlassen hatte.

Juliette hatte sich also nicht nur zu einer hübschen, sondern auch interessierten, wohlerzogenen Hündin gemausert, dank der liebevollen und konsequenten Erziehung ihres menschlichen Rudels. Sie hatte Glück gehabt. Was wäre wohl bei Besitzern ohne Hundeverstand oder in einem Hunderudel aus ihr geworden?

Ganz anders verlief das weitere Schicksal des besonders ruhigen, freundlichen und einfügsamen Pünktchen.

Er war schon wegen seiner Gutmütigkeit zum idealen Haushund für eine Familie mit Kindern prädestiniert. Bei seinen neuen Herrchen schien anfangs alles eitel Freude und Sonnenschein zu sein. Die Kinder zogen stolz mit »ihrem Pünktchen« durch die Nachbarschaft. Zuweilen verschwand er auch schon mal für ein bis zwei Stunden vom Haus, um allein die Welt zu erkunden und aus einem sicheren Versteck heraus seine Umwelt zu beobachten. Das gibt es in einer bestimmten Phase kleiner Menschenkinder ja auch.

Wir hatten nur Pünktchens Frauchen und die Kinder kennengelernt. Eines Tages, als Pünktchen etwa ein dreiviertel Jahr alt war, rief uns sein Frauchen weinend an, weil es mit Pünktchen »nicht mehr lief«. Ihr Mann könne keine Hunde ertragen und lasse seine Abneigung Pünktchen ganz deutlich spüren.

Wir nahmen Pünktchen selbstverständlich zurück, um nach

neuen Herrchen für den lieben Kerl zu suchen. Er wurde uns von der Frau und dem schluchzenden Mädchen gebracht, während der kleine Sohn wohl das Verhalten seines Vaters gegenüber Pünktchen übernommen hatte.

Pünktchen wirkte verschüchtert, erkannte mich und Tobias jedoch sofort und ebenso unsere menschlichen Rudelmitglieder. Er begrüßte uns alle stürmisch und durchstöberte das ganze Revier.

Da er sehr lieb, zurückhaltend und bescheiden war und sich entsprechend unterordnete, störte er uns in unserem Zusammenleben mit unseren Frauchen, Herrchen und den Kindern überhaupt nicht.

So wurde er schnell wieder ein Mitglied unseres Rudels. Wir rannten und tobten jetzt eben zu dritt durch den Stadtpark, den Garten, das Haus, durch Wald und Feld. Pünktchen liebte uns alle und genoß es, von den Zweibeinern gestreichelt und auf den Arm genommen zu werden.

Dann tauchten nach vier Wochen sein ehemaliges Frauchen und das Mädchen weinend bei uns auf und baten Frauchen flehentlich um die Rückgabe von Pünktchen. Der Herr des Hauses wolle ihn akzeptieren, sagten sie. Frauchen gab Pünktchen mit vielen Bedenken aus Gutherzigkeit zurück. Herrchen wäre da wohl härter gewesen. Aber er respektierte nachträglich ihre Entscheidung und hoffte auf einen guten Ausgang.

Leider wechselte er wohl bald den Besitzer. Aber trotz aller weiterer Nachforschungen gelang es uns nicht, über ihn noch etwas zu erfahren: Wir hätten ihn sofort wieder bei uns aufgenommen. Selbst im Tierheim suchten wir ihn vergebens. Es war wohl ein großer Fehler, sich nicht die ganze Familie von Pünktchen angesehen zu haben. Ein Hund kann nur dann ein richtiges Rudel finden, wenn alle Mitglieder ihn akzeptieren. Es gibt viel zu viele Familien, die nicht in der Lage sind, ihren Hund lebenslang gemeinsam als echten Hausgenossen zu halten.

Gott sei Dank können wir nach diesem traurigen Fall noch etwas Gutes von Julchens und Tobias' Nachwuchs berichten, nämlich von unserem schnellen, willensstarken Anton mit weißem Fell und braunen Flecken.

Anton hatte ja ein besonders enges Verhältnis zu Herrchen und Anke entwickelt. Als erster hatte er unser Revier mit Julchen und Tobias verteidigt und sich Liegekuhlen im Garten gescharrt. Am geschicktesten und schnellsten hatte er seinen Vater und die Geschwister gejagt.

Wegen der engen Bindung an uns während der frühen Sozialisierungsphase hatten wir ihn nicht zu besuchen gewagt. Schließlich hielten wir es nicht mehr aus und besuchten ihn nach einem halben Jahr.

Bei unserem Erscheinen stürzte sich Anton schwanzwedelnd auf uns beide und wußte sich vor Wiedersehensfreude nicht zu bremsen. Er sprang hoch bis zu unseren Gesichtern, um uns zu lecken.

Auch er war ein schlanker, ausgesprochen ansehnlicher Bursche geworden. Die Familie liebte ihren Anton, und er hatte sich zu einem klugen, aufmerksamen Hund entwickelt, der sich auch mit seinen Spielsachen allein beschäftigen konnte. Dabei registrierte er aufmerksam jeden Laut und jede Bewegung in und um das Haus herum.

Äußerst unbekümmert, fröhlich und anhänglich zeigte er sich auch seinen Zweibeinern gegenüber.

Als er beim Abschied mit uns zum Auto lief, blieb uns fast das Herz stehen: Wir befürchteten schon, daß Anton ins Auto springen wollte, um mitzukommen. Aber er verabschiedete sich nur ebenso freundlich, wie er uns empfangen hatte. Dann lief er schwanzwedelnd und vor allem freiwillig zu seinem an der Haustür stehenden Herrchen zurück, das erleichtert und glücklich strahlte.

Wir merkten, daß Anton es mit seiner Familie bestens getroffen hatte, und das ist bis heute so geblieben.

Wie uns sein Herrchen stolz erzählte, ist er inzwischen auch Vater geworden.

Die wilde Juliette als Welpe. Alle hatten sich um sie besondere Sorgen gemacht.

Doch dank einer strengen und konsequenten Erziehung wurde dann doch eine possierliche Hündin aus ihr.

Julchen und der kleine Anton. Er hatte als erster mit seinen Eltern das Revier verteidigt.

Aus ihm wurde ein ausgesprochen ansehnlicher und anhänglicher Rüde, der sich in seinem neuen Rudel sehr wohl fühlt.

Kapitel 25
Ende gut – alles gut

Ein Hund verweigert die Partnerschaft zu seinem neuen menschlichen Herrchen und behält die Bindung an seine Züchter und von Rangkämpfen zwischen Hundevater und -sohn

Was alles bei Hunden mit ihren Herrchen schiefgehen kann, das zeigt leider auch die Geschichte unseres Erstgeborenen und besonders von uns geliebten Bommels, der ja als Welpe seinem Vater wie ein Zwillingsbruder glich.

Solange der Welpe niedlich war und sich zum echten Spielgefährten des dreijährigen Jungen gebrauchen ließ, durfte er auch überall frei herumlaufen, so daß alles bestens lief. Die Familie war zufrieden mit Bommel. Doch je älter Bommel wurde, desto mehr entwickelten sich naturgemäß sein eigener Wille und ein ungeheurer Bewegungsdrang. Herrchen wollte aber aus ihm einen gehorsamen Musterhund machen, er wollte ihn dressieren zum An-der-Leine-Gehen, Bei-Fuß-Gehen, Pfötchen Geben und zum prompten Gehorchen auf Pfiffe. Da Bommel aber wie sein Vater besonders freiheitsliebend und wesensstark ist, ging es prompt schief. Denn nicht jeder Mischlingshund ist dressierbar und hat Freude am Apportieren. Dann kann man machen, was man will, es paßt einfach nicht mehr, wie auch oft bei menschlichen Partnerschaften.

Nach einigen Telefonaten war Bommel dann wieder bei uns. Besser: Er wurde von einem traurigen Herrchen mit allem persönlichen Besitz wie Spielzeug, Freßnapf und Schlafsessel zu uns zurückgebracht.

Bommel raste sofort überglücklich auf uns zu. Er sprang uns alle begeistert an, als ob er nur für eine kurze Zeit, aber nicht für ein langes dreiviertel Jahr »in Pension« gegeben worden wäre. Nur vor Markus, dem Freund einer Tochter, stutzte er sofort, verbellte ihn, weil er neu in seinem Revier war.

Bommel raste durch das ganze Haus, schnupperte intensiv und sauste spornstreichs in sein Geburtszimmer. Dort machte er als erstes ein Bächlein an der Stelle, an der er es als Welpe auf Zeitungen gemacht hatte. Vor lauter Aufregung über die glückliche Heimkehr kam er auch nachts und die ganzen nächsten zwei Tage nicht zur Ruhe.

Ich muß schon sagen, daß diese Unruhe und Hektik, die Bommel verbreitete, mich und Tobias arg nervten. Warum brachte er bloß soviel Unruhe in unser gewohntes Leben?

Weil er bei seiner Familie noch im Alter von einem Jahr vieles zerbissen und zerrissen hatte: Teppiche, Schuhe, Tücher, Mäntel ... und sogar die Möbel. Man hatte sich schließlich nicht anders zu helfen gewußt, als ihn auf einem Flur ohne Möbelstücke auszusperren, wenn er (viel zu oft!) allein gelassen wurde.

Bei uns zerbiß Bommel nichts mehr. Wir nahmen ihn am ersten Abend erst einmal mit in den Stadtpark und ließen ihn dort frei laufen.

Er raste mit wehenden Schlappohren durch den Park, so weit ihn seine Pfoten trugen, und wir mußten lange warten, bis er endlich wieder auftauchte.

Beim Anleinen duckte er sich schuldbewußt und ängstlich. Wir aber sprachen freundlich mit ihm und lobten ihn kräftig, daß er überhaupt zurückgekommen war.

Als wir dann zum Revier zurückliefen, zog Bommel kräftig und energisch sofort in die richtige Richtung zu unserem Haus. Wir ließen ihn einfach ziehen und folgten ihm, um seinen Ortssinn zu testen. Er wußte, wohin er wollte.

Am folgenden Tag schien herrlich die Sonne, so daß wir Hunde im Garten herumtollen konnten. Bommel regte sich wütend über den

Nachbarn auf, der hinter der angrenzenden Hecke in seinem Garten arbeitete. Er verteidigte schon energisch »sein« Revier. Herrchen lief zu Bommel, um ihn vom Ankläffen des Nachbarn abzubringen. Aber alle guten und energischen Worte halfen nicht. Bommel bestand auf seinem Gekläffe. In seiner Not lenkte ihn Herrchen mit einem Spielzeug ab, und richtig, Bommel fuhr auf dieses »Ablenkmanöver« ab und spielte mit Herrchen, wobei er den Nachbarn vergaß. Einige Stunden später aber kläffte Bommel schon wieder am Nachbarzaun herum. Wieder lief Herrchen hinunter. Aber der Nachbar war weit und breit nicht zu sehen. Herrchen erkannte, daß Bommel ihn kräftig »geleimt« hatte. Dennoch spielte er mit, bis er ganz aus der Puste war. Seitdem versuchte es Bommel immer wieder mit diesem Trick, und es dauerte ewig, bis Frauen und Herrchen die Nerven hatten, ihn einfach kläffen zu lassen. Nach etwa vier Wochen hatte sich dann sein »Spielchen« von selbst erledigt, und auch sein übermäßiger Bewegungsdrang und seine unentwegte Unruhe ließen nach. Das wurde aber auch Zeit, denn Tobias und ich fühlten uns doch sehr in unserer Ruhe gestört, wie auch Frauchen, Herrchen und die Kinder.

Tobias reagierte wieder ähnlich wie damals in der Kate: Leicht gekränkt beobachtete er das Getöse seines Sohnes, der soviel von Tobias' Wesensart geerbt hatte und selbstbewußt bei seinen Herrchen zwar keinen absoluten Gehorsam, aber Durchsetzungsvermögen gelernt hatte. Er wußte seine Rechte zu wahren.

In den ersten Tagen schloß er sich besonders mir an und liebte es, an meiner Seite zu schlafen, bis er schließlich seinen eigenen Schlafplatz gefunden hatte.

Seinen Vater animierte er gern zum Toben und Rangeln, und Tobias ließ sich darauf ein. Wenn die beiden sich dann ausgetobt hatten, sehnte sich Tobias auch mal nach Ruhe – nur sein Sohn wollte kein Ende finden. Der sonst so gutmütige Tobias wehrte sich durch Warnknurren und Zähnefletschen, bis Bommel endlich Ruhe gab.

Als besonders anstrengend empfanden wir die Ausläufe mit unserem Sohn. Da er nicht gewohnt war, frei herumzulaufen, durchraste er erst einmal den ganzen Stadtpark kreuz und quer. Er genoß seine neu gewonnene Freiheit wie ein Erstickender die Luft. Jedem Hund lief er freundlich entgegen, um mit ihm zu spielen und herumzujagen. Er mochte nie nach Hause gehen. Manchmal kam er erst nach einer halben Stunde am Haus an, oder er saß bereits geduldig vor unserer Haustür und begrüßte uns schwanzwedelnd. Bommel schloß sich mehr und mehr seinem Vater an. Als Welpe war er das reinste Muttersöhnchen gewesen. Jetzt folgte er seinem Vater auf Schritt und Tritt. Mir konnte das nur recht sein, denn auf diese Weise hatte ich Frauchen fast für mich allein.

Wie ich schon erzählt habe, dürfen Tobias und ich während der zehn Minuten zwischen Herrchens Aufstehen und Frauchens endgültigem Erwachen im Bett lagern. Diese Zeit ist uns heilig, und kein »Besuchshund« durfte je an dieser Ehre teilhaben – auch unser Sohn Bommel nicht. Sobald er morgens mit uns ins Schlafzimmer huschen wollte, reagierten wir mit sehr energischem Knurren, so daß er beim Öffnen der Tür unschlüssig stehenblieb.

Nicht jeder darf das Allerheiligste betreten! Um Bommel für seine allmorgendliche Enttäuschung zu entschädigen, befaßte ich mich erst einmal intensiv mit ihm, indem ich mich zu ihm auf den Boden setzte, ihn streichelte und ihn dann in den Garten ließ. Das empfand Bommel dann wieder als ganz besonderes Privileg. Schon deshalb schien Bommel mich als sein Leittier anzuerkennen.

In den ersten Wochen mußten wir Unmengen an Fleisch heranschaffen, um ihn überhaupt satt zu kriegen und um sein Fell schöner und seidiger zu bekommen. Als er zu uns kam, ähnelte er einem Borstentier, und wir waren froh, daß ihm schon nach acht Wochen guten Futters weiche grauschwarze Haare mit leichtem Braunschimmer nachwuchsen und sein Fell zu glänzen begann. Unsere Versuche, ihn zum Verzehr roher Eier zu bewegen, mißglückten vollständig. Ob geschlagen oder unter Nahrung vermischt: Eier mochte Bommel nicht. Und was er nicht mochte, das ließ er sich von keiner Macht der Welt aufdrängen, selbst von uns nicht.

Struppig und nervös kehrte Bommel mit vierzehn Monaten zu uns zurück ...

... und so sah er nach drei Monaten in seinem alten Rudel wieder aus.

Nachdem Bommel zu uns zurückgekommen war, hielt er sich vor allem an Tobias – ob der wollte oder nicht. Er schlief sogar bei ihm.
Bommel brachte viel Unruhe und Hektik in unser Zuhause. Daß wir eine neue Familie, in der er sich richtig wohl fühlte, für ihn gefunden hatten, war für uns alle – trotz des Abschiedsschmerzes – das Beste.

Frauchen und Herrchen lobten ihn für unsere Begriffe viel zuviel, denn er konnte ja noch nicht einmal jagen. Wildspuren interessierten ihn überhaupt nicht. Ihn schien der uns so faszinierende Spurenduft von Mäusen, Kaninchen, Eichhörnchen und selbst Katzen völlig kalt zu lassen. Den Reiz dieser Gerüche hatte ihm wohl niemand, so wie ich Tobias, beigebracht.

Nach einigen Wochen kamen immer häufiger zwei junge Mädchen zu uns, die wir alle drei auf Anhieb mochten und mit denen wir gerne spielten. Wir freuten uns über ihren Besuch. Was uns nur irritierte: Sie spielten und beschäftigten sich mehr mit Bommel als mit uns. Ich mochte mich noch so oft auf den Rücken werfen und sie ums Kraulen bitten, sie riefen immer wieder:»Bommel, komm doch mal!« Bommel kam sofort gerannt. Die Mädchen führten bestimmt etwas mit Bommel im Schilde und wollten sich bei ihm beliebt machen.

Wie anders war es gewesen, als Pünktchen wieder zu uns zurückgekommen war. Er hatte sich still in unser Rudel eingefügt und mich und Tobias in unserer Elternrolle nie in Frage gestellt. Das tat auch keiner der Gasthunde, die manchmal bei uns für kurze Zeit lebten. Darum störten Pünktchen und die»Urlaubshunde« auch nicht unsere Rudelordnung.

Bei Bommel war das ganz etwas anderes: Er verlangte seine Rechte, und ich muß sagen, seine Aufgeschlossenheit und sein Lerneifer imponierten besonders Herrchen. Häufig hörte ich ihn zu Frauchen sagen:»Am liebsten würde ich Bommel behalten, das ist ein intelligenter lieber Bursche!« Mein Mutterinstinkt sagte mir aber: Der Junge wird bald das Kommando im Rudel übernehmen wollen, wenn wir ihn nicht energisch bremsen. Wie sehnten wir uns inzwischen immer mehr nach unserer alten Rudelordnung.

Als die beiden Mädchen Bommel immer öfter mit dem Auto abholten, waren wir äußerst erleichtert, doch leider kam er immer wieder. Eines Tages fuhr Bommel wieder mit den beiden los und blieb lange weg. Endlich durften Tobias und ich wieder abends alleine mit Frauchen und Herrchen gemeinsam in den Stadtpark. Darüber waren wir richtig glücklich. Als wir zurückkamen, fuhr im selben

Moment das Auto der beiden Mädchen mit Bommel an unserem Haus vor. Wir wurden von der Leine gelassen, und Bommel meldete sich schwanzwedelnd zurück. Zu unserem Entsetzen lief Tobias auf seinen Sohn zu – und biß ihn kräftig, ohne Vorwarnung. Bommel schrie erschrocken auf und warf sich auf den Rücken. Eines der Kinder rief:»Der Bommel blutet ja.« Herrchen schnappte Bommel und trug ihn ins Haus – und war sofort überall blutbeschmiert. Im Haus sahen wir, wie aus Bommels Ohr das Blut spritzte, an die Wand, auf die Teppiche. Er hatte dazu noch eine kleine Bißwunde am Auge.

Die Wunden taten Bommel wohl nicht sehr weh, aber trotzdem zitterte er fassungslos. Tobias kroch winselnd an ihn heran und leckte die Wunden seines Sohnes, während Herrchen die Wunde am Ohr so lange zudrückte, bis sie nicht mehr spritzte. Dann bekam Bommel von Herrchen einen Verband verpaßt. Tobias blieb immer in Bommels Nähe und leckte ihn schuldbewußt. Bommel schloß dabei genießerisch seine Augen und ließ sich von seinem Vater verwöhnen.

Das Erschrecken von Frauchen, Herrchen und den Kindern über die plötzliche Aggressivität des sonst so gutmütigen Tobias ist verständlich. Aber kann man von Hunden mehr erwarten als von Menschen? Jedenfalls war die Reaktion von Tobias aus der momentanen Situation zu verstehen und nicht etwa ein Zeichen von Degeneration.

Besonders schlimm war es für Tobias und für mich, wenn wir bei der Heimkehr von Frauchen und Herrchen bei der Begrüßung von Bommel weggebellt wurden. Bommel war wohl der Ansicht, daß besonders Herrchen ihm alleine gehöre und er das erste Recht auf seine Begrüßung habe. Tobias zog sich dann traurig und eifersüchtig zurück, um von der oberen Treppe aus die Begrüßung zu beobachten. Jedenfalls half kein Locken und Rufen – Tobias schmollte und trauerte in der Angst, von Herrchen zurückgesetzt zu werden. Frauchen begrüßte immer mich zuerst und sagte dabei jedesmal: Zuerst ist mein Mäuschen dran. Mit»Mäuschen« meinte sie komischerweise mich. Weiß der Himmel, wie sie darauf kam.

Ja, und dann kam dieser Biß von Tobias, der uns alle so entsetzte, auch die beiden Mädchen, obwohl sie Hundereaktionen kannten und ihr Hund gerade gestorben war. Am Abend nach diesem dramatischen Ereignis hörte ich Herrchen zum erstenmal sagen:»Es ist wohl besser, wenn Bommel seine eigene Familie und sein eigenes Revier bekommt.« Als Herrchen das sagte, wirkte er sehr traurig, denn er hätte ihn gern bei uns behalten. Er rief bei den Mädchen an, und von der anderen Seite des Telefons hörten Tobias und ich Jubelgeschrei.

Auf unserem Abschiedsspaziergang liefen wir und der verbundene Bommel über eine große Wiese. Bommel rannte unternehmungslustig wie immer auf eine eingezäunte Schafherde zu. Dabei stieß er mit seiner Nase an den elektrischen Zaun, den wir erfahrenen Eltern ja bereits kannten. Er schrie auf, raste jaulend weg, mit eingezogenem Schwanz. Ja, Bommel hat eben noch viel zu lernen mit seinem einen Lebensjahr, so wie wir das alles auch lernen mußten. An Schafe geht der bestimmt nicht mehr ran. Sicherlich wird er nur so weiser.

Besser ein Ende mit Schrecken als ein Schrecken ohne Ende. Bommel fühlt sich im neuen Rudel glücklich und hat dort seine »Futterfrau« gefunden. Allerdings hat er noch immer die Angewohnheit, sich bei der Heimkehr der Familie mit chronisch schlechtem Gewissen entweder hinter einem dicken Sessel zu verstecken oder die Heimkehrer nur vorsichtig zu begrüßen, obwohl er in seinem neuen Revier nie etwas zerrissen oder zerbissen hat. Wenn man ihn freundlich anspricht, verschwindet diese Angst.

So viel über meine Welpen, denen ich ein ebenso glückliches Leben wünsche, wie ich es habe.

Nun verabschiede ich mich von meinen lieben Lesern und hoffe, daß sie an meinen Memoiren viel Freude gehabt haben. Mir hat es jedenfalls Spaß gemacht, mein Leben von Frauchen und Herrchen aufschreiben zu lassen, auch wenn sie dazu Erläuterungen gaben. Zum letztenmal kläffe ich meine Leser freundlich und schwanzwedelnd an. Ich hoffe, daß die ganze Arbeit nicht umsonst war. Wenn sich das eine oder andere Menschen-Hunde-Rudel nun noch besser versteht und toleriert, wäre ich sehr glücklich.

Und wenn ihr durch den allein von euch selbst so hoch eingeschätzten Verstand einmal wieder in die Irre geführt oder gar verlassen werdet, denkt an unsere tierischen Instinkte und an den Spruch, den ich euch so oft zugewufft habe: Mensch, Hund müßte man sein!

Jetzt, bei Abschluß des Manuskripts, ist Julchen nicht mehr bei uns. Sie starb im September 1995 mit dreizehn Jahren an akutem Nierenversagen. Für sie war es nach einem glücklichen Hundeleben ein ganz sanfter Tod im Arm ihres geliebten Frauchens.

Wir alle vermissen sie sehr, vor allem aber Sohn Tobias, der nach dem Tod seiner Mutter eine Woche lang nicht fraß und bellte und etwa vier Wochen lang völlig verhaltensgestört war.

Julchen hat uns in einer schwierigen Phase unseres Lebens mit bedingungsloser Treue und Anhänglichkeit begleitet. Für unsere Kinder verkörpert sie einen Teil der Kindheit.

Als eigenständige, aber auch eigenwillige Hundepersönlichkeit hat sie uns zum Nachdenken gebracht und in ihrer Art vieles gelehrt, was wir ohne sie nie erfahren hätten. So bleibt sie bei uns in ihrer Einmaligkeit.

Literaturverzeichnis

Arzt, Volker/Birmelin, Imanuel: Haben Tiere ein Bewußtsein? C.
Bertelsmann Verlag, München 1993
Bettelheim, Bruno: Ein Leben für Kinder. DVA, Stuttgart ³1983
Bonnafont, Claude: Die Botschaft der Körpersprache. Ariston-Ver-
lag, Genf ⁵1983
Brügge, Peter: Konrad Lorenz: Von der Gans aufs Ganze. Über den
Nestor der Verhaltensforschung und seine Theorien. Der Spiegel,
42. Jahrgang, 7. Nov. 1988
Buchholtz, Christiane: Das Lernen bei Tieren. Gustav Fischer Ver-
lag, Stuttgart 1973
Castonier, Elisabeth: Ein Menschenleben mit Tieren. Fischer-Büche-
rei, Frankfurt a. M. 1965
Caspers, H.: Allgemeine Funktion des Zentralnervensystems. In:
W. D. Keidel, Kurzgefaßtes Lehrbuch der Physiologie. Georg-
Thieme-Verlag, Stuttgart ⁴1975
Clara, Max: Entwicklungsgeschichte des Menschen. Verlag von
Quelle & Meyer, Leipzig 1943
Cyrulnik, Boris: Was hält mein Hund von meinem Schrank? Deut-
scher Taschenbuch Verlag, München 1995
Diamond, Jared: Der dritte Schimpanse. Evolution und Zukunft des
Menschen. S. Fischer Verlag, Frankfurt a. M. 1994
Dröscher, Vitus B.: Nestwärme. Wie Tiere Familienprobleme lösen.
Econ-Verlag, Düsseldorf o. J.

Ders.: Ein Krokodil zum Frühstück. Verblüffende Geschichten vom Verhalten der Tiere. Ullstein, Frankfurt a. M./Berlin/Wien 1983

Ders.: Weiße Löwen müssen sterben. Spielregeln der Macht im Tierreich. Rasch und Röhring Verlag, Hamburg 1989

Dychtwald, Ken: Körperbewußtsein. Synthesis Verlag, Essen 1981

Eibl-Eibesfeldt, Irenäus: Krieg und Frieden aus der Sicht der Verhaltensforschung. Piper Verlag, München/Zürich 1975

Fossey, Dian: Gorillas im Nebel. Kindler Verlag, München 1989

Freud, Sigmund: Abriß der Psychoanalyse. Das Unbehagen in der Kultur. Fischer-Bücherei, Frankfurt a. M./ Hamburg 1955

Freund, Werner: Der Wolfsmensch. Neumann-Neudamm, Melsungen 1988

Fucks, Wilhelm: Formeln zur Macht. Deutsche Verlagsanstalt, Stuttgart 1965

Geyer, Horst: Über die Dummheit. Musterschmidt-Verlag, Göttingen/Berlin/Frankfurt 1954

Goerttler, Kurt: Entwicklungsgeschichte des Menschen. Springer-Verlag, Berlin/Göttingen/Heidelberg 1950

Halacy, D. S.: Geheimnis Intelligenz. Biologie des Geistes. C. Bertelsmann-Verlag, München/Gütersloh/Wien 1972

Heesen, Helmut: Die Wertung des Stimmklangs und von Stimmklangstörungen aus internistischer und psychosomatischer Sicht. Vortrag auf dem internationalen Symposium, II. Kommunikationsmedizinische Tage in Bad Rappenau (15.–17. April 1988) und Weiterbildungsseminar der Akademie für Sprachrehabilitation in Lüdenscheid am 11. Juni 1988

Ders.: Beeinflussung des Stimmapparates durch das hormonelle System und Stimmstörung bei endokrinen Erkrankungen. Vortrag auf dem Weiterbildungsseminar der Akademie für Sprachrehabilitation in Lüdenscheid vom 11. Juni 1988

Ders.: Von der Relativität der Krankheit und der Kraft des Geistes. Vortrag vor der Vertreterversammlung der Volksbank Hohenlimburg und vor der Johannes-Loge in Lüdenscheid 1994

Honnefelder, Gottfried: Das Hundebuch. Insel Taschenbuch, Frankfurt a. M. 1984

Klever, Ulrich: Knaurs Großes Hundebuch. Droemer Knaur, Droemersche Verlagsanstalt, München/Zürich 1982

Kratochwil, Alfred: Ultraschalldiagnostik in der inneren Medizin, Chirurgie und Urologie. Georg Thieme Verlag, Stuttgart 1977

Langmann, Jan: Medizinische Embryologie. Georg Thieme Verlag, Stuttgart/New York ⁶1980

Leakey, Richard/Lewin, Roger: Der Ursprung des Menschen. S. Fischer Verlag, Frankfurt a. M. 1992

Lorenz, Konrad: So kam der Mensch auf den Hund. Deutscher Taschenbuchverlag, München 1985

Ders.: Das Wirkungsgefüge der Natur und das Schicksal des Menschen. Piper Verlag, München/Zürich 1978

Ders.: Über tierisches und menschliches Verhalten. Gesammelte Abhandlungen I und II. Piper Verlag, München/Zürich ¹⁹1987 (für I), ¹³1984 (für II)

Ders.: Er redet mit dem Vieh, den Vögeln und den Fischen. Borotha Schoeller, Wien 1949

Ders.: Fragen an Konrad Lorenz; der Mensch zu dumm fürs Überleben? Interview in der Zeitschrift »Der Spiegel«, 42. Jahrgang, 7. Nov. 1988

Mann, Thomas: Herr und Hund. Bertelsmann Kleine Lesering-Bibliothek Bd. 32, o. O., o. J.

Marshall Thomas, Elisabeth: Das geheime Leben der Hunde. Rowohlt, Reinbek bei Hamburg 1994

Mech, L. David: Auf der Fährte der Wölfe. Frederking & Thaler, München 1992

Messent, Peter: Hunde – Das Rätsel ihres Verhaltens und ihrer Sprache. Manfred Pawlak Verlagsgesellschaft, Herrsching o. J.

Molcho, Samy: Körpersprache. Mosaik-Verlag, München 1984

Ders.: Körpersprache als Dialog. Mosaik-Verlag, München 1988

Morris, Desmond: Der Mensch, mit dem wir leben. Ein Handbuch unseres Verhaltens. Droemersche Verlagsbuchhandlung, München 1982

Ders.: Warum wedeln Hunde mit dem Schwanz? Wilhelm Heyne Verlag, München 1987

Morwat, Farley: Ein Sommer mit Wölfen. Rowohlt Taschenbuch-verlag, Reinbek bei Hamburg 1986

Philipp, Werner: Alpha-Tier. Safari-Verlag, Berlin 1979

Pschyrembel, Willibald: Praktische Geburtshilfe. Walter De Gruyter & Co, Berlin 1955

Schulte, R./Tölle, R.: Psychiatrie. Springer Verlag, Berlin/Heidelberg/New York ^{3}1975

Seiß, Rudolf: Identität und Beziehung. Hänssler-Verlag, Neuhausen-Stuttgart 1985

Skinner, B. F. F.: Beyond Freedom and Dignity. A. Knopf, New York 1971

Sommer, Volker: Die Affen – Unsere wilde Verwandtschaft. GEO im Verlag Gruner + Jahr, Hamburg 1989

Süskind, Patrick: Das Parfüm. Diogenes Verlag, Zürich 1985

Tayler, David: Mein Hund. Bertelsmann, Gütersloh 1986

Thiel, Erhard: Die Körpersprache verrät mehr als tausend Worte. Ariston-Verlag, Genf 1986

Thiele, Günter: Handlexikon der Medizin in 4 Bänden. Urban und Schwarzenberg, München/Wien/Baltimore 1980

Trumler, Eberhard: Mit dem Hund auf du. Piper Verlag, München/Zürich ^{13}1986

Ders.: Hunde ernst genommen. Piper Verlag, München/Zürich ^{8}1987

Ders.: Das Jahr des Hundes. Wilhelm Heyne Verlag, München 1986

Völkel, Heinz: Psychoanalytische und psychotherapeutische Probleme bei Stimm-, Sprech- und Sprachstörungen. Weiterbildungsseminar »Psychoanalyse und Psychotherapie« der Akademie für Sprachrehabilitation am 11. Juli 1987 in Lüdenscheid

Weinland, David Friedrich: Erzählung aus der Zeit des Höhlenmenschen. Deutsche Verlagsanstalt, Stuttgart 1995

Weisbecker, Ludwig: Hormone. In: W. D. Keidel: Kurzgefaßtes Lehrbuch der Physiologie. Georg Thieme Verlag, Stuttgart ^{4}1975

Wirtz, Hubert: Hundeaufzucht. Franckh'sche Verlagshandlung, Stuttgart ^{3}1982

Zimen, Erik: Der Hund. Bertelsmann Verlag, München 1988

Sachregister

Carl-Albrecht von Treuenfels
Unter Pandas und Pinguinen
Reportagen aus der bedrohten Natur
ISBN 3-89136-511-X

»Treuenfels ist ein genauer Beobachter und unterhaltsamer Erzähler. Er versteht es, an seiner Begeisterung bei der Naturbeobachtung den Leser teilhaben zu lassen… Viele der Fotografien in diesem Band kann man nur meisterhaft nennen.«
Frankfurter Allgemeine Zeitung

Wally und Horst Hagen
Das Buch der Löwen
ISBN 3-89136-461-X

»Morphologie und Sozialleben, Jagdmethoden und Verständigung, Fortpflanzung und Jungenaufzucht – nichts fehlt in diesem Werk. Über die ausgezeichneten Fotos (sämtlich von den Verfassern) freut man sich ganz besonders.«
kosmos

Karl Kock
Elefanten – Mein Leben
Aufgezeichnet von Burghard Bartos
ISBN 3-89136-498-9

»In seinem Buch ›Elefanten – Mein Leben‹ erzählt er seine Erlebnisse und Erfahrungen aus vier Jahrzehnten mit den tonnenschweren Dickhäutern.«
Hamburger Abendblatt

RASCH UND RÖHRING VERLAG